Pädagogische Wissensformen in der Lehrer(innen)bildung

European Studies on Educational Practices

Edited by
Anna Herbert and Anja Kraus

Volume 7

Editorial Board

Nanna Lueth, Berlin/Germany
Carol Taylor, Sheffield/England
Tatiana Shchyttsova, Vilnius/Lithuania
Fatma Saçlı Uzunöz, Nevşehir/Turkey

Educational practices consist of intentions, movements, bodies, language, things and spaces. Empirical research on educational practices and their contexts entails diverse theoretical, methodological and methodical questions. By taking over the European perspective it becomes apparent that the theoretical and the practical understanding of pedagogical terms framing educational practices like education, didactics, methods etc. differs very much from one language area and culture of interpretation to another. We regard this as an expression of cultural diversity.

The book series constitutes an international forum to make theoretical and empirical approaches to pedagogical practices noticeable. Publications are mainly in English, but in German or Swedish, as well.

Contributions are only accepted after a double blind peer review by renowned experts in order to ensure a high and verifiable quality standard for the book series.

Anja Kraus

Pädagogische Wissensformen in der Lehrer(innen)bildung

Ein performativitätstheoretischer Ansatz

Waxmann 2016
Münster • New York

Die Veröffentlichung wurde unterstützt durch die
Linné-Universität Växjö/Kalmar, Schweden.

Bibliografische Informationen der Deutschen Nationalbibliothek
Die Deutsche Nationalbibliothek verzeichnet diese Publikation in
der Deutschen Nationalbibliografie; detaillierte bibliografische
Daten sind im Internet über http://dnb.d-nb.de abrufbar.

European Studies on Educational Practices, Band 7
ISSN 2193–7141
Print-ISBN 978-3-8309-3351-9
E-Book-ISBN 978-3-8309-8351-4

© Waxmann Verlag GmbH, Münster 2016
Steinfurter Straße 555, 48159 Münster

www.waxmann.com
info@waxmann.com

Umschlaggestaltung: Anne Breitenbach, Münster
Satz: Sven Solterbeck, Münster

Gedruckt auf alterungsbeständigem Papier,
säurefrei gemäß ISO 9706

Printed in Germany

Alle Rechte vorbehalten. Nachdruck, auch auszugsweise, verboten.
Kein Teil dieses Werkes darf ohne schriftliche Genehmigung des Verlages
in irgendeiner Form reproduziert oder unter Verwendung elektronischer
Systeme verarbeitet, vervielfältigt oder verbreitet werden.

Inhalt

1. Einleitung und Problemaufriss 7

2. Das Praxiswissen von Lehrer(inne)n 24
2.1 Der pädagogische Takt als Bindeglied zwischen Theorie und Praxis 24
2.2 Pädagogische Praktiken und die pädagogische Abstimmungs- und Überzeugungstätigkeit 34
2.3 Gleichsetzung der Pädagogik mit ihren Zielen, pädagogische Praktiken und ein pädagogischer Lernbegriff 39
2.4 Spannungsfelder der Pädagogik 43
2.5 Plurivalente Normativität der Pädagogik 46
2.6 „Schweigende" Dimensionen der Pädagogik 49
2.7 Pädagogische Kontextsensitivität und Handeln unter Zeitdruck 52
2.8 Habitūs, Renitenzen und Vertrautheitsfallen 57
2.9 Wissensformen und -formate des Praxiswissens von Lehrer(inne)n 65

3. Pädagogik im Unterricht 69
3.1 Unterricht als Inszenierung und Choreographie 69
3.2 Notationen des Unterrichts 71

4. Die universitäre Lehrer(innen)bildung als wissenschaftsgestützte Aneignung von Professionswissen 77
4.1 Kompetenzen und Kompetenzentwicklung der Lehrer(innen) 77
4.2 „Reflective practitioner" 86
4.3 Ansätze der Praxisforschung 89
4.4 Arbeit mit Fällen und am Fall an der Hochschule 92
4.5 Forschendes Lernen an der Hochschule 94
4.5.1 Beispiel für Forschendes Lernen an der Hochschule: Design-Based Research (DBR) 99
4.5.2 Beispiel für einen Ansatz Forschenden Lernens an Schule und Hochschule: Forschende Schule – Qualität in Entwicklung 104

5. Performative Pädagogik 114
5.1 Performativität und Rationalität 114
5.2 Performativität und Kompetenz 129
5.3 Lernen und Performativität 134
5.4 Bildungsprozesse und Performativität 136

5.5	Performativität, Inszenierung und Choreographie	144
5.6	Medialität und Performativität des professionellen Handelns von Lehrer(inne)n	145
5.7	Performativität und die Persönlichkeitsentwicklung	153
5.8	Das performative Spiel als didaktisches Prinzip	158
6.	Performativitätstheoretisch informierte Bearbeitung pädagogischer Herausforderungen im Rahmen der universitären Lehrer(innen)bildung	165
6.1	Das performative Spiel als hochschuldidaktisches Prinzip	165
7.	Ausblick: Desiderate der Forschung	175
8.	Literatur	177

1. Einleitung und Problemaufriss

Eine Kette ist nur so stark wie ihr schwächstes Glied.

In den letzten Jahrzehnten ist die vordem lange kontrovers diskutierte Verwissenschaftlichung und Professionalisierung des Lehrberufs zumindest formal ebenso vollzogen worden wie die Lehrer(innen)bildung an den Universitäten etabliert ist.[1] An den entsprechenden Studiengängen sind Natur-, Sozial- wie auch Geistes- und Kulturwissenschaften beteiligt. Die Tendenz einer generell zunehmenden Pädagogisierung des Gymnasialbereichs geht mit der einer verstärkt fachwissenschaftlichen Ausrichtung auch derjenigen Studiengänge einher, die auf eine Arbeit in der Vorschule und auf den Unterricht in der Primar- und Sekundarstufe I ausgerichtet sind. Die Lehramtsstudiengänge sind von einer relativ stark ausgeprägten Interdisziplinarität bestimmt.[2]

Die vom Europarat im Jahr 2007 in Brüssel verabschiedeten Zielvereinbarungen[3] für die universitäre Lehrer(innen)bildung legen ihre Dreiphasigkeit fest: Dem akademischen Studium (im Orig.: „initial training", „Erstausbildung") soll eine Phase der Unterstützung zu Beginn der beruflichen Laufbahn (im Orig.: „early career support") folgen, die in eine dritte Phase der Weiterbildung durch Supervision (im Orig.: „mutual monitoring support") einmündet. Die dritte Qualifizierungsphase vollzieht sich zeitgleich mit der regulären Ausübung des Berufs. Betont werden im zukünftigen Berufsfeld wie auch in anderen Berufsfeldern (auch im Ausland) gemachte praktische Erfahrungen, die etwa nach dem Europäischen Qualifikationsrahmen[4], dem europäischen Referenzrahmen für „lebenslanges Lernen", bereits für die erste Bildungsphase von zentraler Bedeutung sind.

Wenn es in diesem Buch um die Lehrer(innen)bildung geht, dann liegt der Fokus hauptsächlich auf der Frage nach deren pädagogischer Profilierung. Damit geht es hauptsächlich darum, wie die Fähigkeiten, die dazu notwendig sind, die Spezifika einer pädagogischen Situation zu erkennen und im Unterricht gegebene oder geschaffene Lehr- und Lernbedingungen mit dem Ziel aufzugreifen, erwünschte Lern- und Bildungsprozesse anzustoßen, theoretisch modelliert und im Rahmen des pädagogisch-praktischen und zugleich wissenschaftlich-transdisziplinären Hochschulstudiums vermittelt werden können. Es geht also weder

---

1   Vgl. BREIDENSTEIN et al. 2002
2   Die Bezugswissenschaften der Schulpädagogik und der Lehrer(innen)bildung sind sehr breit gestreut (dazu KRAUS 2015, S. 13 f.).
3   KOMMISSION DER EUROPÄISCHEN GEMEINSCHAFTEN 2007
4   EUROPÄISCHE KOMMISSION BILDUNG UND KULTUR 2008

um fachliche noch um auf die Leistungsmessung ausgerichtete Kompetenzen, sondern allein um das pädagogische Agieren im Unterricht und damit um den Kernbereich der Schulpädagogik, um das pädagogische (Praxis-)Wissen.

Als Gegenstand empirisch-metrischer Bildungsforschung, und hier in Studien wie TEDS-M[5], TEDS-LT[6], SPEE[7], LEK[8], BilWiss[9] und vielen anderen[10], wurde das pädagogische Wissen erst kürzlich aufgebracht. Eine auf empirisch-metrischer Evidenz[11] basierte Forschung beansprucht, auf dem Wege kontrollierter, etwa

---

5   Siehe: https://www.teds-unterricht.uni-hamburg.de/weitere-teds-studien/teds-m.html [letzter Zugriff: 09.10.2015]
6   Siehe: https://www.erziehungswissenschaften.hu-berlin.de/de/institut/abteilungen/didaktik/forschung/standardseite#tedslt [letzter Zugriff: 09.10.2015]
7   Siehe: http://plaz.uni-paderborn.de/fileadmin/plaz/Forschung/1_Kurzdarstellung_SPEE.pdf [letzter Zugriff: 09.10.2015]
8   Siehe: https://www.hf.uni-koeln.de/33207 [letzter Zugriff: 09.10.2015]
9   Siehe http://www.bilwiss.uni-frankfurt.de/studie/ [letzter Zugriff: 09.10.2015]
10 Siehe bspw.: https://www.erziehungswissenschaften.hu-berlin.de/de/institut/abteilungen/didaktik/forschung [letzter Zugriff: 09.10.2015]
11 Sieglinde JORNITZ (2009, S. 68) definiert den Begriff der Evidenz in der empirischen Bildungsforschung wie folgt: „Die Sache wird auf einen Blick so deutlich, dass sich jede weitere Nachfrage oder Erörterung erübrigt. Kritik und Skepsis prallen am Evidenten ab." Nach JORNITZ (2009, S. 71 f.) steht in „[…] einer Evidence-based […] Education nicht mehr die ‚Produktion' neuer Forschungsergebnisse im Vordergrund, sondern allein die Zusammenschau und Re-Analyse bereits getätigter Forschung. Re-Analyse bedeutet dabei nicht die Problematisierung der Geltungskraft der Einzelaussagen, diese wird weitgehend als gegeben behandelt. Passen die Ergebnisse der Studien zusammen, werden sie zu Evidenz verdichtet; weichen sie von der übereinstimmenden Tendenz ab, fallen sie als nicht-evident heraus. Damit schafft sich diese Bildungsforschung Evidenz als Bestätigung durch bereits vorhandene Evidenzen. Die höhere Evidenz lebt von der Konformität der niederen. Darin zeigt sich das Bemühen, Anschluss zu finden an die naturwissenschaftliche Evidenz, die davon lebt, dass jedes Experiment beliebig wiederholbar sein muss und damit die Gültigkeit der Erkenntnis verbürgt wird. […] Zugleich soll die Forschung Erkenntnisse von der Art liefern, dass sie optimierende Eingriffe in die Praxis erlaubt. Anders als die Naturwissenschaften muss diese Bildungsforschung damit für sich negieren, noch Grundlagenforschung zu betreiben. Evidenz soll sich nicht nur auf den Erklärungszusammenhang, sondern direkt auch auf den Nutzungszusammenhang beziehen. Sie will praktisch sein als Angabe dessen, was man bspw. für den Unterrichtserfolg tun sollte." – Rudolf TIPPELT & Jutta REICH-CLAASSEN (2010, S. 23) plädieren für eine Erweiterung des Evidenzbegriffs um prozessorientierte Ansätze; sie schreiben: „Alternativen – wie bspw. die nicht erfahrungsgestützte Orientierung an Ideen und Ideologien oder auch an pädagogischen Klassikern – liefern heute keine adäquaten Anhaltspunkte für Handlungsmöglichkeiten und

randomisierter Interventionsstudien und Fragebogenerhebungen, wissenschaftlich neue und belastbare Ergebnisse zur Verfügung stellen, aus denen sich ein Steuerungswissen für die pädagogische Praxis generieren lässt, das optimierend auf Systeme, Institutionen, Konzepte sowie auf jeweils zu behandelnde Fälle angewendet werden kann.

In dieser Abhandlung werden die theoretischen Ausgangspunkte solcher Studien nicht geteilt. Sie versteht sich vielmehr als ein Beitrag zur anthropologisch ausgerichteten erziehungswissenschaftlichen Forschung, die von einer Pluralität von Modellen, Theorien, Paradigmen der Erziehungswissenschaft zum pädagogischen Wissen und von vielfältigen Wissensformen und diversen Möglichkeiten ihrer empirischen Beforschung ausgeht. Christoph WULF (1994, S. 7 f.) definiert pädagogisches Wissen wie folgt im Sinne der Pädagogischen Anthropologie:

> Pädagogisches Wissen ist nicht auf die Ergebnisse pädagogischen Wissens beschränkt. Es umfasst viele Formen des Wissens. Zu ihnen gehören philosophische, wissenschaftliche, ästhetische, praktische Symbol- und Zeichensysteme, die in komplexen Beziehungen zueinander stehen. [...] Anthropologie als geschlossenes normatives Wissenssystem gibt es nicht mehr. Entsprechendes gilt für pädagogische Anthropologie. Ihr Wissen ist Teil der Allgemeinen Erziehungswissenschaft, aber auch des pädagogischen Wissens insgesamt. Nicht nur im erziehungswissenschaftlichen, sondern auch im praktischen pädagogischen Wissen spielt anthropologisches Wissen seit jeher eine wichtige Rolle. Wie jeder Wissenschaftler hat jeder Erziehende ein anthropologisches Wissen, ohne das der eine nicht wissenschaftlich arbeiten und der andere nicht praktisch handeln kann. In beiden Fällen handelt es sich häufig um implizites anthropologisches Wissen. Als implizites, kann anthropologisches Wissen nur schwer reflektiert und verändert werden. Deshalb ist es für die Erziehungswissenschaft und für professionelle Erzieher unerläßlich, ein Bewußtsein der ihre Arbeit leitenden anthropologischen Annahmen zu gewinnen.

Wenn der Erwerb pädagogischen Wissens hier auf explizite wie implizite anthropologische Annahmen gerichtet ist, die einem theoretischen oder einem praktischen pädagogischen Ansatz jeweils zugrunde liegen, dann wird auf einen breiten

---

Reformmaßnahmen, notwendig ist vielmehr eine rationale, verstehende, engagierte und in Teilen evidenzbasierte Bildungs- und Weiterbildungsforschung. Diese darf sich allerdings nicht nur auf outputorientierte Indikatoren stützen, sondern es müssen auch immer im Sinne einer umfassenden Qualitätssicherung die Gestaltungsprozesse des Lehrens und Lernens und deren Evaluation im Blick behalten werden." Der Evidenzbegriff wird damit zunehmend auch für qualitativ empirische Forschungsansätze beansprucht bzw. dahingehend modifiziert (eine umfassende kritische Übersicht der Evidenzdebatte im Feld der Pädagogik geben BELLMANN & MÜLLER 2011).

Wissensbegriff Bezug genommen, der verschiedene Formen bzw. Logiken des Wissens einschließt. Zur Herausarbeitung dieser Wissensformen kann vor allem die kulturwissenschaftliche Forschung herangezogen werden,[12] die allgemein „[…] den symbolischen Zusammenhang heterogener Diskurse, die sich wechselseitig nur über ihre Kontexte erschließen"[13], im Blick hat.

Heute ist es eher üblich, die Professionsforschung, die Lehrer(innen)bildung und die Schulpädagogik, der das Forschungsgebiet ‚pädagogische Wissensformen' fachlich zugeordnet wird, vor dem Hintergrund der Empirischen Bildungsforschung auszubuchstabieren. In dieser Untersuchung soll dies im Kontext der Allgemeinen Erziehungswissenschaft[14], und hier der Pädagogischen Anthropologie geschehen.

Im Großen gesehen hat sich die erziehungswissenschaftliche Forschung dem pädagogischen Wissen schon immer, jedoch bislang weniger im Sinne von empirisch nachweisbarem Praxiswissen, sondern als einem Synonym für Pädagogik überhaupt, gewidmet.[15] Dies spiegelt die außerordentliche Komplexität der Sache wider, die in diesem Buch keinesfalls simplifiziert werden soll.

Es geht hier darum, die Besonderheiten des Praxiswissens von Lehrer(inne)n mit Blick auf pädagogische Praktiken[16] im Unterricht herauszuarbeiten und es damit an eine ganz bestimmte Empirie zurückzubinden, die sich nicht vorrangig forschungsmethodisch legitimiert, sondern dem anthropologischen Wissensbegriff sowie der Handlungslogik im Feld gerecht werden will. Mit der hier vorgelegten Systematik soll eine basale Unterlage für eine auf Schule und auf die Lehrer(innen)bildung gerichtete empirische Bildungsforschung und Erziehungs-

---

12 WIMMER 2002. Hier kann etwa die Arbeit der an der Wilhelm von Humboldt Universität zu Berlin eingerichteten Gastprofessur mit der Denomination „Vielfalt der Wissensformen" (siehe: https://www.hu-berlin.de/de/einrichtungen-organisation/verwaltung/bolognalab/projekte-des-bologna.labs/vielfalt-der-wissensformen [letzter Zugriff 09.10.2015]) aufgegriffen werden.
13 WIMMER 2002, S. 117
14 Vgl. die Studienordnung für den Masterstudiengang Erziehungswissenschaft: Bildung, Kultur und Wissensformen an der Freien Universität Berlin (Studienordnung siehe: http://www.fu-berlin.de/service/zuvdocs/amtsblatt/2007/ab562007.pdf [letzter Zugriff 09.10.2015]).
15 Bspw. KADE et al. 2011
16 ‚Soziale Praktiken' sind im Allgemeinen als Handlungsregelmäßigkeiten oder geregelte Handlungsmuster näher bestimmt. Ob eine Handlung tatsächlich eine Praktik ist und auf welche soziale Ordnung sie verweist, ist bereits Gegenstand einer interpretativen Leistung und nicht das Ergebnis einer Beobachtung. Auf der Ebene der beobachtbaren Phänomene sind es die *Handlungen*, welche die Forschenden teilnehmend beobachten können (vgl. BUDDE in Vorber.).

wissenschaft vor dem Hintergrund der Pädagogischen Anthropologie geschaffen werden.

In Hinblick auf die professionelle pädagogische Arbeit in Bildungseinrichtungen spielt derzeit die Qualitätsfrage die zentrale Rolle, die bislang noch in erster Linie im empirisch-metrischen Denkmodell der Empirischen Bildungsforschung fundiert und mit der von diesem her gedachten evidenzbasierten Steuerung der Bildungssysteme verbunden wird. Eine Systementwicklung und -verbesserung erfolgt dann nach dem Prinzip der „Gouvernance" (Steuerung) und entlang vorab festgelegter Erwartungen bzw. durch deren Standardisierung, Evaluation und mittels Rechenschaftslegung; in den Bildungseinrichtungen sind dies Bildungsstandards, Maßgaben für kompetenzbasiertes Lernen, Zielvereinbarungen, Vergleichsuntersuchungen oder Schulinspektionen. Nach bisher vorgelegten Studien ist allerdings die Rückmeldung der Forschungsergebnisse an die Schulen wie auch deren Nutzung für die Unterrichtsentwicklung kaum nachweisbar.[17] Herbert ALTRICHTER & Katharina SOUKUP-ALTRICHTER (2014, S. 58) sehen die Lösung dieses Problems in einer verstärkten „[…] Mehrperspektivität [der Qualitätsforschung im Bildungsbereich], d. h. mehrere Informationen aus verschiedenen Quellen und Perspektiven" zu nutzen. Diesem Lösungsansatz wird hier nachgegangen.

Ihren Ursprung hat die Qualitätsforschung in der angewandten Organisationstheorie. Daher wird sie in der Regel als Qualitätsmanagement ausgelegt. Ein Qualitätsmanagement zielt, durch das Dienstleistungsparadigma des New Public Management unterstützt, in erster Linie auf eine Optimierung des Einsatzes von Ressourcen. Ressourcen sind hier „Kapital" (oder Kapitalsorten); eine Ertragssteigerung ist (ursprünglich) als die Evidenz der Marktgängigkeit von Produkten gedacht. „Qualität erscheint als objektives und universelles, das heißt beobachtbares und allgemeingültiges Merkmal eines Produkts."[18] Wenn in der Qualitätsforschung Arbeitsvorgänge (auch bestimmte Praktiken) anhand eines vorgegebenen Gütemaßstabs auf ihre Resultate (bzw. Produkte) hin überprüft werden, dann gilt die Überprüfung der Resultate als eine evidenzbasierte Untersuchung auch der Qualität der Arbeitsvorgänge. Anhand ihrer Resultate werden die mit einer Produktherstellung verbundenen Prozesse und Praktiken auf einer Skala bewertet. Anders als durch die Beurteilung ihrer Resultate anhand bestimmter Vorgaben werden keine weiteren Angaben darüber gemacht, wodurch sich „gute Praxis" auszeichnet. Beforscht werden Kompetenzen, die Implementierung von Modellen und Formen der Verstetigung (Institutionalisierung, Inkorporierung, Routinisierung).

---

17 ALTRICHTER & SOUKUP-ALTRICHTER 2014, S. 54
18 Vgl. HONIG 2002, S. 5

Im Zusammenhang der Pädagogik sind die zu bewertenden Resultate das pädagogisch Erwünschte, in der Schule sind dies in der Regel Schulleistungen. Wilfried Bos (2009, Folie 9) formuliert das Ziel der Output-Steuerung der Bildungssysteme wie folgt: „Die Produktivität von Bildungssystemen, die Qualität einzelner Bildungseinrichtungen und der Lernerfolg von Individuen soll messbar gemacht werden, um Bildungsprozesse wirksamer lenken zu können." Durch systemweite standardisierte Testverfahren werden Leistungsresultate von Schüler(inne)n aggregiert, um also die Leistungen von Schulen bzw. Lehrer(inne)n und rationale Hinweise auf die Weiterentwicklung des Systems abzuleiten.[19] Wenn pädagogische Qualität hier auf standardisierte pädagogische Ziele und ihre Normierung hin angelegt wird, fällt dies mit dem allgemeinen Bestreben zusammen, „[...] alles, was man immer schon besser machen wollte, konsequenter zu tun",[20] und es vor allem konsequenter flächendeckend und vergleichend abzuprüfen.

Dabei wird allerdings wenig in Betracht gezogen, dass pädagogische Praktiken nicht zwingend empirisch erfassbare Produkte erzeugen und selbst die Validität ihrer Resultate, vor allem der Schulleistungen, gar nicht nachweisbar ist.[21]

Den Reflexionstraditionen der Erziehungswissenschaft war die Qualitätsfrage auch sehr lange fremd. In den vergangenen Jahren nimmt sie sich des Qualitätsbegriffs, allerdings teilweise noch zögerlich und unter recht starkem politischem Druck,[22] im Sinne einer Herausarbeitung der Eigenarten pädagogischer Qualität aber an.[23] Neuere Studien ethnographischer Signatur lassen allerdings bereits erkennen, dass gute pädagogische Praxis nicht dadurch entsteht, dass man sie evaluiert und damit bewertet. „Vielmehr muss man wissen, wie sie hervorgebracht

---

19 Vgl. MAAG MERKI 2010
20 Vgl. HONIG 2002, S. 5
21 Vgl. als einen der ersten WAHL 1975.
22 Vgl. das „Rahmenprogramm des Bundesministeriums für Bildung und Forschung zur Förderung der empirischen Bildungsforschung"; zu lesen ist hier: „Bildungs- und Wissenschaftssysteme werden zunehmend zu zentralen Faktoren im internationalen Wettbewerb. Die neue Steuerung im Bildungssystem, die datenbasiert und ergebnisorientiert ist, braucht eine leistungsfähige empirische Bildungsforschung. Das Rahmenprogramm des BMBF soll dazu beitragen, empirische Bildungsforschung in Deutschland strukturell zu stärken, qualitativ zu entwickeln und stärker international zu vernetzen, Wissen für die Reform des Bildungs- und Wissenschaftssystems bereitzustellen, zentrale Instrumente einer output- und evidenzbasierten Politik (Bildungsstandards; Leistungsvergleiche; externe Evaluation von Schulen; Bildungsberichterstattung) wissenschaftlich zu fundieren." Quelle: http://www.empirische-bildungsforschung-bmbf.de/ [Letzter Zugriff: 08.07.2012; später nur mehr zitiert auf: www.schulweb.de/de/seiten/drucken.html?seite=6106, letzter Zugriff: 09.10.2015].
23 Vgl. HONIG 2002, S. 2

wird."²⁴ Dazu gilt es, insbesondere den „Eigensinn der Praxis" anzuerkennen und sich damit in die Reichweite der konkreten Alltagserfahrungen der Akteure zu bringen.²⁵ In unserem Kontext geht es in erster Linie darum, ein Bewusstsein der die pädagogische Arbeit leitenden anthropologischen Annahmen zu gewinnen. Mit Qualität ist dann nicht „gute Qualität" oder ein „Gütesiegel", sondern eine durchgehaltene Orientierung an pädagogischen Zielen gemeint, die unten im Zusammenhang des Schulunterrichts als „Choreographie" beschrieben wird.

Für die Verfolgung dieses Zieles wird in diesem Buch ein handlungstheoretischer Zugang gewählt, der unter einer phänomenologisch-performativitätstheorischen Perspektive profiliert wird.

Aus der Perspektive der anthropologischen Pädagogik begründen Christoph WULF & Jörg ZIRFAS (2007) die Notwendigkeit, dass sich die praktische wie die theoretische Pädagogik am performativen Denkmodell orientiert, folgendermaßen: „Kinder und Jugendliche werden nicht dadurch erzogen, dass über Erziehung und Bildung gesprochen wird, sondern dadurch, dass Erziehungs- und Bildungsprozesse inszeniert und aufgeführt werden."²⁶ Damit bestimmen sie im Prinzip die Programmatik, der in dieser Abhandlung gefolgt wird. Eine performativitätstheoretisch informierte Praktikenforschung wird dem hier entfalteten Ansatz performativ angelegter Lehrer(innen)bildung zugrunde gelegt. Das pädagogisch-didaktische Verständnis des Performativitätsbegriffs bringen Nora LANDKAMMER et al. (2009, Editorial) wie folgt auf den Punkt: „Performativität als Perspektive macht sichtbar, dass Wirklichkeit durch die (Wieder-)Aufführung von gesellschaftlich hergestellten Handlungsmöglichkeiten produziert wird."

Bei diesem Unternehmen ist jedoch zuvorderst in Betracht zu ziehen, dass Niklas LUHMANN & Karl-Eberhard SCHORR (1982) die pädagogische Theoriebildung bereits in den 1980er Jahren dafür sensibilisiert haben, dass pädagogisches Handeln in der Regel nicht bewirkt, was es intendiert (1).²⁷ Zudem ist der Hinweis der ethnographischen Praktikenforschung oder der Heterogenitätsforschung ernst zu nehmen, dass die Diversität pädagogischer Handlungs- und Wissensformen in vielfältige Bedingungsfelder eingebunden ist, die sich nicht theoretisch, sondern nur empirisch ermitteln lassen (2).²⁸ Vornehmlich im Rahmen der Kindheitsforschung wird ferner der hohe Eigenanteil akzentuiert, den diejenigen, die

---

24 Vgl. NEUMANN 2012, S. 37
25 CLOOS et al. 2009, S. 37
26 WULF & ZIRFAS 2007, Klappentext
27 Zugleich schlagen Sie aus systemtheoretischer Perspektive Kontrollmöglichkeiten und Regularien vor, die einer Professionalisierung des Berufsbilds förderlich sein sollen.
28 Vgl. HONIG 2001

erzogen werden (sollen), in ihre Erziehung einbringen (3).[29] Überhaupt pflegt die Erziehungswissenschaft allgemein – insbesondere im Zusammenhang der Pädagogischen Anthropologie – ein Bewusstsein für ihre Paradigmenvielfalt (4). Die genannten vier Aspekte bilden die zentralen Eckpunkte dieser Untersuchung. Im Folgenden werden sie nochmals in etwas veränderter Reihenfolge[30] weiter vorskizziert.

Nun zeigen indes nicht wenige wissenschaftliche Studien zum expliziten Wissen von Lehrer(inne)n, dass es vorwiegend zweckrational ist und aus Regelwissen besteht, aber kaum Bezüge zu wissenschaftlichen Paradigmen und Methoden aufweist.[31] Das ist rein logisch gesehen kaum plausibel. Denn die zwischen der (wissenschaftlich-)theoretischen und der praktischen Pädagogik, also zwischen pädagogischem Wissen und Können, bestehende Lücke wird in praxi nicht nur immer wieder sicht- bzw. spürbar, sie wird auch überbrückt. Anders kann Pädagogik und Erziehung gar nicht gedacht werden. Pädagogisches Handeln macht also ständig Entscheidungen erforderlich, die über Regelwissen und Mittel-Zweck-Relationen weit hinausgehen. Es ist daher anzunehmen, dass die Lehrer(innen) über viele verschiedene Wissensformen, und insbesondere über solche verfügen, die dazu geeignet sind, pädagogische Theorien mit pädagogisch-praktischem Handeln, Wissen mit Können zu verbinden. In Frage steht, wie diese Wissensformen eruiert oder ermittelt und wie sie erlernt werden können.

Erziehung ist vor allem darauf angewiesen, von den Edukand(inn)en akzeptiert, verstanden und angenommen bzw. assimiliert zu werden (3). Denn Erziehung, so Helmut HEID (1994, S. 59), ist „[…] kein für sich existierendes, abgrenzbares singuläres Realphänomen, sondern allenfalls eine durch Akte kommunikativen und sozialen Handelns konstituierte und in Problemstellungen thematisierte Wirklichkeitsperspektive." Während die pädagogische Wirklichkeitsperspektive als die Übernahme von Verantwortung für die eigene Lebensgestaltung, für Mitmenschen und für die Welt, wenn auch abstrakt, so doch klar bestimmt ist, lässt sich deren Einübung nur in Abhängigkeit von ihren jeweiligen Bedingungsfeldern und somit nur partiell erschließen (2). Entsprechend vielfältig und schwer verallgemeinerbar sind die damit verbundenen pädagogischen Wissensformen.

---

29 Vgl. HONIG 1999
30 Die angegebene Reihenfolge gibt die Denklogik der Argumentation wieder, im Folgenden werden die Punkte von ihrer Empirie her abgehandelt.
31 Bspw. zeigt eine Befragung von Lehrerinnen und Lehrern durch TERHART et al. (1994), dass Lehrer(innen) in der Ausübung ihres Berufes nach eigenen Aussagen kaum auf Studieninhalte und auf wissenschaftlich-theoretische Zusammenhänge, sondern fast ausschließlich auf eigene Praxiserfahrungen zurückgreifen.

Diese Abhandlung versteht sich daher nur als ein Hinweis auf die Komplexität ihres Themas und als ein Zugang dazu, nicht aber als eine systematische Auseinanderlegung der vielfältigen pädagogischen Wissensformen.

Dieter LENZEN (1997, S. 15) schreibt ferner in Bezug auf eine Bewusstheit der Erziehungswissenschaft über ihre eigene Paradigmenvielfalt (3 und 4) programmatisch:

> Mir scheint […], daß Erziehungswissenschaft […] eine doppelte sein muß: Handlungswissenschaft und reflexive Wissenschaft. Was bedeutet das? – Ich denke, daß das Modell der Technikfolgenabschätzung ein gutes Beispiel für das gibt, was Reflexive Erziehungswissenschaft benötigt: Pädagogikfolgenabschätzung. Diese muß sich in Zeiten einer dramatischen Ausdifferenzierung des Erziehungs- und Sozialsektors sowohl beziehen auf eine reflexive Analyse der erzieherischen und sozialen Wirklichkeit, soweit dieses Resultat des pädagogisch-praktischen Handelns ist, als auch auf die wissenschaftlich vorgetragenen Handlungsorientierungen selbst. An zahllosen Beispielen ließe sich zeigen, welcher Typus von Reflexion möglicherweise geeignet gewesen wäre, Implikationen pädagogischer oder bildungspolitischer Maßnahmen zu verhindern, die eigentlich nicht beabsichtigt waren.

In diesem häufig zitierten Text wird der Erziehungswissenschaft ganz zentral die Bewusstheit über die Relativität ihrer eigenen Ansätze und um deren mögliche Implikationen für die pädagogischen Praxisfelder überantwortet. Dies schließt im weiteren Sinne die Berücksichtigung der Vielfalt der Wissensformen in den pädagogischen Feldern ein.[32]

Zugleich stellt sich hier, um auf LUHMANN & SCHORR (1982) zurückzukommen (1), in Hinblick auf eine handlungstheoretisch fundierte wissenschaftsgestützte und praxisorientierte universitäre Lehrer(innen)bildung ein tiefgreifendes Problem:[33] Die Konzepte, die zum Eigensinn pädagogischer Praktiken und zum Erwerb des für die Berufspraxis von Lehrer(inne)n relevanten Handlungswissens vorliegen, sind quasi unausweichlich mit der These einer unzureichenden bzw., vorsichtiger, noch unterbestimmten Passung zwischen Theorie und Praxis im

---

32 Insbesondere an schwedischen Universitäten wird die Reflexivität in Bezug auf wissenschaftliche Paradigmen als ein zentrales Qualifikationsziel für Wissenschaftler(innen), etwa im Zusammenhang der Postgraduiertenprogramme, angesehen (vgl. HÖGSKOLEVERKET 2003, S. 21 und SVERIGES UNIVERSITETSLÄRAREFÖRBUND 2005, S. 6 ff.).

33 Vgl. KRAUS 2015. Nach der Bestimmung des Theorie-Praxis-Verhältnisses durch BECK (1983) geht es in der Lehrer(innen)bildung nicht vorrangig um wissenschaftlich gesichertes *Wissen*. Sie sieht sich vielmehr dem (wissenschaftlichen) *Denken* bzw. wissenschaftlichen Denk*weisen* verpflichtet.

Lehrberuf konfrontiert. Es ist augenfällig und wird auch in Theorieentwürfen immer wieder betont, dass pädagogische Praktiken, dazu gehört auch die Modellierung professioneller Erfahrungsbildung, im schulpädagogischen Feld dadurch verkompliziert werden, dass verfügbares theoretisches Fachwissen und das professionelle Handeln hier nicht immer Hand in Hand gehen.

Dementsprechend war in der erziehungswissenschaftlichen Verwendungsforschung auch lange die Auffassung weit verbreitet, dass die universitäre Phase der Lehrer(innen)bildung allein der wissenschaftsgestützten Bildung diene, wobei es als verfehlt galt, in dieser Phase bereits eine Professionalisierung in Bezug auf die spätere Handlungspraxis voranzutreiben.

Argumentiert wird hier etwa mit den zwischen den wissenschaftlichen und den pädagogisch-praktischen Handlungsfeldern bestehenden wesentlichen Unterschieden.[34]

So zielen wissenschaftliche Theorien im Unterschied zur pädagogisch-praktischen Tätigkeit in der Regel nicht (unbedingt) auf handlungspraktisch anwendbare Regeln. Der Erwerb wissenschaftlichen Reflexionswissens versteht sich (im Unterschied zum Wissen im Schulkontext) als niemals abgeschlossen und als kritisch; er ist methodisch reduziert und zugleich komplex; bisweilen sind wissenschaftliche Ergebnisse auch kontraintuitiv. Zudem wird der Erwerb wissenschaftlichen Reflexionswissens häufig an die Entlastung von praktischen Entscheidungen und Handlungszwängen gebunden. Ferner ist die Textlogik wissenschaftlicher Studien und ihrer Ergebnisse gar nicht, oder wenn, so nur sehr bedingt, mit der Logik pädagogischer Praktiken kompatibel. Im Übrigen wird auch die Absicht, zu erziehen, an Universitäten weder verfolgt noch gepflegt oder eingeübt, sondern sie wird allenfalls beforscht.

Pädagogisches Handeln indes ist zweifellos immer an normative bzw. an handlungspraktisch relevante Zielsetzungen gebunden. Ferner besteht ein pädagogisches Verhältnis oder eine pädagogische Situation im Unterschied zu einem wissenschaftlichen Forschungssetting nicht schlicht oder wird hergestellt, sondern entsteht immer erst situativ, wird eingesetzt oder aufrechterhalten. In normativer Hinsicht wird in der Pädagogik nicht nur auf grundsätzliche ethische Werte, sondern auch auf detaillierte, häufig in sich widersprüchliche, kollektiv geteilte (wie etwa Vorschriften) wie auch auf individuelle Bedarfe und Bedürfnisse rekurriert. Pädagogisch-normative Zielsetzungen werden von den agierenden Personen wie auch von diversen anderen Instanzen (politischen Maßgaben, soziokulturell bestimmten Anforderungen, Umwelt etc.) generiert.[35] Sie lassen sich schwerlich alle

---

34 Vgl. BREIDENSTEIN 2012, S. 42 ff.
35 Vgl. DEWE 1997, S. 221 ff.

zugleich theoretisch in den Blick nehmen. In den pädagogischen Praktiken wird das, was jeweils von den Educandi erwartet werden kann, mit dieser Normativität abgeglichen.

Es ist zu vermuten, dass die pädagogisch-praktische Bewältigung der komplexen Herausforderungen in den pädagogischen Feldern nicht ohne Komplikationen wissenschaftlich-empirisch erfasst werden kann.[36] Eine auf Wissenschaft gestützte Vorbereitung auf die Berufspraxis ist daher auch nicht ohne weiteres selbstverständlich.

Nicht wenige empirische Studien erbringen den Nachweis, dass etwa die Umsetzung von erziehungs- und sozialwissenschaftlichen Theorien in die Praxis beruflichen Handelns durchaus möglich und gängig ist. So zeigt Bernd DEWE (1997) anhand von Praktikumsberichten und Unterrichtsvorbereitungen, die von Studierenden im Rahmen ihrer schulpraktischen Studien angefertigt wurden, dass sie bestimmte Theorien auf ihre in der Schulpraxis gemachten Beobachtungen und Erfahrungen anwenden und das eigene praktische Handeln theoretisch begründen. Die Vereinbarung von Theorie und Praxis ist, wie es Bernd DEWE (1997, S. 227) herausstellt, ein integrales Moment pädagogischer Praxis.

---

36 Vgl. KRAUS 2015. Hier wird mit Rekurs auf Alwin DIEMER (1964) die noematische Wissenschaftsauffassung von der noetischen abgegrenzt. Als adäquate Antwort auf die besonderen Herausforderungen einer wissenschafts- und praxisorientierten Lehrer(innen)bildung wird die noetische Auffassung befunden. Während die noematische an Hypothesen und Ergebnissen orientiert ist, geht es der noetischen Wissenschaftsauffassung um die Perspektivität von Erkenntnis, wie deren Abhängigkeit von verschiedenen Wissensformen und -formaten, variablen Objektkonstitutionen, vielfältigen methodischen Zugängen und thematischen Orientierungen. Ein vermeintlich gültiges Ergebnis kann etwa durch externe, diskursive oder sonstige Entwicklungen, wie etwa materiale oder kulturelle Kontingenz, unterwandert und ausgehebelt werden. Nach dem Philosophen Herbert SCHNÄDELBACH (1983) zeichnet sich eine sogenannte „Forschungswissenschaft" dadurch aus, in fortwährend prüfender Ungewissheit über die Gültigkeit ihrer eigenen Prämissen zu bleiben; BACHELARD zielt ein „Selbstbewusstsein der Wissenschaften" an (DIAZ-BONE 2007, S. 12). In Kraft treten Wissensformen und Rationalitätstypen bzw. Wissensformate dadurch, dass in irgendeiner Weise – verbal, materiell – auf sie verwiesen wird. Eine Sache gibt also umso deutlicher Zeugnis von einem bestimmten Wissensformat ab, als die Art, wie dieses Wissen generiert wurde, an ihr erkennbar ist (ein Fahrzeug, das zusammengeschraubt, ein Manuskript, das überarbeitet, ein Vogelnest, das gewirkt ist). Eine solche genetische Sicht der Wissenschaft wird in ihrer performativitätstheoretischen, phänomenologischen und praxeologischen Auslegung und als für die Herausarbeitung pädagogischer Wissensformen im Rahmen der Lehrer(innen)bildung besonders relevant herausgestellt.

Diese Untersuchung widmet sich den Modi der pädagogisch-praktischen Überbrückung dieser Lücke. Abgesehen davon, dass fortgesetzt auf sie hingewiesen wird, scheint die Lücke zwischen Theorie und Praxis die Praxis im pädagogischen Feld im Übrigen kaum zu beeinträchtigen und sie scheint auch die wissenschaftliche Pädagogik letztlich wenig zu irritieren. Man kann bisweilen den Eindruck gewinnen, dass sie, obwohl immer wieder bezeichnet, real gar nicht besteht. Sie wird in den beiden auf Pädagogik ausgerichteten professionellen Profilen gleichermaßen vielfältig überdeckt, übersprungen oder überbrückt. Würde die Lücke tatsächlich nicht bestehen, dann würde das heißen, dass sich erziehungswissenschaftliche Theorien von der praktischen pädagogischen Reflexivität nur unwesentlich unterscheiden. Die zwischen ihnen effektiv bestehenden Unterschiede wären dann lediglich auf unterschiedliche Arbeitsformen und -bedingungen zurückzuführen. Diese Spekulationen sind kühn. Einige der zwischen beiden Professionen und der ihnen eigenen Reflexivität bestehenden Unterschiede sind oben bereits herausgestellt worden. Hinter solche Unterschiede soll hier argumentativ auch nicht zurückgegangen werden.

Es soll im Folgenden trotzdem nicht weiter in Frage stehen, dass Pädagog(inn)en theoretisches, auch wissenschaftlich-theoretisches Wissen auf ihre praktischen Erfahrungen anwenden. Es wird also nicht angezweifelt, dass die professionelle Reflexivität von Lehrer(inne)n Transformationsprozesse – auch von erziehungs-, kultur- und sozialwissenschaftlichen Resultaten – in die Praxis beruflichen Handelns einschließt. Die Frage ist nur, wie sich dies konzipieren lässt, ohne die besagte Lücke einfach auszublenden. Umgekehrt lässt sich pädagogisch-praktisches Handeln mit pädagogischen Theorien begründen. Die generalisierte Behauptung einer Praxisferne von erziehungs- und sozialwissenschaftlichen Theorien lässt sich empirisch nicht belegen.

Definitiv ist der Theorie-Praxis-Transfer aber nicht hinreichend beforscht. Dies gilt auch für die Komplexität unterrichtlicher Praktiken. Noch weniger gibt es ein Skript für die dem Lehrer(innen)beruf durch das akademische Studium und durch den Legitimationsdruck im Praxisfeld quasi verordneten Übersetzungsleistungen theoretischer in praktische Zusammenhänge und vice versa. Die große Herausforderung eines Theorie-Praxis-Transfers wird in der Regel vielmehr „wild" vor allem den berufspraktisch tätigen Lehrer(inne)n überantwortet, die sich darin spätestens nach Abschluss ihres akademischen Studiums schlicht zu bewähren haben. Als Hilfsmittel werden ihnen dabei in der Regel Schemata für Unterrichtsplanungen – und neuerdings auch standardisierte Test- und Bewertungsformen (s. o.) – an die Hand gegeben.

In Anbetracht besagter Forschungslücke sind die Ergebnisse empirischer Studien, etwa von Heinz-Elmar TENORTH (2007) und Spencer KAGAN (1992) et al., im Übrigen gar nicht verwunderlich, dass professionelles theoretisches Wissen in diesem Arbeitsfeld nur fragmentarisch nachweisbar ist.

Hier wird davon ausgegangen, dass zur Erklärung besagter Lücke angeführte Argumentationsfiguren den Blick für die Möglichkeit einer erziehungswissenschaftlich angeleiteten Erarbeitung von Handlungsmustern und -repertoires zu ihrer Überbrückung verstellen können. Der Möglichkeit, dass dies nicht unbedingt der Fall sein muss, wird hier nachgegangen.

Denn genau diese Möglichkeit ist das zentrale Thema des universitären Lehramtsstudiums, auf dessen Didaktik in diesem Buch der Fokus liegt.[37]

Grundsätzlich wird die Theorie-Praxis-Relation sehr unterschiedlich wissenschaftlich und pädagogisch-theoretisch ausbuchstabiert. Dies erfolgt etwa empirisch gestützt oder nicht, in Theorie oder in Praxis, explizit oder implizit. In dieser Untersuchung wird die große Vielfalt der Interpretationen der Theorie-Praxis-Relation in der Pädagogik als für eine nähere Bestimmung pädagogischer Professionalität prinzipiell nicht von Nachteil gesehen. Denn sie bietet die Chance, viele verschiedene Antworten auf die Frage zu finden, wie pädagogische Praktiken, auch in Bezug auf Theorien, die Lücke zwischen Praxis und Theorie überbrücken können. Der pädagogisch-praktische Wert dieser Einsicht ist also unübersehbar. Allerdings wird damit die Möglichkeit einer universellen pädagogischen Theorie wie auch die Evidenz eines ganz bestimmten pädagogischen Wissens und dessen Metrisierung definitiv ausgeschlossen.

In dieser Abhandlung geht es also darum, der kritisch-analytischen Relevanz der These einer Kluft zwischen der theoretischen und der praktischen Pädagogik nachzugehen. Dabei werden zuerst Spezifika pädagogischen Handelns und Urteilens und einige zur erfahrungsgestützten Aneignung von komplexen fachlichen, didaktischen, pädagogisch-theoretischen und pädagogisch-situationsspezifischen Wahrnehmungs-, Denk- und Handlungsschemata im Rahmen der Lehrer(innen)bildung kursierenden Konzepte in den Blick genommen.[38] Das eigentliche Interesse gilt dabei nicht, wie es ansonsten üblich ist, pädagogischen oder didaktischen Modellen, sondern vielmehr den in einer Lehr-, Lernsituation (miteinander inter-) agierenden Körpern[39] und der Frage, wie diese mit Theorien in Beziehung stehen.

---

37 Vgl. BAUER, KOPKA & BRINDT 1996
38 BROMME 1992, S. 122. Eine Systematik der verschiedenen Konzepte zur Lehrer(innen)bildung legte Georg H. NEUWEG (2010, erstmals 2005) vor.
39 Im Folgenden wird in Bezug auf den handelnden und empfindenden Körper auch von Leiblichkeit gesprochen. Im Anschluss an Helmuth PLESSNERS Unterscheidung von „Leibhaben" und „Leibsein" (PLESSNER [1928] 1975, S. 294) werden in der phänomenologischen Theoriebildung, vertreten auch durch Bernhard WALDENFELS, die

Denn es wird davon ausgegangen, dass die Beziehung zwischen Theorie und Praxis in pädagogischen Praktiken hergestellt oder ausgesetzt, in jedem Fall aber in irgendeiner Weise thematisiert bzw. ausgehandelt wird. Dies wird am Beispiel der Konzepte Bildung und Didaktik gezeigt.

Allerdings herrscht heute eine ganz bestimmte, nämlich die kognitionspsychologische Auffassung zur Überbrückung der Lücke zwischen Praxis und Theorie vor.[40] Nach dieser Auffassung werden Situationsinterpretationen und Handlungsschemata anhand kognitiver Konzepte zueinander in Beziehung gesetzt. Kognitionen werden als mentale Konzepte bzw. interne Repräsentationen von Wirklichkeit begriffen, die für Prozesse und Strukturen der Wahrnehmung und der Aufmerksamkeit, für Gedächtnis, Denken, Problemlösen, Lernen und für den Umgang mit Sprache für grundlegend erachtet werden. Kognitionen werden innerhalb unterschiedlicher Forschungstraditionen untersucht, unter denen psychologische Ansätze zur kognitiven Entwicklung und psychometrische Ansätze sowie Instrumente der Schulleistungsmessung (PISA, TIMSS, IGLU) die bekanntesten sind. – Nese SEVSAY-TEGETHOFF (2007, S. 25) wendet gegen die Definition des Erfahrungswissens von den Kognitionen her jedoch ein, dass sie „[…] ontologisierend [wirkt], da sie den Begriff der Erfahrung und den des [expliziten Schul-]Wissens fest miteinander verknüpft." In den Kognitionsmodellen wird die Vielfalt der möglichen (etwa lernförderlichen) Erfahrungen und der damit verbundenen Wissensformen verschattet und damit auch die oben genannte Theorie-Praxis-Lücke teilweise geschlossen.

In diesem Buch wird vor dem Hintergrund der anthropologischen Pädagogik argumentiert, dass es aber auf diese Lücke gerade ankommt. Denn nicht allein das kognitive oder anderswie explizite Wissen, sondern multimodales[41] Wissen fundiert die professionelle Praxis von Lehrer(inne)n. Die kognitionspsychologische Interpretation der zentralen pädagogischen Herausforderung einer Überbrückung der Lücke zwischen Theorie und Praxis wird in dieser Abhandlung aber

---

Begriffe Körper und Leib als differente Begriffe benutzt. Der Begriff Körper benennt eine materiale-funktionale Gegebenheit, zu denen auch Körpernormen gehören. Der Begriff Körper wird in diesem Buch nicht behandelt. Leiblichkeit hingegen ist von der Wahrnehmung her verstanden, mit der diverse Wissensformen verbunden sind.

40 Dieser Denkart entsprechend wird die Frage nach der sinnvollen Verknüpfung von Theorie und Praxis etwa im Rahmen der aktuellen Professionalisierungsdebatte untersucht (vgl. BAUMERT & KUNTER 2006, LIPOWSKY 2006, TERHART 2006).

41 Mit dem Begriff Multimodalität wird beschrieben, dass und wie dargebotene Informationen unter mehreren Sinnesmodalitäten wahrgenommen und verarbeitet werden. Unten wird das Konzept ausführlicher dargestellt.

nicht verworfen, sondern relativiert bzw. mit dem konfrontiert, was in ihr nicht mitbedacht ist.

Grundsätzlich wird davon ausgegangen, dass das Praxiswissen von Lehrer(inne)n zumeist kasuistisch geprägt und in der Art von Analogieschlüssen angelegt ist.[42] Das heißt, dass von erkannten Ähnlichkeiten fallspezifische Interpretationen abgeleitet werden. Das Praxiswissen von Lehrer(inne)n besteht also, so Arno COMBE & Fritz-Ulrich KOLBE (2004, S. 846), in einer Orientierung „[…] am Leitfaden szenischer Bilder und Beispiele im abkürzenden Modus der analogisierenden Übertragung"[43]. In Hinblick auf die Reflexion situationsgerechter Performanz durch die pädagogischen Akteure ist mit Walter HERZOG & Regula VON FELTEN (2001) dementsprechend davon auszugehen, dass die Entscheidungen in einer konkreten Unterrichtssituation wie auch deren nachgängige Analyse prinzipiell eher dem narrativen (wie szenische Bilder und analysierende Übertragungen) als dem logischen Denkstil folgen. Pädagogisches Handeln legitimierende und anleitende Narrationen und typisierende Wissensbestände, so stellen sie heraus, werden aus einer praktischen Verwendungsperspektive heraus generiert und/oder sie sind das Ergebnis von Enkulturationsprozessen. Die hier zu explizierende Definition des Praxiswissens von Lehrer(inne)n wird prinzipiell für alle Auslegungen des Theorie-Praxis-Verhältnisses im Berufsfeld offen gehalten.

Der in diesem Buch für eine Untersuchung pädagogischer Fragestellungen gewählte Ansatz ist zunächst an die allgemeine Tendenz in den Kultur- und Sozialwissenschaften anschlussfähig, sich zunehmend kulturellen und sozialen Praktiken zuzuwenden.[44] In den Blick genommen wird dann vor allem ein situiertes und praktisches Wissen, das eng an Formen und Themen der Materialität und Körperlichkeit (Leiblichkeit) wie auch an solche der Visualität und der Bildlichkeit geknüpft ist. Sinn-Welt-Konstruktionen werden in Abhängigkeit von verschiedenen Wissensformen gesehen, etwa auch von solchen, die in kulturwissenschaftlichen Ansätzen als Aisthesis bezeichnet und auseinandergelegt werden.

---

42 COMBE & KOLBE 2004, S. 846
43 Der Begriff der Reflexivität wird hier im Sinne von Bernhard WALDENFELS (1990, S. 192) im Sinne einer erweiterten Vorstellung von Rationalität verstanden: „Dabei verstehe ich Rationalität im weitesten Sinne als den Inbegriff sinnhafter und regelhafter, verständlicher Zusammenhänge, die sich in verschiedenen Rationalitätsfeldern und Rationalitätsstilen ausbreiten."
44 Vgl. DFG-Graduiertenkolleg 1608/1 „Selbst-Bildungen. Praktiken der Subjektivierung in historischer und interdisziplinärer Perspektive" (www.uni-oldenburg.de/graduiertenkolleg-selbst-bildungen/); und DFG-Sonderforschungsbereich 447: Kulturen des Performativen.

In den Kulturwissenschaften sind in den letzten zwei Jahrzehnten im Besonderen Impulse von den theoretischen und von den empirisch gestützten Untersuchungen zum Begriff des „Performativen"[45] in der Pädagogik ausgegangen.[46] Vor dem Hintergrund seiner sehr guten Anschlussfähigkeit an pädagogische Kontexte und seiner recht breiten, wenn auch, wie unten noch gezeigt wird, kontroversen Rezeption in den Bezugswissenschaften der Lehrer(innen)bildung ist es verwunderlich, dass das Performativitätskonzept in den aktuellen politischen Bildungsdebatten noch keine zentrale Rolle spielt.[47]

Wenn der Fokus in diesem Buch auf Handlungstheorien und hier auf die verschiedenen Phänomene des „Performativen"[48] gerichtet wird (s. o.), dann wird der Prozesscharakter von Erziehung in den Vordergrund theoretischer und praktischer Pädagogik gestellt. Damit wird es möglich, vor allem solche Aspekte des Lehrens und Lernens anders und eingehender als bisher zu reflektieren und zu beforschen, die sich, wie etwa leibliche Aspekte, einer direkten Planung, Steuerung und Kontrolle entziehen. Zu erwarten ist, dass vor allem „schweigende"[49] Aspekte der Pädagogik auf diese Weise verstärkt in Lehr-Lernzusammenhängen Berücksichtigung finden können. Das sind solche Aspekte des Handlungswissens, die unsere Präferenzen und Intuitionen, die Fragen, die wir stellen können, ge- oder misslingende Lernprozesse, prekäre oder gelingende Subjektkonstitutionen zwar entscheidend mitbeeinflussen, uns aber nicht artikuliert, sondern im Modus der Bildlichkeit, Materialität, Körperlichkeit, als Diskurse und/oder anderswie zugänglich sind.

Indem ein handlungstheoretischer respektive der performativitätstheoretische Ansatz für die Herausarbeitung der pädagogischen Wissensformen gewählt wird, begibt man sich empirisch auf das Terrain der erziehungswissenschaftlichen Praktikenforschung.

Allerdings stehen eine solche Hinwendung zur erziehungswissenschaftlichen Praktikenforschung und die damit verbundene Abwendung von pädagogischen oder erziehungswissenschaftlichen Modellen und ihrer Kritik auf den ersten Blick im Widerspruch zu den in der Schulpädagogik gängigen und tradierten Denkord-

---

45 Vgl. WULF & ZIRFAS 2006
46 Für die Kunstdidaktik vgl. BUSSE 2004; SCHÜTZ & BLOHM 2005 und viele andere. Der Kunstpädagogik selbst wird ein in den letzten Jahren vollzogener „performative turn" attestiert (LANGE 2013).
47 Vgl. ADEN & PETERS 2011
48 WALDENFELS 1994, S. 465
49 Siehe KRAUS 2015, S. 51, KRAUS et al. (in Vorbereitung) und die Arbeit und Ausrichtung des internationalen wissenschaftlichen Netzwerks Tacit Dimensions of Pedagogy; Informationen unter: tacitdimensions.wordpress.com.

nungen. Genauer besehen flicht sie sich aber, insofern die fraglichen wissenschaftlichen Disziplinen und Studienrichtungen immer schon auf die pädagogische Berufspraxis und (mehr oder weniger explizit) auf die Bestimmung der Theorie-Praxis-Relation in der Pädagogik ausgerichtet sind, als ein letztlich nicht zu leugnendes Paradox in beide Felder ein. Insofern sich die erziehungswissenschaftliche Praktikenforschung traditionellen Denkordnungen, und hier insbesondere der Vereinheitlichung und Metrisierung, entzieht, ist es nicht so ganz einfach, auf den ersten Blick ihren Mehrwert diesen gegenüber zu erkennen.

Dieser Mehrwert besteht vor allem in einem Evidenzkonzept, das nicht Resultaten oder Effekten, sondern Prozessen, Vollzügen und Verfahren gilt, durch die Resultate oder Effekte bewirkt werden. Von einer Untersuchung der pädagogischen Wissensformen vor diesem Hintergrund ist zu erwarten, dass sie dazu beiträgt, die Legitimität pädagogisch-praktischen Handelns zu erhöhen. Auf dieser Vorlage lässt sich dann eine Propädeutik pädagogischen Handelns im Rahmen der universitären Lehrer(innen)bildung im Sinne einer Hochschuldidaktik herausarbeiten.

Im Übrigen versteht sich das Buch als ein Komplement zu dem im Jahr 2015 erschienenen Band „Anforderungen an eine Wissenschaft für die Lehrer(innen)bildung. Wissenschaftstheoretische Überlegungen zur praxisorientierten Lehrer(innen)bildung" von derselben Autorin, in dem der phänomenologische, der praxeologische und der performativitätstheoretische Ansatz zur näheren Bestimmung der Wissenschaftsorientierung und der Lehrer(innen)bildung herangezogen werden.

Im Folgenden wird zunächst das Praxiswissen der Lehrer(innen) mit Blick auf die von den pädagogischen Anforderungen her bestimmten professionellen Praktiken im Unterricht näher bestimmt. Anschließend werden verschiedene hochschuldidaktische Konzepte zur Verbindung erziehungs- und sozialwissenschaftlicher Theorien mit der in Frage stehenden beruflichen Praxis vorgestellt. Ausgehend von einer performativitätstheoretisch angelegten Handlungstheorie zur Analyse schulpädagogischen Handelns wird schließlich das Konzept des „performativen Spiels" als das zentrale generische Prinzip der Lehrer(innen)bildung auseinandergelegt.

Växjö im Oktober 2015

2. Das Praxiswissen von Lehrer(inne)n

2.1 Der pädagogische Takt als Bindeglied zwischen Theorie und Praxis

Die seit dem 19. Jahrhundert in verschiedenen Theoriezusammenhängen ausbuchstabierte Kategorie des pädagogischen Takts beschreibt einen sehr wichtigen Aspekt pädagogischen Handelns. Sie ist für pädagogische Reflexionen sowohl in pädagogisch-ethischer als auch in professionstheoretischer Hinsicht unverzichtbar. Einerseits wird der pädagogische Takt als selbstreflexives Regulativ pädagogischen Handelns, andererseits wird er als ein Modus der Überbrückung der Kluft zwischen erziehungswissenschaftlicher Theorie und pädagogischer Praxis und zwischen pädagogischem Wissen und Können verhandelt. An seiner Konzeption entscheiden sich also somit nicht zuletzt die Fragen nach der Steuerbarkeit pädagogischen Handelns und nach deren Grenzen.

Prinzipiell bezeichnet der Begriff des pädagogischen Takts das pädagogische Einfühlungs- und Urteilsvermögen, das für eine Einpassung bestimmter erzieherisch oder didaktisch motivierter Praktiken und Maßnahmen in eine pädagogische Situation wie auch für die nachgängige Überprüfung der dadurch erhaltenen Resultate notwendig ist.

„Taktvoll" werden vielfältige, sich auf dem pädagogischen Feld ergebende Unwägbarkeiten (auf implizite Weise) „erkannt" und bearbeitet. Auch die jeweils auftretenden Interaktionsmodi werden „taktvoll" erschlossen, indem auf die intuitiven Einschätzungen der jeweiligen Situation durch die daran beteiligten Akteure und auf ihre Grundhaltungen und Performanzen gefolgt wird. Das Ziel ist dabei die Herstellung möglichst gelungener Passungen zwischen einer Aktion und der Reaktion darauf, also zwischen Impuls und Antwort(-reaktion), zwischen Unentschiedenheit und Bestimmtheit, Distanz und Nähe. William R. Torbert (2001, S. 259) beschreibt „wahre Dialoge" als „[...] transformative Tänze zwischen dem Bekannten und dem Unbekannten"; und genau dazu sollte es in zwischenmenschlicher Hinsicht im Unterricht kommen. Möglich wird dies durch Unterrichtsinhalte und durch die didaktische Planung, vor allem aber durch den pädagogischen Takt.

Maßgeblich prägt Johann F. Herbart (1969a [1802]) den Begriff des pädagogischen Takts zur Beschreibung einer für den Lehrberuf zentralen Fähigkeit; er schreibt: In der pädagogischen Praxis entsteht

> [...] unvermeidlich in dem Menschen, wie er ist, aus jeder fortgesetzten Übung eine Handlungsweise, welche zunächst von seinem Gefühl und nur entfernt von

Überzeugung abhängt; worin er mehr der inneren Bewegung Luft macht, mehr ausdrückt, wie von außen auf ihn gewirkt sey, mehr sein Gemüthszustand, als das Resultat seines Denkens an den Tag legt.[50]

Hermann NOHL (1957, S. 137) arbeitet im Anschluss an HERBART (1969a [1802]) eine pädagogische „Haltung" heraus, die „[…] dem Erzieher eine eigentümliche Distanz zu seiner Sache wie zu seinem Zögling [gibt], deren feinster Ausdruck der pädagogische Takt ist."

In Hinblick auf eine Auslegung des pädagogischen Takts als eine mentale Fähigkeit sind HERBARTs Texte allerdings nicht eindeutig: Auf der einen Seite definiert er den pädagogischen Takt gegen die in dieser Untersuchung favorisierte Bedeutung des Begriffs als eine Auslassung von Theorie, durch die eine Umsetzung derselben in die Praxis überhaupt erst möglich wird. So schreibt HERBART (1969a [1802] zitiert nach MUTH 1967, S. 68):

> Ich kehre zu meiner Bemerkung zurück, dass unweigerlich der Tact in die Stellen eintrete, welche die Theorie leer ließ, und so der unmittelbare Regent der Praxis werde. Glücklich ohne Zweifel, wenn dieser Regent zugleich ein gehorsamer Diener der Theorie ist, deren Richtigkeit wir hier voraussetzen.

Auf der anderen Seite benutzt er „Tact" stellenweise fast synonym zum KANT'schen „Actus der Urtheilskraft". Darüber noch hinaus versteht er das Konzept als unverzichtbares Bindeglied zwischen Theorie und Praxis in der Pädagogik;[51] er schreibt:

> Nun schiebt sich aber bei jedem auch noch so guten Theoretiker, wenn er seine Theorie ausübt [, …] zwischen die Theorie und die Praxis ganz willkürlich ein Mittelglied ein, ein gewisser Takt nämlich, eine schnelle Beurteilung und Entscheidung, die nicht, wie der Schlendrian, ewig gleichförmig verfährt, aber auch nicht, wie eine vollkommen durchgeführte Theorie […] bei strenger Konsequenz und in völliger Besonnenheit an die Regel, zugleich die wahre Forderung des individuellen Falles ganz und gar zu treffen.[52]

Nach Jakob MUTH (1967, S. 5) zeigt sich der erzieherische Takt in der „Verbindlichkeit der Sprache", in der „Natürlichkeit des Handelns", im „Vermeiden der Verletzung des Kindes" und in der „Wahrung der im pädagogischen Bezug notwendigen Distanz". Im Schulunterricht fundiert er die „Situationssicherheit", er ist „drama-

---

50 HERBART zitiert nach MUTH 1967, S. 68
51 Vgl. HERBART 1969a [1802], S. 286.
52 Vgl. HERBART 1964 [1802], S. 126

turgische Fähigkeit", „improvisatorische Gabe" und er besteht „im Wagnis freier Formen schulischen Handelns".[53] MUTH (1967) bindet taktvolles pädagogisches Handeln zudem an rasches verantwortungsbewusstes Urteilen und Entscheiden. Im pädagogischen Takt wird so gesehen das geleistet, was Jürgen OELKERS (2007, S. 127) pädagogischem Handeln in erster Linie zu tun aufgibt, wenn er schreibt: „Im Blick auf Erziehung müssen Zufall, Willkür und Beliebigkeit *ausgeschlossen* [Hervorh. i. O.] werden. Kinder sind Objekte der Sorge (Oelkers 1991), wer sich dieser Haltung der Sorge entzieht, handelt verantwortungslos." Im Optimalfall, so OELKERS (2007, S. 127), nimmt eine Pädagogin, ein Pädagoge den Kindern „jede Sorge ab"; mit dem Ziel der Erstellung einer „[...] nicht-beliebigen und heilen Welt"[54], die den Kindern eine (spielerische) Ermittlung ihrer je „eigenen Ordnung" und überhaupt Lernen ermöglicht.[55]

Der Begriff „heile Welt" ist allerdings nicht nur aufgrund seines sozialen und kulturellen Ausschlusscharakters unglücklich gewählt. Eine normative Ineinssetzung der Pädagogik mit dem „Guten"[56], wie sie hier wie auch im Zusammenhang mit dem im Qualitätsdiskurs heute dominanten Paradigma „gute Lehrer", „guter Unterricht", „gute Schule" vorgenommen wird, sollte überhaupt vermieden werden.[57] Denn es gibt gar keine Instanz, von der her in statthafter Weise beurteilt werden könnte, was eine sorgsame und was eine gleichgültige oder wahllose pädagogische Haltung oder Intention ist. Pädagogisches Handeln und Urteilen bewegt sich vielmehr gerade auf dem Spannungsfeld, bspw. Gleichgültigkeit und Engagement, Freigeben und Sorgen, in-Ruhe-Lassen oder Insistieren, Distanz

---

53 MUTH 1967, S. 5
54 OELKERS' (2007) Vorstellung einer „guten Kinderstube" und „heilen Kinderwelt" lässt sich angesichts der Kinderschicksale heute kaum halten. Sie lässt sich auch nicht als Ausgangspunkt zur Modellierung der (heterogenen) Kindersichten heranziehen, die das Ziel in der Kindheitsforschung oder auch in der Schüler(innen)forschung ist. In Bezug auf die Ziele pädagogisch taktvollen Handelns ist seine Vorstellung aber aufschlussreich.
55 OELKERS 2007, S. 128 f.
56 Das Ausmaß an Täuschung, das mit der Unternehmung einer Metrisierung und Standardisierung des „Guten" in der Pädagogik verbunden ist, wird in einer Studie von Anna HERBERT (2014) deutlich. Sie stellt fest, dass es an der Universität nicht um „gute Lehre", sondern um die Performanz „guter Lehre", nicht um den „leistungsfähigen Studenten/die leistungsfähige Studentin", sondern um die Performanz eines solchen/einer solchen geht.
57 Man denke an Gewaltverbrechen, die unter dem Deckmantel einer „guten Pädagogik" begangen wurden und leider auch werden. Gewalt kann aber nicht der Gegenbegriff zur „guten Pädagogik" sein, da sie nicht „schlechte Pädagogik", sondern das Ende von Pädagogik markiert.

und Nähe gegeneinander abwägen zu müssen. Umgekehrt ist es auch ein zentrales Erziehungsziel, eine Auswahl treffen zu lernen, welchen Phänomenen (unter welchen Umständen welches) Engagement und welchen (wann welche Art von) Indifferenz entgegengebracht werden sollte.

Sieht man von dem überzogen normativen Impetus ab, so ist OELKERS' Aussage aber doch im pädagogischen Feld insofern von großer Relevanz als sie als die Arbeit an einer pädagogischen Ordnung entlang von Leitdifferenzen ausgelegt werden kann. Dabei wird die radikale Verantwortung für die heranwachsende Persönlichkeit herausgestellt. Jörg ZIRFAS (2001b, S. 59) schreibt: „Wenn es die Gabe der Erziehung gibt, so ist sie selbstlos, sie ist entpflichtend (Derrida 1993, S. 29, 161, 178, 200). Denn wenn es die Gabe der Erziehung gibt, dann nur so, dass der Erzieher für den Zögling radikal verantwortlich ist." Pädagog(inn)en nehmen ihre sorgende Verantwortung gegenüber einem Kind oder Jugendlichen dadurch wahr, dass sie stellvertretend Unverfügbares (ohne große Desaster) durchstehen bzw. Herausforderungen zu bewältigen wissen – und deren Signatur und Bewältigung vor dem Kind oder Jugendlichen verbergen. Zugleich geben sie einen Vertrauensvorschuss und eine möglichst große, realistische Anerkennung.

Denn eine Bewältigung von Herausforderungen setzt Selbstwirksamkeit voraus, die Philip ZIMBARDO & Richard GERRIG (2003) wie folgt als eine hochavancierte Lebenserfahrung definieren: „Selbstwirksamkeit ist die individuell unterschiedlich ausgeprägte Überzeugung, dass man in einer bestimmten Situation die angemessene Leistung erbringen kann. Dieses Gefühl einer Person bezüglich ihrer Fähigkeiten beeinflusst ihre Wahrnehmung, ihre Motivation und ihre Leistung auf vielerlei Weise."[58] Zugleich wird von der Selbstwirksamkeitsüberzeugung gesagt, dass sie realistisch sein soll. Als pädagogisches Ziel ist sie also hochanspruchsvoll.

Die in Bezug auf die Erfahrungen der Selbstwirksamkeit in den meisten Fällen bestehende Asymmetrie zwischen Pädagog(inn)en und den Heranwachsenden kann dadurch vermindert werden, dass Kindern oder Jugendlichen pädagogisch gerahmt sukzessive eine für sie tragbare, also ihrer Selbstwirksamkeit förderliche Verantwortungslast übertragen wird.

Im Konzept des pädagogischen Takts wird von im pädagogischen Feld immer wieder in veränderter Ausprägung auftretenden Gegensätzen wie Nähe und Distanz, Behaglichkeit („heile Welt") und Krise ausgegangen. Der pädagogische Takt

---

58 ZIMBARDO & GERRIG 2003, S. 543. Das psychologische Konstrukt der Selbstwirksamkeit geht ursprünglich auf die theoretischen und praktischen Forschungsarbeiten Albert BANDURA (vgl. etwa 1997) zurück. Zu deren Weiterführung vgl. auch die Publikationen des Self Research Centers, University of Western Sydney, Australien.

kann daher weder als Strategie noch als Fertigkeit oder Kompetenz ausgelegt werden. Er ist auch kein Prinzip, sondern eine Fähigkeit, die auf diversen Wissensformen basiert. Max van Manen (1995) schreibt: „Takt ist eine Form des Wissens, die ihrem Wesen nach normativ, persönlich und intuitiv ist. Daher verlangt Takt nach einer Art phänomenologischem Diskurs, der sich an unser interpretatives konzeptuelles Verständnis wendet und der zudem unsere normative Sensibilität verbessert."[59] Pädagogisches Handeln kann zwar vom pädagogischen Takt an die handelnde Person gebunden Zeugnis abgeben. Das Wissen besteht aber nicht unabhängig von einer Situation und ist auch nicht in Handeln einfach *umsetzbar*. Pädagog(inn)en *entdecken* vielmehr an sich, dass und inwiefern sie über pädagogischen Takt verfügen und inwiefern dies der Fall ist. Eine solche (Selbst-)Vergegenwärtigung ist wichtig für taktvolles Handeln. Mit der Bezugnahme auf das Konzept des pädagogischen Takts werden also eine grundsätzliche Haltung der Gleichgültigkeit und abstrakte pädagogische Normen genauso abgelehnt wie rein formalistische Steuerungsversuche.[60]

Nach der Auffassung Herbarts erlernt man pädagogischen Takt in der Praxis.[61] Um die Phänomene pädagogischen Takts wissenschaftlich zu erfassen, bedarf es, so betont van Manen, einer Epistemologie und einer Methode, die nicht allein auf kognitive und metrisierbare Prozesse fokussiert.

Birgit Althans (2007) schlägt einen empirischen Weg der Herausarbeitung des Konzepts „pädagogischer Takt" ein, wenn sie anhand einer teilnehmend beobachteten Szene im Rahmen mobiler Jugendarbeit mit männlichen Jugendlichen durchgeführten Breakdance-Trainings die nonverbale Interaktion zwischen einem Sozialpädagogen und der Gruppe herausarbeitet.[62] Beschrieben wird ein sich nur über Bewegungen, Gesten und Mimik, also rein körperlich vollziehender Interaktionsprozess, in dessen Mittelpunkt die überraschende und unvermittelte Aktion des Sozialpädagogen und Trainers steht. Althans (2007) schreibt, dass der Pädagoge die durch die Jugendlichen vollzogenen artistisch avancierten Bewegungsfolgen mit einem ungelenken Purzelbaum fortsetzt, sie damit unterbricht und so dem Ausschluss eines kleinen Jungen aus der Gruppe der Jugendlichen entgegenwirkt, ohne die bestehende, von der Autorin als „locker" charakterisierte Atmosphäre zu stören. Die Autorin vermutet eine Kausalbeziehung zwischen einer dilettantisch zu nennenden Bewegung des ansonsten professionellen Tänzers

---

59 van Manen 1995, S. 66
60 Oelkers 2007, S. 127
61 Herbart 1969b [1806]
62 Die Szene wurde von der Autorin teilnehmend beobachtet und videographisch aufgezeichnet.

und Pädagogen und der eintretenden pädagogisch wünschbaren Wendung des sozialen Geschehens, die sie auf pädagogischen Takt zurückführt. Sie sieht die situative Herausforderung an den Sozialpädagogen darin, pädagogische, didaktisch-methodische, körpersprachlich-interaktive mit Momenten des Widerstands und der Exklusion abzustimmen. ALTHANS (2007) setzt den pädagogischen Takt als die für pädagogische Berufe unabdingbare Sensitivität für die Kontexte des eigenen Handelns mit dem Begriff der Geste im Sinne einer „[…] Austragung und Darbietung des medialen Charakters der Körperbewegungen"[63] in Beziehung. Indem gestisch auf konjunktive Erfahrungsräume Bezug genommen wird, vermitteln Gesten ein Wissen, dessen Medium die lebendige Körperlichkeit ist. Im Modus der Geste vollzieht sich eine leiblich vermittelte, stets von neuem zu meisternde soziale Verständigung und soziales Verstehen. Die Sozialität gibt nicht nur das Bedingungsfeld für solche interaktiven Prozesse ab, durch sie werden auch Botschaften vermittelt und Problemlösungen zugespielt. Für die Beschreibung der sichtbaren Handlungen, die dem pädagogischen Takt entspringen, führt ALTHANS (2007) den Begriff „Körperspuren" ein, die sie als eine sichtbare, sozial überformte und zugleich auf Sozialität hin ausgerichtete Form menschlicher Körperlichkeit näher bestimmt. Der pädagogische Takt geht ihrer Analyse nach nicht in einer Semantik auf, nach der die Sozialität als Repertoire kulturell definierter, symbolischer Handlungen bestimmt wird, vielmehr geht es dabei um eine „Übertragung des Unverfügbaren"[64]. Eine körperlich vermittelte Übertragung des Unverfügbaren beschreibt die Autorin in Hinblick auf ihr empirisches Beispiel als Auslassungen, Überschreitungen, als performativen Überschuss. Der kleine Junge habe vor dem pädagogisch begründeten Eingriff ritualisierte Breakdance-Gesten und -Bewegungen teilweise übersteigert und nicht wirklich gekonnt nachgeahmt. Indem der Sozialpädagoge die ungeschickt ausgeführten Bewegungen des Jüngeren sichtbar für die Gruppe der Älteren zitiert, stellt er ihn, so ALTHANS (2007), nicht bloß, sondern verweist alle Beteiligten gestisch auf das Motto des Nachmittags, „[…] eine lockere Atmosphäre des gemeinsamen Bewegens zu schaffen"[65], und thematisiert es damit. Indem die ungeschickt ausgeführten Gesten so in einem den sichtbaren Teilgeschehen übergeordneten sozialen Rahmen platziert werden, wird mit dem (strengen) Breakdance-Bewegungscode der Gruppe gebrochen. Dasselbe gilt auch für die Aufgabe, den Jugendlichen diesen zu vermitteln. Die asymmetrische Lehr-Lernsituation wird also durch den pädagogischen Eingriff

---

63 AGAMBEN 2001, S. 59. Giorgio AGAMBEN schreibt weiter: „Die Geste ist die Darbietung einer Mittelbarkeit, des Sichtbarmachens eines Mittels als solchem." (ebd.)
64 ALTHANS 2007, S. 257
65 ALTHANS 2007, S. 256

markiert und zugleich eingeklammert. Statt pädagogisch Einfluss auf die Jugendlichen zu nehmen, simuliert der Pädagoge einen Rollentausch, durch den die zuvor bestehenden sozialen Asymmetrien temporär ausgesetzt werden. Indem er den performativen Überschuss der Gesten des kleinen Jungen affirmativ zur Aufführung bringt, weist er weniger auf Körperkontrolle als fundamentaler auf die Tatsache einer lebendigen Körperlichkeit aller Akteure hin. Die durch das Verhalten und Handeln des Sozialpädagogen bei den Jugendlichen herbeigeführte Enttäuschung sozialer Erwartungen bzw. das Spiel mit diesen lässt dann Momente einer intersubjektiv gestützten und auf die Gleichberechtigung der Akteure zielenden gelebten Leiblichkeit sichtbar werden (ALTHANS 2007).

Indem der pädagogische Takt in dieser Analyse als eine „Übertragung des Unverfügbaren" ausgelegt wird, wird es möglich, ihn als stellvertretenden Umgang mit Problemen (der Lernenden/Eleven) durch die Lehrperson zu interpretieren und das Unwägbare in seiner Bedeutung für eine gelingende Lehr-Lernsituation in den Blick treten zu lassen: In pädagogisch-didaktischer Hinsicht wird die doppelte Enthaltung auf eine innere Bewegung des Aufspürens, Abtastens, Prüfens, Forschens zurückgeführt, die im Agieren sichtbar wird. Momente gelebter Leiblichkeit und der Verweischarakter des Leiblichen kommen hier ins Spiel und rücken in den Vordergrund des sozialen Geschehens.

Ähnlich begreift auch Donald SCHÖN (1983) in seinem Konzept des „reflective practitioner" das professionelle tentative Vorgehen im Unterricht. In einem gesonderten Kapitel wird darauf noch näher eingegangen.

Qua professionem muss der Sozialpädagoge das schließlich erreichte Ziel der für ihn nur teilweise steuerbaren, aber offenkundig stattgefundenen sozialen Interaktion intendiert haben. Er war sich im geschilderten Beispiel sicherlich in gewissem Sinne dessen gewahr, dass er die soziale Situation umgedeutet hat. Vermutlich die Performanz des eigenen Handelns und die des Handelns der anderen tentativ nachvollziehend hat er eine Problemlösung *gefunden, ihr entsprechend agiert* und ihr auf diese Weise *in actu eine Gestalt gegeben*. Er hat sein eigenes und auch das Verhalten der anderen implizit auf die (schließlich von ihm gefundene) Problemlösung hin abgetastet, man könnte auch sagen *beforscht*. In seiner pädagogischen Intervention hat der Sozialpädagoge also offenbar die von den Jugendlichen im Modus der Exklusion ausgelegten verschiedenen Alter der Akteure durch die Vorstellung einer Gleichberechtigung bei gleichzeitiger Verschiedenheit ersetzt. Man könnte von „egalitärer Differenz"[66] sprechen; „egalitäre Differenz" meint die Norm der Anerkennung der Vielfalt der Individuen, die jedes einzigartig macht. An die Stelle von Kategorisierungen tritt in dieser päda-

---

66 Dazu PRENGEL, bspw. 1993, S. 30

gogischen Norm die Freiheit in den Vordergrund, dass jede/r Entscheidungen für den eigenen Lebensweg ohne Zwänge und Einschränkungen treffen können soll. Man kann also behaupten, dass in dem von ALTHANS (2008) angeführten Beispiel, und dies ließe sich von unzähligen anderen pädagogischen Szenen und Situationen genauso sagen, anders als dies bei mechanischer Arbeit möglich ist, Theorie gleichsam *zur Aufführung gebracht* wird. Denn hätte es das Theorem der „egalitären Differenz" nicht zuvor bereits gegeben, so hätte es in einer Analyse der am vorliegenden empirischen Material aufweisbaren sozialen Entwicklung auch erst herausgearbeitet werden können. Dem praktischen pädagogischen Handeln ist so gesehen Theorie und in gewissem Sinne auch eine Theoriebildung implizit. Das so ermittelte Wissen ist kein Begriffswissen, dazu hätte es einer Versprachlichung des Erlebten und einer Einordnung desselben in wissenschaftliche Diskurse bedurft. Dennoch haben der Sozialpädagoge selbst, die Jugendlichen und der kleine Junge vermittelt über den pädagogischen Takt des Sozialpädagogen und durch ihre je eigene Kontextsensitivität vermutlich (pädagogisches) Wissen erworben. Der pädagogische Takt ermöglicht es einem Akteur also, theoretische Zusammenhänge in konkreten Anwendungssituationen auf ihre Plausibilität hin zu überprüfen. Es ist zu vermuten, dass dem Sozialpädagogen (eigentlich sogar am ehesten ihm) auch eine Versprachlichung des von ihm Erlebten möglich ist. Den pädagogischen Akteuren steht in einer pädagogischen Situation überhaupt die Deutungshoheit über diese zu.

ALTHANS (2007) stellt heraus, dass der pädagogische Takt auch als ein Modus performativer Theoriebildung und als sogenannte „theoretical sensivity" näher bestimmt werden kann, die nach Barney G. GLASER (1978) nicht verbalisier- und keinesfalls metrisierbar ist.

Die Transformationsleistungen von wissenschaftlicher Theorie in die pädagogische Praxis und vice versa lassen sich, so zeigt die ausführlich zitierte Studie, vom pädagogischen Takt als einem impliziten und körperlich vermittelten Einfühlungs- und Urteilsvermögen her bestimmen.

Die Studie zeigt, dass eine implizite, über den pädagogischen Takt vermittelte Theoriebildung durch eine wissenschaftlich-empirische Analyse des *Wie* des Handelns pädagogischer Akteure und der Effekte dieses Handelns freigelegt werden kann. Prinzipiell ist denkbar, dass dies auch für andere fachliche, didaktische, pädagogische und situationsspezifische operationale Aspekte pädagogischer Professionalität zutrifft. Diese Hypothese wird den weiteren Überlegungen zugrunde gelegt.

Als pädagogischer Takt wird Theoriewissen demnach im Sinne eines verkörperten und impliziten Wissens gleichsam *zur Aufführung gebracht*. Allerdings sind die Wirkungen nicht immer kalkulierbar. Es kann (etwa im Klassenzimmer) zu einer imponderablen Gruppendynamik kommen, Interessengegensätze können wirksam werden, ein Lerngegenstand kann sich als nur schwer zugänglich erweisen. Kurz, das unter pädagogischen Vorzeichen zur Aufführung gebrachte Wissen enthält vielfältige Unwägbarkeiten, die auf alle Akteure jeweils zukommen und etwa mithilfe des pädagogischen Takts bearbeitet werden. Der pädagogische Takt ist also nicht nur für eine Einpassung bestimmter, mit erzieherischer oder didaktischer Absicht ausgewählter Maßnahmen in eine konkrete Situation, sondern auch für die nachgängige Überprüfung ihrer performativen Wirkungen notwendig.

Für die Beforschung besagter Transformationsleistungen unter dem Gesichtspunkt des pädagogischen Takts ergeben sich unter anderen die folgenden Fragen:

In Bezug auf die Lehrperson:
- *Woran* ist eine Lehrperson (in situational orientiert, wenn sie bestimmte methodische, pädagogische und fachliche Entscheidungen trifft?
- *Von welchen* Überlegungen, Gefühlen, expliziten oder impliziten Regelsystemen lässt sie sich dabei leiten?
- *Worin* besteht jeweils die bewusste Entscheidungsgrundlage (das Selbstverständnis, die Situationsanalyse, die Antizipation eventueller Vorkommnisse und anderes) und *wie* verändert sie sich situational?
- Modifiziert die Lehrperson daraufhin ihre Entscheidungen und wenn ja, *wie*?

In Bezug auf die Schüler(innen):
- *Wie* konstituieren sie ihr Schüler(in)-Sein?
- *Wie* nehmen sie eine jeweilige Unterrichts- oder Forschungssituation wahr?
- *Wie* gehen sie mit einer solchen um?
- *Wie* artikulieren sie sich vor dem Hintergrund *welcher* motivationaler, soziokultureller, -ökonomischer und anderer heterogener[67] Lernausgangslagen?
- *Welche* Gender-Aspekte, Altersspezifika und unterrichtsferne Faktoren spielen in eine unterrichtliche Lernsituation hinein?

---

67 Heterogene Lernausgangslagen treten insbesondere unter der normativen Maßgabe in den Blick, dass Lernangebote dann motivierend sind, wenn es an die unterschiedlichen Lernausgangslagen der Schülerinnen und Schüler anschließt und zur sozialen Integration eines jedes Individuums beiträgt. Die Berücksichtigung der Heterogenität der Schüler(innen) wird derzeit in der Wissenschaft in großem Stil an klar bestimmten Größen wie Bildungsstandards, an einer psychometrisch orientierten Lerndiagnostik oder auch an normativen pädagogischen Modellen bspw. zur Toleranz (so die inter-, multi-, die transkulturelle Pädagogik oder die gender-sensible Pädagogik) festgemacht. Allerdings gerät so das latente pädagogische Wirkungsgeschehen schnell aus dem Blick (vgl. KRAUS 2011).

- *Welche* Lernkulturen sind erkennbar?
- Unter welchen Bedingungen erweitern Schüler(innen) ihr Repertoire an Praktiken, Wissensformen und -formaten?

Zur Schul- und Unterrichtskultur:
- *Welche* Arbeitsbedingungen (räumliche Situation, vorgegebenes Zeitraster, Möglichkeiten einer sozialen Vernetzung, Rituale und Regeln) und welche materiale Ausstattung (Mobiliar etc.) finden die Lehrer(innen) und die Schüler(innen) jeweils vor?
- *Welche* Möglichkeiten und Grenzen der Anwendung sind damit verbunden?
- *Welche* Praktiken finden in einer Schul- oder Unterrichtskultur Rückhalt oder sind durch sie vorgegeben? *Welche* nicht?

In Hinblick auf die Unterrichtsforschung:
- *Welche* wissenschaftlichen Methoden werden zur Bewältigung und Reflexion nicht planbarer Aspekte oder ausgeblendeter Randerscheinungen von Forschung herangezogen?
- Bestehen bei der Reflexion dieser Lücken Analogien zur Berufspraxis der Lehrperson? Wenn ja, welche?
- *Welche* wissenschaftlichen Ergebnisse lassen sich zur Bewältigung und Reflexion des situational auftretenden Unplanbaren heranziehen?

In Hinblick auf die Lehrer(innen)bildung:
- *Wie* lässt sich die allgemeine situationale Orientierung einer Lehrperson beim Treffen einer unterrichtsmethodischen (fachlichen) oder pädagogischen Entscheidung näher bestimmen und schulen?
- *Wie* lassen sich Überlegungen, Gefühle, explizite oder implizite Regelsysteme, die ihn/sie dabei leiten, professionalisieren?
- *Wie* lässt sich eine für professionelle pädagogische Entscheidungen notwendige Grundlage (das Selbstverständnis, die Situationsanalyse, die Antizipation eventueller Vorkommnisse) und deren situationale Veränderungen analysieren und ihre Bearbeitung denken?

Mit den Fragen sind große Themen umrissen, die nicht nur die Theorie-Praxis-Lücke signifizieren, sondern auch für eine performativitätstheoretisch informierte Praktikenforschung und Lehrer(innen)bildung nutzbar gemacht werden können. Im Folgenden werden diese Themen in Hinblick auf die nähere Bestimmung des Herausforderungsprofils an die Lehrer(innen) und der Lehrer(innen)bildung noch weiter aufgerollt. Wenn dabei auf pädagogische Praktiken abgehoben wird, ist die These der diesen inhärenten „theoretical sensitivity"[68] im Sinne des pädagogischen Takts immer mitgedacht.

2.2 Pädagogische Praktiken und die pädagogische Abstimmungs- und Überzeugungstätigkeit

Auf die Frage der Autorin, wodurch pädagogisches Handeln im Unterricht bestimmt ist, antwortet die Stellvertretende Leiterin einer Gemeinschaftsschule in Berlin:

> Ich bin der festen Überzeugung, dass die Haltung des Pädagogen das Entscheidende ist. Bin ich auf Augenhöhe mit den Schülern, agiere ich offen und zugewandt mit jedem? Bin ich in der Lage, Konflikte so zu lösen, dass jeder (auch ich) mit Würde aus der Situation gehen kann? Kann ich ungute Gefühle, eventuell Verletzungen, die ich erhalten habe, auf professioneller Ebene betrachten, d. h. nicht persönlich nehmen und nach einer Klärung dem Schüler wieder vorbehaltlos gegenübertreten? Bin ich bereit, die Menschen immer wieder unter neuem Blickwinkel zu betrachten und meine Einschätzung über denjenigen zu revidieren? Kann ich mich reflektieren, mein Verhalten kritisch betrachten und Veränderungen herbeiführen? Bin ich in der Lage, die Ziele und das Vorgehens meines Unterrichts im Interesse des Lernzuwachses zu verändern? Also den geplanten Ablauf umzuwerfen, gegebenenfalls zu improvisieren? Bin ich in der Lage, andere Menschen zu begeistern, einzuladen und zu ermutigen? Übergebe ich die Verantwortung für das Lernen an die Kinder und Jugendlichen? Bin ich bereit, allen, die lernen wollen, die Bedingungen zu geben, indem ich auf die Störungen von anderen reagiere und diese beende, in dem ich in Konflikte gehe und Grenzen setze? Bin ich selbstbewusst, flexibel, menschenfreundlich, selbstreflexiv, mutig, ehrlich?

Die zu ihrem pädagogischen Handeln im Unterricht befragte Lehrerin definiert dieses zunächst durch eine „Überzeugung" und „Haltung". Entlang der von ihr (erst abschließend) formulierten Erwartung an die eigene Person, „selbstbewusst, flexibel, menschenfreundlich, selbstreflexiv, mutig, ehrlich" zu sein, stellt die Lehrerin ausschließlich Fragen und nur an sich selbst. Der Grundtenor dieser (Selbst-)Befragung zielt auf die Bereitschaft zur Übernahme der Verantwortung durch eine Lehrperson für ein pädagogisches Verhältnis, respektive für die Herausbildung und Pflege einer „Haltung", das, respektive die grundlegend durch Kommunikation „auf Augenhöhe" bestimmt sein soll. Die Vorstellung einer „Au-

---

68 GLASER 1978

genhöhe" kontrastiert damit, dass nur die Lehrperson vor allem dazu verpflichtet wird, bei Konflikten Lösungen herbeizuführen, die eine (Wieder-)Herstellung der Würde der am Konflikt Beteiligten zur Folge hat. In diesem Zusammenhang wird es dem/der Lehrer(in) („ich") aufgetragen, Kränkungen nicht persönlich zu nehmen, stets bemüht zu sein, seine/ihre („meine") Urteile über Schüler(innen) zu revidieren und sich („mich") der Selbstkritik zu stellen. Im Vordergrund (ihres eigenen) pädagogischen Agierens im Unterricht stehen nach Aussage der Lehrerin die Orientierung am Lernzuwachs und ein Ansporn des entsprechenden Engagements bei den Schüler(inne)n. Die Bereitschaft und das Bestreben, den Schüler(inne)n Entscheidungsmacht, „Verantwortung", zu übergeben, wird mit der Vorausbedingung verbunden, dass die Lehrperson („ich") Konflikte, die durch Störungen des Unterrichts entstehen, beherzt angeht und hier Grenzen setzt.

Deutlich wird, dass sich das unterrichtsbezogene pädagogische Handeln und Urteilen der Lehrerin vor allem entlang einer Orientierung an auf die Schüler(innen) bezogenen Entwicklungsaufgaben bewegt, die als konflikthaft dargestellt wird. Es wird herausgestellt, dass es in der Hauptsache um eine angemessene, die Beteiligten nicht kränkende Bewältigung von (entwicklungsbedingten) Störungen des Unterrichts durch die Schüler(innen) geht.

Die lehrende Person ist im Unterricht aber darüber noch hinausgehend permanent gefordert, die Fachinhalte in vielerlei Hinsicht an die jeweils in einer Schüler(innen)gruppe aktuellen vielfältigen Lehr-Lernsituationen anschlussfähig zu machen. Sie stimmt einander überlagernde Aktivitätsstrukturen in einer Lerngruppe aufeinander ab und organisiert und dynamisiert sie auf ein gemeinsames Ziel bzw. auf das erwünschte Lernen hin. Solche professionelle Praktiken setzen eine Vertrautheit mit und zugleich ein Wahrnehmungsvermögen von diversen interaktiven Prozessstrukturen wie auch von Lern-, Lehr- und Störhandlungen voraus. Von zentraler Bedeutung ist dabei die Kenntnis von Persönlichkeitsdispositionen, Deutungsmustern und Motivationsstrukturen der Schüler(innen). Dem Anspruch jedes einzelnen Schülers/jeder einzelnen Schülerin auf Förderung sollen im Unterricht in der Regel individualisierende Lernsettings gerecht werden. Das kann eine subjektorientierte Didaktik sein, die dem Prinzip der sogenannten „Binnendifferenzierung" folgt und ständig weiterzuentwickeln bzw. zu aktualisieren und in praxi auf die Probe zu stellen ist. Eine wichtige Funktion haben dabei eine adaptive, also auf Lerndiagnostik beruhende Unterrichtsplanung sowie Unterrichtssettings, in denen mithilfe didaktischer Materialien bestimmte Lernschritte und -erfahrungen gemacht werden können.

Allerdings ist Unterricht nicht eine allein durch die Pädagog(inn)en bestimmte Leistung, die sich auch als „Dignität der Praxis"[69] beschreiben lässt. Denn ein nicht an die Schüler(innen) adressierter und mit ihnen abgestimmter Unterricht ist prinzipiell gar nicht denkbar. An Erziehungsprozessen, und hier wird die von der befragten Lehrerin angesprochene fundamentale Konflikthaftigkeit von Erziehung angesprochen, sind grundsätzlich immer zwei soziale Gruppen aktiv beteiligt: die Personen, die pädagogische Intentionen verfolgen, und diejenige/n, die sich erziehen lassen. Denn erzogen zu werden ist niemals rein passiv, sondern es muss zugelassen werden. Ein in dieser Weise abgestimmtes Verhalten ist notwendige Bedingung für das Vorliegen von Erziehung. Erziehung ist also nicht aufgrund einer pädagogischen Situation schlicht gegeben. Eine Praktik und Wirklichkeit erhält vielmehr erst durch ihre Akzeptanz und Aneignung ihre pädagogische Qualität; sie hat diese nicht von sich aus. In der Schule geschieht diese Aneignung durch die Schüler(innen) (bei manchen früher, bei anderen später, oder zuweilen auch gar nicht) und im besten (eher seltenen) Falle permanent. Pädagogik und Erziehung ist also unauflösbar an die daran Beteiligten gebunden. Zugleich ist sie an die „Erziehungsbedeutsamkeit"[70] humaner, sozialer, ökologischer und kultureller Phänomene geknüpft. Die Pädagog(inn)en haben die Aufgabe, eine solche Bedeutsamkeit herauszustellen und für die Schüler(innen) transparent zu machen. Dabei darf aber, und dies steht im Kontrast zu der Äußerung der Lehrerin, der Eigenanteil niemals unterschätzt werden, den auch diejenigen, die erzogen werden (sollen), in ihre Erziehung einbringen. Eine Praktik und Erziehungswirklichkeit hat ihre pädagogische Qualität nicht von sich aus, sondern sie erhält sie erst dadurch, dass sie von den Beteiligten (an-)erkannt und somit pädagogisch wirksam wird. Erziehung muss von den Educandi verstanden werden und daher von den Pädagog(inn)en plausibel mit den Erziehungsbedingungen abgestimmt werden. Um überhaupt als Erziehung zu gelten, muss pädagogisch intendiertes Handeln zumindest in einigen Aspekten überzeugen. Eine solche Überzeugungsarbeit ist situationsbezogen und hat in gewissem Sinne diskursiven Charakter. In der asymmetrischen pädagogischen Beziehung sind die pädagogischen Ziele, Wege und Intentionen in Abhängigkeit vom Alter der Kinder oder Jugendlichen und vielfältigen anderen Faktoren immer wieder neu zu bestimmen. Es gibt kein Erfolgsrezept für Pädagogik. Die Vielfalt kindlicher und jugendlicher sowie adul-

---

69 Nach Friedrich SCHLEIERMACHER kann die eigentliche Lösung der praktischen Probleme nur in der Praxis selber geleistet werden und erfordert in dieser Weise eine selbstständige Leistung. „Die Dignität der Praxis ist unabhängig von der Theorie; die Praxis wird nur mit der Theorie eine bewußtere" (SCHLEIERMACHER 1966, S. 11).
70 Vgl. HEID 1994

ter erzieherischer, bspw. pädagogisch-professioneller Praktiken korrespondiert mit diversen Interpretationsmöglichkeiten von und Reaktionsmöglichkeiten auf pädagogische Intentionen, die wiederum das Selbstverständnis und das Lernen der Individuen und die Professionellen in unterschiedlicher Weise aufgreifen. Das heißt, eine Praktik, die in dem *einen* Kontext und von der *einen* Lerngruppe oder Person als anregend und bildend wahrgenommen wird, wird in *anderen* Zusammenhängen und von *anderen* eventuell ganz anders gesehen.

Erziehungsbedeutsamkeit und eine pädagogische Wirklichkeitsperspektive können sich aus sehr unterschiedlichen, theoretischen wie praktischen Einfallswinkeln ergeben. Es ist die Aufgabe der Lehrer(innen), die Perspektiven, aus denen sich pädagogischer Sinn ergibt, zu erkennen, den Schüler(inne)n vorzuführen und herauszuarbeiten. Entlang von erzieherischen Maßgaben regen Pädagog(inn)en zu einem möglichst plausiblen und in dieser Weise richtigen Umgang mit der eigenen Person, mit anderen und mit den Dingen zur Reflexion an. Dies geschieht multimodal, also als verbale Aufforderung, als Moderation, als Hilfestellung, als zuverlässige Präsenz, als Herstellung von Lernsituationen. Wenn Pädagog(inn)en in erster Linie dafür sorgen, dass pädagogische Maßgaben beachtet und ggf. überdacht werden, geht es ihnen wesentlich darum, die Educandi davon zu überzeugen, dass die richtige Einstellung im Umgang mit anderen, mit sich selbst und mit der Welt mit Bildung und Lernen verbunden ist, ausgebildet und gelernt werden muss. Das Ziel von Pädagogik ist die Selbsterziehung, im besten Fall ist dies ein lebenslanges Lernen. Das zentrale Lern- und Bildungsziel von Pädagogik also besteht darin, dass ihre Adressat(inn)en die (Selbst-)Erziehung als „Wirklichkeitsperspektive"[71] übernehmen und sich damit zugleich in einem niemals abgeschlossenen Prozess aktiv mit Erziehung, Lernen und im weiteren Sinne Bildung wie auch mit deren Rahmenbedingungen auseinandersetzen. In erzieherischer Hinsicht haben die Pädagog(inn)en also vornehmlich die Aufgabe, den Schüler(inne)n (und gegebenenfalls auch den Eltern, Kolleg(inn)en) ihre pädagogische „Wirklichkeitsperspektive" strukturiert und didaktisch reduziert sukzessive und in Abhängigkeit von Alter und Reife möglichst überzeugend vor Augen zu stellen und eventuell in die Auseinandersetzung mit ihnen einzutreten. Eine solche Überzeugungsarbeit adressiert die Educandi nicht nur auf rationale Weise, sondern multimodal. Helmut HEID (2013, S. 254) bringt die erzieherische Überzeugungs- und Abstimmungstätigkeit wie folgt galant auf den Punkt: „Heranwachsende müssen nicht lernen, Normen oder Werte zu respektieren, sie könnten stattdessen lernen, konkrete Menschen zu respektieren sowie kritisch und kompetent an Diskursen zu partizipieren, in denen über Relevanz und Qualität

---

71 HEID 1995, S. 59 (siehe oben).

intersubjektiv prüfbarer Argumente gestritten wird, die unentbehrlich sind, um interpersonal strittige gesellschaftliche Verhältnisse kompetent zu beurteilen und verantwortlich zu gestalten." Zentral für Erziehung ist also ein pädagogisches Verhältnis, eine pädagogische Beziehung, die von den daran Beteiligten anerkannt wird. Im gewissen Sinne ist Erziehung ein Vertrag. Bei diesem Modus der sozialen Bindung stehen diverse Wissensformen und Wissensformate zu bestimmten Sachverhalten, Gegenständen, Situationen allgemein und zu sich situativ stellenden Herausforderungen im Speziellen und deren Erschließung im Vordergrund.

Im weiteren Textverlauf werden pädagogisch relevante Wissensformen noch ausführlicher behandelt. Auch, wenn hier davon ausgegangen wird, dass Lernen letztlich spontan, also nicht ganz und gar gelenkt geschieht, dient dennoch nicht jedes spontane Lernen der Anbahnung pädagogisch erwünschter Selbsterziehung. Hier steuernd zu wirken, ist eine wichtige Aufgabe der Pädagogik. Den Schüler(inne)n kann ihr eigenes Lernen nicht einfach nur überantwortet werden. Erziehung besteht vielmehr darin, das Lernen im Sinne der Anbahnung einer pädagogisch erwünschten Selbsterziehung anzuleiten – wenn diese auch letztlich ihre eigenen Wege geht.

Nun übersieht aber die wissenschaftliche Pädagogik nicht selten die fundamentale Angewiesenheit praktischer Pädagogik auf eine Akzeptanz und auf die Übernahme durch ihre Adressat(inn)en. Im Qualitätsdiskurs wird die pädagogische Überzeugungs- und Abstimmungstätigkeit auf eine explizite Zustimmung oder Abjudikation reduziert. Damit wird von ihrer Angewiesenheit auf die in der pädagogischen Überzeugungsarbeit stets neu herzustellende und auf die Probe zu stellende soziale Bindung abstrahiert.

Ein Grund dafür kann darin gesehen werden, dass die Konzeptionen und Modelle von Unterricht nach wie vor zumeist von der Realabstraktion des *Schülers* ausgehen;[72] *Schüler* und *Lerner(in)* erscheinen allzu oft als Synonyme.

Zwar handelt es sich auch bei praktiziertem (etwa binnendifferenziertem) Unterricht de facto zumeist um Ergebnisse einer vorgängigen wie prozessbegleitenden didaktischen Analyse der Unterrichtsinhalte und nicht um eine tatsächliche Berücksichtigung jedes einzelnen Individuums innerhalb einer Lerngruppe. Der Widerspruch zwischen der Idee der Subjektorientierung auf der einen und dem Ideal eines Normalschülers auf der anderen Seite ist jedoch im Unterricht immer präsent und er wird auch immer wieder thematisch. Nicht zuletzt problematisieren die Schüler(innen) ihn in immer wieder neuem Gewande. Sie zeigen dann, dass sie nicht davon überzeugt sind, dass es im Unterricht um sie persönlich oder um sie als Gruppe geht. Die pädagogische Überzeugungstätigkeit im Unterricht

---

72 Vgl. Hackl & Pollmanns 2008.

hat also grundsätzlich einen prekären Status. Die pädagogische Abstimmungs- und Überzeugungstätigkeit kann nicht umhin, auf Zeit zu spielen (*du wirst es einmal verstehen ...*) und von einer unmittelbaren Erreichung ihrer Ziele abzusehen. Sie bietet also eine soziale Bindung an, die ganz fundamental dazu bereit ist, auf die Erfüllung ihrer Vorausbedingung zu warten.

Die pädagogische Abstimmungs- und Überzeugungstätigkeit ist dem Prinzip nach so lange nicht abgeschlossen wie damit zu rechnen ist, dass ein Akteur/eine Akteurin die Verantwortung für das eigene Handeln und Lernen, die Selbsterziehung, nicht voll übernimmt oder übernehmen kann.

Am Widerspruch zwischen der Idee der Subjektorientierung auf der einen und dem Ideal eines Normalschülers auf der anderen Seite wird auch noch ein anderer Sachverhalt deutlich: Die antinomischen Größen, Normierung und Subjektorientierung, sind lediglich normative Annäherungswerte. Sie können kaum jemals eingeholt werden, schon gar nicht beide zugleich.

Eine antinomische Relation in der Pädagogik sollte auch auf keinen Fall theoretisch zur einen oder anderen Seite hin aufgelöst werden. Das wird am Hinweis Winfried Böhms (2010) deutlich, der den Begriff der Normalisierung bei Maria Montessori kritisch ins Visier nimmt: Montessori stellt ihre reformpädagogisch „am (einzelnen) Kinde orientierte" sogenannte „vorbereitete Umgebung" (paradoxerweise) in den Dienst repressiver Sozialordnungen respektive physischer, psychischer, sozialer und politischer Hygiene, was nur darum möglich ist, so argumentiert Böhm (2010), weil die Orientierung am einzelnen Kind und die Normierung/Normalisierung von Montessori nicht als ein pädagogisches Spannungsfeld erkannt werden.

Der Beschreibungs- und Erkenntniswert der antinomischen Größen, hier Normierung und Subjektorientierung, ist in Hinblick auf konkreten Unterricht eher gering. In ihrer ideellen Natur formieren sie Diskurse und Normen; und sie markieren ein für die Pädagogik zentrales Spannungsfeld. Sie sind aber kaum geeignet, eine Erziehungswirklichkeit oder -bedeutsamkeit herzustellen. Ähnlich verhält es sich auch mit anderen Definitionen der Pädagogik von ihren Zielen her, wie etwa Lernen, Inklusion, Bildung, Kompetenzentwicklung.

2.3 Gleichsetzung der Pädagogik mit ihren Zielen, pädagogische Praktiken und ein pädagogischer Lernbegriff

Die Pädagogik ist zwar in den vergangenen hundert Jahren sukzessive zur wissenschaftlichen Disziplin geworden. Die Gleichsetzung mit ihren Zielen, also ihre vorschnelle Auslegung im Sinne von Erziehung, Bildung, Lernen, Emanzipation, lebenslangen Lernen und damit ihre ausgeprägte Normativität sind jedoch darum nicht revidiert worden. Nach wie vor werden von der rein theoretischen Vorlage pädagogischer Erwünschtheit detaillierte normative Konsequenzen abgeleitet, was Pädagogik alles leisten soll. Die Gleichsetzung der Pädagogik mit ihren Zielen ist jedoch ganz und gar keine Notwendigkeit, sondern sie lässt sich historisch begründen.

In der Erklärung wird im Folgenden etwas ausgeholt. Abgehoben wird auf zwei zentrale Konzepte zur näheren Bestimmung der Schulpädagogik. Das sind auf der einen Seite die Didaktik, aufgebracht von Wolfgang RATKE und John Amos COMENIUS im 17. Jahrhundert, und auf der anderen Seite das Konzept der Bildung, das hauptsächlich mit dem Namen Wilhelm von HUMBOLDT im 18. Jahrhundert in Verbindung gebracht wird. Beide Konzepte sind vom christlichen Denken geprägt, das bekanntlich dazu neigt, einem Dualismus von Körper und Geist, und damit von philosophischer und politisch-praktischer Orientierung zu verfallen. Durch diesen Dualismus, der weithin auf eine Beherrschung oder Steuerung des Körpers durch Geist, Denken und Idealität ausgelegt wird, wird nicht nur die stark ausgeprägte Normativität der beiden Konzepte erklärlich, sondern auch die bestehende Gefahr ihrer (etwa politischen) Instrumentalisierung, Ideologisierung und Extrapolation. Dies kann die stark normative Signatur der theoretischen Pädagogik erklären.

Weder Bildung noch Didaktik bilden aber das Zentrum praktizierter Pädagogik. Denn Pädagogik besteht in im Sinne von Erziehung (mehr oder weniger) überzeugendem pädagogischen Handeln.

Hannah ARENDT (1981 [1960], S. 226) bestimmt das menschliche Handeln generell dadurch, „[...] einen Faden in ein Gewebe zu schlagen, das man nicht selbst gemacht hat"[73]. Handeln wird zwar vom Einzelnen begonnen. Es bezieht sich aber auf andere, auf ein soziales Gefüge also, in dem es nicht nur seine Begründung und seine Fortsetzung findet, sondern wodurch auch der Handlungsmodus mitbestimmt wird. Handeln wird also stets intersubjektiv abgestimmt und somit an eine sozial vermittelte Haltung zurückgebunden. Seinen eigentlichen Ort hat jedes Handeln daher in einem sozialen, zu ergänzen ist, auch materiellen Kontext.

Georg BREIDENSTEIN (2008, S. 206, [Hervorh. i. O.]) schreibt in einem ähnlichen Sinne über die pädagogische Praktikenforschung:

„Mit der Akzentuierung von Praktiken löst sich der Blick von den *Akteur(inn)en*. Es geht also nicht um die Frage, wer welche Praktik ausführt, sondern umgekehrt darum, wer oder was in eine spezifische Praktik *involviert* ist. Menschliche Körper,

---

73 ARENDT 1981 [1960], S. 226

aber auch Artefakte werden als ‚Partizipand(inn)en' von Praktiken aufgefasst. […] Eine Praktik *besteht* aus bestimmten ‚routinisierten Bewegungen und Aktivitäten des Körpers'."

In diesem Buch wird die Perspektive der pädagogischen Praktikenforschung eingenommen, für die anhand des performativitätstheoretischen Ansatzes eine handlungstheoretische Grundlage ausgearbeitet wird. Zu erwarten ist, dass die pädagogische Praktikenforschung über die konkreten Vollzüge der sich hier bereits andeutenden vielfältigen und multimodalen pädagogischen Abstimmungs- und Überzeugungsprozesse weiter Aufschluss geben kann. Praktiken in pädagogischen Feldern sind das zentrale Thema der Erziehungswissenschaft.

Dabei sind ganz und gar nicht alle in den pädagogischen Feldern auftretenden Praktiken auch pädagogisch erwünscht. Es ist sogar eher das Gegenteil der Fall. Rein für sich gesehen sind viele Praktiken, etwa im Klassenzimmer, bedeutungsoffen und nicht unbedingt pädagogisch konnotiert. Gleichwohl besteht die Tendenz, dass alle möglichen Praktiken in pädagogischen Kontexten unter dem Gesichtspunkt von Pädagogik interpretiert werden. So wird etwa jede Aktion der Lehrperson vor einer Schulklasse, bspw. das Öffnen eines Fensters, als eine potentiell normative interpretiert. Sie wird also als eine pädagogische, erwünschte, oder als irritierende, störende bewertet. Auch die Handlungen der Schüler(innen) werden unter diesen Gesichtspunkten beurteilt. Ob eine Praktik letztlich pädagogisch erwünschte Potentiale entfaltet oder nicht, kann nicht abstrakt bestimmt werden, sondern ist immer ganz zentral von ihrer Interpretation durch die Akteure abhängig.

Immer ist im pädagogischen Handeln und Urteilen also auch das Gegenteil der Ziele der Pädagogik (Erziehung, Bildung etc.) präsent. Dieses Faktum sollte nicht von Vorurteilen über eine Pädagogik überschattet werden, die auf ihre Ziele reduziert wird.

Für die Seite der Lernenden gilt: Um etwas wissen und lernen zu wollen, müssen sie realisieren, etwas (noch) nicht zu wissen. In praxi widerstrebt uns im Lernen auch nicht selten das, was wir intentional verfolgen. Der Lernprozess stößt insbesondere auf innere Widerstände. In solchen Widerständen, so Klaus HOLZKAMP (1995), zeigt sich ein Selbstbezug, der für das Lernen spezifisch und sogar charakteristisch ist. Bernd HACKL (2009, S. 79 [Hervorh. i. O.]) bestimmt diesen Selbstbezug wie folgt näher: „Jedes Lernen, sofern es sich nicht als reibungslos und damit unbemerkt anfallender Sekundäreffekt fortlaufenden Handelns einstellt, nimmt seinen Ausgang beim Auftreten von *Widerständigkeiten*, die sich durch bloß fortgesetztes Handeln nicht überwinden lassen und damit die Option einer aktiven Selbstveränderung ins Spiel bringen. Das Erleben einer Diskrepanz zwischen aktuell verfügbaren und potentiell erreichbaren Fähigkeiten konstituiert eine *subjektive Lernproblematik* und bildet die erste und unumgängliche Voraussetzung jedes intentional vollzogenen Lernvorgangs. Sie beruht nicht auf einer bloß sachlichen Information über gegebene Fähigkeitsdefizite und mögliche Veränderungswege, sondern stellt sich ein, *weil* und *indem* sich in ihr die je konkrete *Betroffenheit* des Handelnden zu erkennen gibt." Ein/e Lernende/r, so Jean LAVE (1998) und Martin WEINGARDT (2004), kann grundsätzlich *nicht* wissen, was er dann weiß, wenn er ein bestimmtes Lernziel erreicht hat. Dies ist ein unhintergehbares Faktum. Das eigene Nichtwissen als die unabdingbare Basis des Lernens kann in Enttäuschungen, im gefühlten Unwillen, in Fehlern, in einer schlechten Leistung, in der Erfahrung der Ablehnung durch andere auch explizit und damit bewusstseinsfähig werden. Dann wird der/die Lernende in gewisser Beziehung existentiell auf sich selbst zurückgeworfen. Lernen kann auch bisweilen nicht eintreten. Damit sind dann diverse Mangelerfahrungen wie eine fehlende Resonanz oder sogar Deprivation, eigene Defizienzen, Frustration, Misserfolg, negative Zuschreibungen verbunden.

Dietrich BENNER & Andrea ENGLISCH (2005) sprechen auch von einer „Negativität der Bildung" und sie knüpfen Bildung generell an noch andere Erfahrungen der Negativität.[74] Eine Vergegenwärtigung und Verarbeitung dieser Negativität erfolgt ihrer Auffassung nach nur sehr reduziert über das Bewusstsein und kognitiv; der zentrale Umgangsmodus mit diesen negativen Erfahrungen ist vielmehr das Vergessen.[75] Auf die Negativität von Lernen und Bildung wird unten noch näher eingegangen.

Hier wird festgehalten, dass Praktiken in pädagogischen Zusammenhängen nicht per se Erziehungs-, Bildungs- oder Lernprozesse sind, sondern dass sie *sich* erst dadurch als pädagogisch relevante bzw. wirksame, oder auch als etwas anderes, *herausstellen*, dass sie als solche erkannt werden und in Hinblick auf ihre (pädagogischen) Ziele überzeugen, oder nicht. Sie setzen dabei voraus und können es nicht einfach erwirken, dass ihre Adressat(inn)en das eigene Unwissen und die eigene Ungebildetheit überwinden wollen. Die pädagogische Überzeugungstätigkeit wäre also als ein grundlegendes Motivieren missverstanden.

Es ist nun also ganz und gar keine Selbstverständlichkeit, dass es in einer Situation, die rein äußerlich als eine pädagogische signifiziert wird, auch zu pädagogisch wünschbaren Erziehungs-, Lern- oder Bildungsprozessen kommt. Praktiken in den pädagogischen Feldern können überhaupt nur dann in diesem Sinne begriffen und verstanden werden, wenn die pädagogischen Intentionen gegenüber

---

74 Vgl. BENNER 2005
75 BENNER 2005, S. 13

anderen Praktiken von den an ihnen Beteiligten und anderen normativen Instanzen erkannt und priorisiert werden, und wenn ihnen nachgekommen wird. Eine pädagogische Situation wird, wie bereits herausgestellt, von allen an ihr Beteiligten gemeinsam hergestellt. Diese Angewiesenheit auf die aktive Mitwirkung ist ein Alleinstellungsmerkmal der pädagogischen Profession

Vor diesem Hintergrund wird deutlich, dass die vielfältigen und komplexen Realitäten von Pädagogik kaum durch die Linearität und Kohärenz theoretischen Wissens repräsentiert werden können. Es kann, wie gesagt, keine einheitliche und gültige Theorie über pädagogisch Wirksames geben. Lediglich die Bedingungen pädagogischen Handelns und seiner besonderen Dynamiken und Empirie lassen sich theoretisch skizzieren. In dieser Beziehung spielt das Theorie-Praxis-Dual eine zentrale Rolle. Es markiert den für die Pädagogik konstitutiven Mangel. Aus der Perspektive der Praktikenforschung bildet es das Spannungsfeld zwischen der semantisch-symbolischen und der praktischen Bewältigung von Herausforderungen im Praxisfeld.

Wie bereits an verschiedenen Stellen deutlich geworden sein mag, besteht die Pädagogik noch aus vielen anderen, durch mehr oder weniger ideell verfasste Konzepte gebildeten Spannungsfeldern, die in praxi aufgelöst bzw. überbrückt werden (müssen).[76]

2.4 Spannungsfelder der Pädagogik

In Bezug auf das durch Homogenisierung oder Normalisierung und Subjektorientierung gebildete Spannungsfeld wurde oben bereits darauf hingewiesen, dass es weder theoretisch aufgelöst noch praktisch ein für alle Mal bewältigt werden kann. Ähnliches gilt auch für andere pädagogische Spannungsfelder.

Etwa steht die Orientierung am Hier und Jetzt eines Kindes oder Jugendlichen der an seiner/ihrer Zukunft gegenüber, etwa die Orientierung an seinen/ihren bereits entwickelten individuellen Fähigkeiten, Interessen, Eigenarten und Dispositionen und die seine/ihre Entwicklungspotentiale. Zugleich sind in erzieherischer Hinsicht diverse Formen der Heteronomie gegen Optionen der Selbst- oder Mitbestimmung abzuwägen. Die lebenspraktische Nützlichkeit schulischer Inhalte und die individuelle Lern- und Persönlichkeitsentwicklung bilden einen Widerspruch, der praktisch divers überbrückt werden muss; dasselbe gilt für

---

76 Zur langen pädagogischen Tradition des Denkens in Widersprüchen gehören für Rainer WINKEL (1988) Johann A. Comenius (1592–1670), Friedrich Schleiermacher (1768–1834) und Theodor Litts (1880–1962) Schrift „Führen oder Wachsenlassen" aus dem Jahr 1927. Vgl. auch ESSLINGER-HINZ et al. 2007, GRUNTZ-STOLL 1999 u. a.

Freiheit und Bindung in einer pädagogischen Beziehung. An Praktiken sichtbare Widersprüche, die eine pädagogische Beziehung unausweichlich charakterisieren und in ständig veränderter Form ausgetragen werden, sind auch die Bewertung (allein) einer geforderten Leistung und/oder das Zulassen von Fehlern, eine Haltung des Freigebens und/oder des sich Sorgens, eine Haltung der Kritik und/oder der Nachsicht, das Laissez-faire und/oder das Behüten. Als eine mögliche Ursache von Spannungen fällt besonders ins Gewicht, dass sich eine Lerngruppe in der Regel vom Alter her von den Pädagog(inn)en unterscheidet.[77] So lassen sich überhaupt einige der pädagogischen Spannungsfelder auf interpersonale Differenzen zurückführen:[78] Die Schüler(innen) unterscheiden sich etwa in Hinblick auf ihr Geschlecht bzw. ihre Geschlechtsidentität, in Bezug auf die Spezifika ihrer Sozialisation und in Hinblick auf ihre sozioökonomischen und ethnischen Herkünfte (in manchen Fällen kaum merklich, in anderen Fällen offensichtlich) voneinander und von der Lehrperson. Hinzu treten Unterschiede ihrer Fähigkeitsprofile und solche ihres jeweiligen (moralisch-ethischen, körperlichen, mentalen) Entwicklungsstands. Sie differieren auch in Bezug auf ihre Motivations- und Interessenlagen und hinsichtlich ihrer Möglichkeiten wie auch ihrer Bereitschaft, sich auf soziale, etwa schulische Geschehen einzulassen, um nur einige prägnante interpersonale Differenzen zu erwähnen. Die zwischenmenschlichen und/oder interkulturellen Differenzen zeitigen im Schulunterricht als Lehr- und Lernausgangsbedingungen, aber auch als Lernwege und als Bildungs- und Lernziele Wirkung.

Die pädagogische Berücksichtigung von Differenzen und Differenzgeschehen ist in der Regel nicht durch explizite Entscheidungsalternativen bestimmt. Häufig ist ein Weg zu ihrer Bewältigung vielmehr sowohl kulturell und gesellschaftlich wie auch inter- und sogar intrasubjektiv, formell wie informell, bisweilen auch in widersprüchlicher Weise implizit vorgebahnt. In anderen Fällen werden sie explizit oder implizit ausgehandelt.[79] Dabei können Leitdifferenzen (Gender, Muttersprache, Alter etc.) bestimmend sein. Häufig gibt es bei der Interpretation von Differenzgeschehen aber auch einen Spielraum jenseits expliziter Leitdifferenzen. Ein Beispiel dafür ist ein Konflikt, der zunächst durch ethnische Prägungen bestimmt scheint, dann aber in der pädagogischen Situation auf sozial nicht geteilte Gefühle zurückgeführt wird. Beide Erklärungen können in situ nur tentativ

---

77 Vgl. HELSPER 1996 und HELSPER 2001b
78 Vgl. die erziehungswissenschaftlichen Konzepte zu „Heterogenität", „Differenz", „Vielfalt".
79 In dem französischen Kinofilm „Die Klasse" (Originaltitel: Entre les murs, dt. „Zwischen den Mauern") aus dem Jahr 2008 von Laurent Cantet werden solche Aushandlungsprozesse veranschaulicht.

ausgelotet werden. Wenn sie von den Akteuren erkannt oder sichtbar gemacht werden, lassen sie sich durch eine pädagogische Praktikenforschung analysieren.

In Hinblick auf die Logik seiner von Widersprüchen bestimmten Praxis lässt sich das professionelle Wissen also zum Teil durch die Kenntnisse zu und Umgangsformen mit zwischenmenschlichen Differenzgeschehen theoretisch grundlegen. Dies schließt auch zum Beispiel ein Wissen um die Bedingungen und Bearbeitungsmodi von Wertekonflikten und Meinungsunterschieden sowie die Kenntnis von Habitūs, Wissensformen, Lernzugängen und anderen Interpretationszusammenhängen ein.

Zwischenmenschliche Differenzen und Differenzgeschehen werden in wissenschaftlichen Disziplinen wie Kulturwissenschaften, Ethnologie, Soziologie, Medizin etc. in großem Umfang näher spezifiziert. Daher sind diese Disziplinen unabdingbare Bezugswissenschaften der Erziehungswissenschaft; insbesondere der Schulpädagogik und der Professionalisierungsforschung.

In der Bezugnahme auf solche Forschungszusammenhänge muss Adaptationsarbeit geleistet werden: Die Bedeutungen und die Wirkungen besagter Differenzgeschehen in pädagogischen Kontexten sind nämlich nicht aus der Distanz feststellbar wie in den anderen Wissenschaften. Sie stellen sich Individuen vielmehr als Herausforderung. Für das Erreichen pädagogischer Ziele spielen nicht nur die Ausbalancierung, Abstimmung und Aushandlung von pädagogischen Spannungen durch die Lehrperson, sondern auch die (zumeist unsichtbaren) Interpretation dieser Leistungen durch die Educandi eine entscheidende Rolle. Mentalen Interpretationsgeschehen selbst kann die pädagogische Praktikenforschung also nur sehr bedingt nachgehen.

Es kommt vor, dass die Widersprüche, durch die Pädagogik charakterisiert ist, von den Schüler(inne)n, oder seltener von den Lehrer(inne)n, sogar so stark wahrgenommen werden, dass Unterricht unmöglich wird.[80]

Für eine überzeugende Bewältigung der pädagogischen Antinomien ist keine in sich schlüssige Theorie zielführend. Denn rein logisch sind die Widersprüche gar nicht auflösbar. WINKEL (1988, S. 17) schreibt zu dem pädagogischen Spannungsfeld der Fremd- und Selbstbestimmung: „Dass man Grenzen, Bindungen, Schranken ebenso erfahren muss wie Selbstbestimmung, Freiheit und Autonomie, wird nur der diese Widersprüche durchhaltende Lehrer und Erzieher akzeptieren können – dem Ungeduldigen, dem Atemlosen und dem Puristen ist diese Antinomie ein Greuel."

Wenn die Schulpraxis am ehesten durch eine Erziehungswissenschaft adäquat reflektiert wird, die soziale Wirklichkeiten im Sinne von Spannungen und diversen

---

80 KRAUS 2010

Unvereinbarkeiten erfasst, dann wird ihr von Krassimir STOJANOV (2004, S. 80) richtig aufgegeben, die Begriffe Antinomie[81], Paradox und Dilemma noch trennschärfer semantisch voneinander abzugrenzen als dies bisher in pädagogischen Fachtexten der Fall ist; er schreibt: „Mit diesem konzeptuellen Defizit hängt [...] das Fehlen einer normativen Differenzierung zwischen unterschiedlichen Typen von Paradoxien bzw. Widersprüchen zusammen: also etwa zwischen solchen, die als Blockaden für pädagogisches Handeln und Bildungsprozesse insgesamt zu betrachten wären und deshalb womöglich aufgehoben werden müssen, und solchen, die möglicherweise dialektische Entwicklungspotentiale enthalten und daher [...] *ausgehalten* [Hervorh. i. O.] werden sollten." Bestimmte Widersprüche, Antinomien, Spannungsfelder sind in der Pädagogik unausweichlich, andere sind unnötig, irrelevant oder den pädagogischen Praktiken fern. Dieses Forschungsfeld ist ein Desiderat, das dringend bearbeitet werden müsste, damit pädagogische Praktiken und Wissensformen noch näher bestimmt werden können.

In pädagogischen Praktiken spielen nicht zuletzt die diversen Intentionen und Dispositionen der handelnden Individuen eine zentrale Rolle, die, spannungsreich, in eine heteromorph normative Gesamtsituation eingehen.

2.5 Plurivalente Normativität der Pädagogik

Auf der einen Seite ist pädagogisches Handeln an eine Situation, an seine Akteure und an die dort geltenden Maßgaben gebunden. Auf der anderen Seite bildet die Orientierung an übersituativen Normen einen unabdingbaren Hintergrund für das pädagogische Handeln.

Prinzipiell gesehen lassen sich die (teilweise für die Lehrperson imponderablen) normativen Rahmungen schulpädagogischen Handelns wie folgt auffächern:

1. In die Auslegung einer Situation durch eine Lehrerperson gehen unreflektiert ihre individuellen Dispositionen, Erfahrungen, Vorstellungen und von ihr bewusst vertretene ethische und moralische Grundsätze genauso wie spontane Orientierungsgrößen ein.
2. Die Dispositionen der Schüler(innen), ihre Praktiken, Auffassungen und Einstellungen stellen genauso wie ihre Entwicklungsperspektiven normative Vorgaben für den Schulunterricht dar. Auf diese einzugehen oder es nicht zu tun steht im Mittelpunkt des professionellen Handelns von Lehrer(inne)n.

---

81 „Antinomie", griech. ἀντί: gegen, νόμος: Gesetz; sinngemäß „Unvereinbarkeit von Gesetzen".

3. Kolleg(inn)en, Eltern, Schulleitung oder Schulaufsicht etc. sind in verschiedener Weise autorisiert, den Unterricht einer Lehrperson zu beurteilen. Deren Bildungs-, Erziehungs-, Lern- und Sozialisationsbegriffe konfligieren unter Umständen stark miteinander. Solche Konflikte können in sozialen Situationen tatsächlich ausgetragen, sie können verdrängt werden, oder sie treten als sublime soziale oder auch als innere Konflikte wie moralische Dilemmata oder Loyalitätskonflikte auf.
4. Das, was als Schulwissen gilt, ist durch Bildungspläne, Schulbücher etc. im Sinne von Fachthemen bestimmt. Durch die Bildungspläne und andere Steuerungspapiere ist auch vorgegeben, dass (bzw. inwieweit) im Unterricht unter Hinzuziehung vielfältiger Wissensformate individuelle Lernzugänge zu Unterrichtsthemen und deren Reflexion ermöglicht werden.
5. Formale Arbeitsbedingungen stellen normative Rahmungen dar. Zu denken ist an Arbeitsverträge, Erlasse, Bestimmungen und Ausschreibungen, an die Organisation und Kultur einer Schule, an formaldirigistische Maßnahmen (wie etwa fachfremder Unterrichtseinsatz), überlokale Maßgaben und deren Effekte.
6. Vielfältige gesellschaftliche, diskursiv erzeugte, bspw. massenmedial vermittelte Orientierungsmodelle spielen für das professionelle Handeln von Lehrer(inne)n eine Rolle. So sind etwa bestimmte Deutungsmuster für Verhalten gesellschaftlich oder kulturell bedingt. Mit solchen Vorgaben, die insbesondere in einer sich inklusiv verstehenden Einwanderungsgesellschaft breit gestreut sind und nicht selten in Widerspruch zueinander stehen, muss im Unterricht konstruktiv umgegangen werden.
7. Wissenschaftliche Ergebnisse und Ansätze geben Orientierungs- und Argumentationsfolien für die Schule ab. Etwa stehen die Analyse des Unterrichtsgegenstands (Sachanalyse) und die daraus resultierenden Lernschritte wie auch die didaktischen Überlegungen und die Lernkontrolle unter der Maßgabe wissenschaftlicher Korrektheit.
8. Der Schulalltag ist zunehmend durch unterrichtsextern aufgesetzte Evaluationen bestimmt, die unter Umständen über den Ruf und eventuell sogar über den Bestand einer Schule entscheiden.[82] Ein an pädagogischen und didaktischen Überlegungen orientiertes Konzept zur Evaluation von Schulunterricht ist an einen erziehungswissenschaftlichen Qualitätsbegriff gebunden und ein Desiderat.
9. Das Handlungs- und Orientierungswissen von Lehrer(inne)n wird in der täglichen Unterrichts- und Erziehungspraxis stets neu dazu herausgefordert, sich

---

82 Vgl. den „No Child Left Behind Act" (siehe oben).

an der geltenden demokratischen Rechtsordnung (auch Schulrecht) und an den Grundrechten zu orientieren, die in einer zugleich werte-, normen- und kulturpluralistischen Gesellschaft der Interpretation bedürfen. Von der Lehrkraft ist in dieser Beziehung unablässig eine eigenständige und praxisnahe Auslegungstätigkeit gefordert.

In einer werte-, normen- und kulturpluralistischen Gesellschaft entstammen die bewussten und unbewussten Entscheidungen eines Individuums der Sozialität und der Umwelt, und sie sind auf deren Gestaltung ausgerichtet. Lehrpersonen agieren vor dem in der Regel stark fremdnormierten Erwartungshorizont letztlich auf sich allein gestellt. Lehrer(inn)en oder Schüler(inn)en, die ihre eigenen Auffassungen den verschiedenen Normierungen schlicht unterordnen, vermeiden, genau besehen, die Auseinandersetzung mit der vielstimmigen Normativität, der sie stets ausgesetzt sind. Die Bewältigung der Vielstimmigkeit der pädagogischen Normen ist Teil der pädagogischen Professionalität. So, wie die Schüler(innen) nicht mit ihrem eigenen Lernen alleingelassen werden können, so kann weder den Schüler(inne)n noch ihren Eltern die Beurteilung der normativen Komplexität überantwortet werden. Denn es ist nicht wahrscheinlich, dass sie adäquat auf diese Vielstimmigkeit antworten können, da sie ihr in ihrem Alltag kaum begegnen bzw. dieselbe für sie nicht wirklich konkret wird. Es ist die Aufgabe der Lehrer(innen), ihnen solche Normen und mögliche Auslegungen vor Augen zu führen. Von daher können Schüler(innen) und Eltern im Übrigen gar keine „Abnehmer(innen)" von Bildung (als Produkt) sein und Bildung kann nicht als ein Service gelten wie eingangs für den aktuellen Qualitätsbegriff beschrieben.

Die pädagogische Überzeugungsarbeit besteht zu einem großen Teil darin, dass die Lehrer(innen) es den Schüler(inne)n ermöglichen, Kontexte, die sich durch plurivalente Normativität auszeichnen, als Bildungsaufgabe aufzufassen, also gegebenenfalls auch Kritik daran üben. Denn es zeichnet ein gebildetes Subjekt aus, seine eigenen und die Interessen, Ziele und Praktiken der anderen jeweils situativ an grundsätzlichen ethischen Prinzipien, an Wissen, Erkenntnissen und Einsichten, am geltenden Recht, an jeweils gültiger Rechtmäßigkeit wie auch an sozialen und kulturellen Normen und situativen Bestimmungen des Sollens zu bemessen. Der pädagogisch angeleitete Erwerb von Bildung und Bildungswissen stellt den Rahmen für solche Entscheidungen und Urteile dar. Allerdings bleiben Handlungsnormen genauso wie pädagogische Spannungsfelder in Unterrichtssituationen sehr häufig implizit und sie werden unterschwellig ausgehandelt.

Wenn nun die besondere Dignität pädagogischer Praxis in der situationsadäquaten Bewältigung der von diversen Akteur(innen)en und Instanzen (mit-)bestimmten, vielgestalten, mutablen und von Unwägbarkeiten durchzogenen Normativität gesehen wird, dann knüpft sich die pädagogische Überzeugungs- und Abstimmungsarbeit letztlich daran an. Der für Normen, also für Matrizen eines Verhaltens und Maximen eines Handelns, die für richtig befunden werden, und für deren pädagogische Verbindlichkeit in die pädagogische Theoriebildung alteingeführte Begriff ist der des pädagogischen Takts (s. o.) Wie bereits mehrfach herausgestellt, stellt der pädagogische Takt die Verbindung zwischen Theorie und Praxis her. Dabei hat er es hauptsächlich mit sogenannten „schweigenden", also unterschwelligen, latenten und versteckten Dimensionen pädagogischen Spannungsfeldern und mit heteromorpher Normativität zu tun

2.6 „Schweigende" Dimensionen der Pädagogik

Unter schweigende Dimensionen der Pädagogik werden diverse nichtdiskursive Praktiken und Formen der sozialen Verständigung und dadurch entstehende Kontexte pädagogischen Urteilens und Handelns verstanden.

Nicht nur die pädagogischen Spannungsfelder, auch interpersonale Differenzen werden oft nicht explizit bzw. nicht planmäßig erkannt und gesteuert, sondern habituell, intuitiv, findig[83] ausgetragen. Die Diversität der Lernprozesse und -aktivitäten – wie Adapt(at)ionen, Modelllernen, Formen der Aufmerksamkeit, die Integration von (Vor-)Erfahrungen, Formen der Ver- und Einkörperung – sind nicht immer reguliert. Auch normative Orientierungen und ihre konkreten Realisierungen bleiben oft unbewusst und werden nicht ausdrücklich. Zudem ist in Lernarrangements, in Hinblick auf soziale Interaktionen und ihre Strukturen, in Zwischenräumen (Pausengeschehen etc.) und Zwischentönen (Bedeutungsoffenheit o. ä.), in Bezug auf soziale Beziehungen und Konstellationen wie auch bei den auf den pädagogischen Feldern stattfindenden Normalisierungen mit einem inkorporierten erfahrungsbasierten Geschehen und Wissen zu rechnen, das mit dem Körper und mit den Sinnen verwoben ist. Für Rituale, Spiele, Gesten und soziale und kulturelle Handlungen in Erziehung, Bildung und Sozialisation ist schweigendes Wissen konstitutiv. Auch Modi der Autorität und der persönlichen Integrität sind, gerade im Schulunterricht, häufig latent wirksam. Dasselbe gilt für unbewusste didaktische Techniken und subjektive Theorien. Körperliche Dispositionen, Habitūs und versteckte Methodologien wie auch nicht ausgesprochene interpretative Zugänge sind schweigend wirksam. Hinzu treten Formen der Befremdung wie Entfremdung, Fremdheit, Andersheit, ein Gendering, auch interkulturelle Perspektiven und hybride kulturelle Formen und Praktiken, Prozesse

---

83 Vgl. WALDENFELS 2004b

sozialer In- oder Exklusion, Formen der Repression sowie (etwa soziale) Gefühle und ihre Erziehung, Dispositive der Macht, Formen der Gouvernementalität und Techniken des Selbst[84] sowie sich zueinander konträr verhaltende Diskurse. Auch ästhetisches bzw. kulturelles Wissen kann schweigend sein. In verdeckter Weise zeitigen institutionelle/organisationale Bedingungen, symbolische Räume, die Architektur, die Raumorganisation wie auch Materialien und Technologien verschiedener Art im Unterricht Wirkung. Ferner sind sozioökonomische Bedingungen und Faktoren sowie informelles Lernen, Phänomene der sozialen Ungleichheit und solche des Virtuellen, des Imaginären und des Realen latente Kontexte, die das Unterrichtsgeschehen mitbestimmen. Diverse Zeitkonzepte, Einflüsse von Vergangenem bzw. Geschichte auf die Gegenwart oder Antizipationen von Zukunft wirken latent und unerkannt auf Erziehung und Schulunterricht ein. Dasselbe gilt für soziale Dramen, Rituale wie auch für Szenerien und (Lebens-)Stile. Ferner spielen diverse latente Ereignisse, körperliche Aktivitäten (wie etwa die Modulation der Stimme), visuelle und sensomotorische Integrationsgeschehen, die Konstitution und Perzeption von Bildern, metaaktionales und -reflexives Verhalten, die Modi einer linguistischen (Re-)Strukturierung von Repräsentationen, diskursive Praktiken, aktionale Potentiale von Metaphern, diverse Nebenschauplätze eines Geschehens in planmäßige Geschehen hinein. Neben den geplanten, an den etablierten Fachdisziplinen und an der Mehrheitskultur

---

84 FOUCAULT (2005, S. 171f.) schreibt: „Unter Gouvernementalität verstehe ich die Gesamtheit, gebildet aus den Institutionen, den Verfahren, Analysen und Reflexionen, den Berechnungen und den Taktiken, die es gestatten, diese recht spezifische und doch komplexe Form der Macht auszuüben, die als Hauptzielscheibe die Bevölkerung, als Hauptwissensform die politische Ökonomie und als wesentliches technisches Instrument die Sicherheitsdispositive hat. Zweitens verstehe ich unter Gouvernementalität die Tendenz oder die Kraftlinie, die im gesamten Abendland unablässig und seit sehr langer Zeit zur Vorrangstellung dieses Machttypus, den man als ‚Regierung' bezeichnen kann gegenüber allen anderen – Souveränität, Disziplin – geführt und die Entwicklung einer ganzen Reihe spezifischer Regierungsapparate einerseits und einer ganzen Reihe von Wissensformen andererseits zur Folge gehabt hat. Schließlich glaube ich, dass man unter Gouvernementalität [...] das Ergebnis des Vorgangs verstehen sollte, durch den der Gerechtigkeitsstaat des Mittelalters, der im 15. und 16. Jahrhundert zum Verwaltungsstaat geworden ist, sich Schritt für Schritt ‚gouvernementalisiert' hat. [...] Wir leben im Zeitalter der Gouvernementalität." Nach dem Konzept der Gouvernementalität sind alle sozialen und individuellen Lebensformen Objekt der Regulierung und das Netzwerk aus Macht und Wissen bricht sich in vielfältigen Machtverhältnisse wie auch in Formen der Subjektivierung. Herrschaftstechniken werden mit „Techniken des Selbst", also mit der Selbstkonstitution, der Selbststeuerung, der Selbstführung und des Selbstmanagements verknüpft.

ausgerichteten Unterrichtsgeschehen zeitigen ebenso von ihrer Epistemologie her ganz andere, (ohne Wertung) eigenartige[85] Interpretationen von Handeln im Unterricht Wirkung.

In Konzepten wie der „heimliche Lehrplan", in dem insbesondere die Interaktion und Relation von intendierten mit nichtintendierten Aktionen im Schulunterricht Berücksichtigung findet, oder im Konzept der sogenannten „Hinterbühnen des Unterrichts"[86] ist die große Bedeutung impliziter Einflussgrößen für das Gelingen von Unterricht erkannt und theoretisch erfasst worden. In seiner Formulierung „unthematische Faktoren des Unterrichts" beziehen HACKL und POLLMANNS (2008) auch noch solche Aspekte ein, die nicht direkt an das Interagieren von Individuen geknüpft sind, wie räumliche, zeitliche, strukturelle Bedingungen von Unterricht. Wichtig sind hier auch die oben benannten *eigenartigen* Interpretationen.

Schweigendes Wissen vermittelt sich in sozialen und kulturellen Praktiken. Es erlaubt, entsprechende Handlungen zu inszenieren und wirksam zu machen. Zwar meint der Begriff, dass das damit beschriebene Wissen gerade nicht explizit wird. Dennoch *zeigt es sich*, es wird also explizit. Da schweigende Dimensionen in hohem Maße und auf verschiedenen Ebenen handlungswirksam sind, ist ihre Thematisierung breit anzulegen, es ist begrifflich stark ausdifferenziert und sie werden divers empirisch konkretisiert.[87]

Schweigende Dimensionen des Unterrichtsgeschehens sind häufig für dieses maßgeblich. Lehr- und Erziehungsmethoden und die Zielsetzungen formeller Bildung sind zwar durch Institutionen, Bestimmungen und Professionen auf Dauer gestellt, sie sind aber zugleich von den jeweils gegebenen Voraussetzungen abhängig. Im Zusammenhang pädagogischen Handelns lassen sich die situativen Bedingungen für pädagogische Entscheidungen und das dazu erforderliche Praxiswissen schwerlich nur rein kognitiv ausloten.

Wie bereits im Zusammenhang mit dem Konzept des pädagogischen Takts herausgestellt, geht es hier vielmehr gleichsam um ein *Abtasten* von Verhalten in Hinblick auf dessen situative Angemessenheit *von innen her*. LUHMANN & SCHORR

---

85 Gemeint sind individuelle Auslegungen, ethnische, populär- und soziokulturelle Phänomene wie etwa Minderheits-, Alternativ- und Protestkulturen.

86 Als „hidden curriculum" in die Fachdiskussion eingebracht wurde dieses Phänomen im Jahr 1968 von Philip W. JACKSON. Jürgen ZINNECKER (1975) hat das Konzept als „heimlicher Lehrplan" in deutschsprachige Diskurse eingeführt und für das nicht offizielle Unterrichtsgeschehen auch den Begriff der „Hinterbühne des Unterrichts" geprägt (ZINNECKER 1978).

87 Vgl. KRAUS et al. (in Vorbereitung)

(1982, S. 29) beschreiben dies als eine „Sensibilität für Zufälle und Chancen" bzw. für edukogene Situationen.[88]

Im Folgenden wird der Begriff der pädagogischen Kontextsensitivität eingeführt, mit dem pädagogische Relationen nicht nur unter dem Gesichtspunkt des pädagogischen Takts als Nähe und Distanz, Fürsorge und Freilassen und damit allein aus der Perspektive der Pädagog(inn)en, sondern leibphänomenologisch und auch für die Seite des Lernenden näher bestimmt werden. Die grundsätzliche Bereitschaft, sich den pädagogischen Antinomien zu stellen, vorausgesetzt, kommt das professionelle Praxiswissen nicht frei schwebend, sondern in Abhängigkeit von professionellen Entscheidungen in einer jeweils bestimmten zeitlichen, räumlichen und personalen Konstellation zum Einsatz. Wichtige Aspekte sind dabei ein Handlungs- und Zeitdruck und der sogenannte *Kairos*.

2.7 Pädagogische Kontextsensitivität und Handeln unter Zeitdruck

Lehrer(innen) agieren in der Regel unter Handlungs- und Zeitdruck.[89] Dieser unterscheidet sich von dem in anderen Berufsfeldern vor allem dadurch, dass ein Nicht-Einhalten zeitlicher Vorgaben im Lehrberuf in den meisten Fällen weniger leicht objektiv nachvollziehbar ist als dort. Der Druck macht es Lehrer(inne)n aber oft unmöglich, die an ein Unterrichtsgeschehen herangetragenen Normen alle wahrzunehmen, geschweige denn, diesen allen gerecht zu werden. Er behindert sie also in ihrer Professionalität; zugleich gehört der Umgang mit Handlungs- und Zeitdruck (in Maßen) dazu. Bisweilen wird Handlungs- und Zeitdruck im Unterricht auch, häufig durch die Schüler(innen), kurzfristig hergestellt. Die Lehrperson ist dann gefordert, die Prioritäten anders als geplant oder auch als gewohnt zu setzen. Sogar Handlungsmaximen können ad hoc in Frage gestellt und anders als zuvor disponiert werden. Solche wie auch andere Herausforderungen im Unterricht werden von den verschiedenen Lehrpersonen sehr unterschiedlich gehandhabt. Häufig ist mit einem Handeln unter Zeitdruck ein Urteilen im Ver-

---

88 „Sie [die Pädagogik] müsste von Problemstellungen und Situationstypisierungen ausgehen, müsste dabei aber vor allem das sich bewahren, was man Sensibilität für Zufälle und Chancen nennen könnte." (LUHMANN & SCHORR 1982, S. 28) Die „Technologieersatztechnologien", die von der Pädagogik zu entwickeln sind, weil es ihr an effektiven Technologien also einer Passung von sozialer und intentionaler Rationalität mangelt, sind an ein Operieren „am reagierenden Objekt" (ebd., S. 28) gebunden.
89 Vgl. WAHL 1991. Auch insbesondere Georg H. NEUWEG (2005, 2010) stellt diesen Aspekt des Lehrberufs in seinen Publikationen in den Vordergrund. Seine Auffassung, die hier nur bedingt geteilt wird, wird unten weiter ausgeführt.

zug verbunden. Denn in der sich unter Zeitdruck vollziehenden Unterrichts- und Erziehungspraxis überlagern sich nicht selten diverse Handlungsstränge und Entscheidungen in unter Umständen äußerst komplexer, auch rasanter, oft nicht vollständig reflektierter bzw. gar nicht reflektierbarer Weise. Zudem sieht sich eine Lehrperson unter Umständen mit diversen Kalamitäten konfrontiert. Das Unterrichtshandeln lässt sich unter solchen Umständen eventuell nur stark verkürzt, bspw. rein pragmatisch begründen. Unter Zeitdruck werden auch häufig – temporär oder dauerhaft – nicht immer sachdienliche machtförmige Asymmetrien in Kauf genommen. Einige (unter Umständen durchaus bedeutsame) Phänomene werden bisweilen übersehen. In Hinblick auf die Auslegung von Entwicklungsaufgaben kann eine ambivalente oder anderswie in sich widersprüchliche Bewertungslogik ins Spiel kommen.[90] Bisweilen werden Exklusionen und Verkürzungen vorgenommen. Teilweise blind und habituell gesteuert und teilweise bewusst setzt eine Lehrperson Prioritäten, entwickelt „Handlungsstrategien" und eine „Überlebenstaktik".[91] Deren Erfolg ist letztlich vom spezifischen Unterrichtsgeschehen als deren Kontext abhängig. Denn alle an einer pädagogischen Situation Beteiligte müssen in der Lage sein, immer wieder Kompromisse einzugehen und/oder Prioritäten anders zu setzen als jeweils zuvor.

Dabei spielt noch ein anderer Modus der Zeitlichkeit eine Rolle. Eine bestimmte Situation kann für pädagogische und unterrichtliche Maßnahmen einer Lehrperson günstiger oder weniger günstig sein; die Nutzung von Lerngelegenheiten und Bildungsanlässen und ein Wissen um die Dynamik lernförderlicher oder -hemmender Bedingungen sind für das Gelingen von Unterricht ebenso ausschlaggebend wie pädagogische Intentionen und multimodales Praxiswissen. Solche günstigen Konstellationen kann man auch als *Kairos* bezeichnen. *Kairos* meint ein (unvorhergesehenes) Geschehnis, das Verwunderung, Betroffenheit oder Bestürzung auslöst. Es tritt etwas auf, das die Beteiligten betrifft, berührt und in Anspruch nimmt;[92] zugleich erschließt der *Kairos* Handlungsoptionen. Man kann sagen, *Kairoi* sind für Lerngelegenheiten mit ursächlich.

Vom *Kairos* her lässt sich die leibphänomenologische Auslegung der Erfahrung konzipieren. Er ist nicht nur ein Wert professioneller Erfahrung, sondern auch ein Aspekt des Erfahrungslernens.

Ein *Kairos* bedarf einer besonderen Wahrnehmung, das ist die Kontextsensitivität, die dem pädagogischen Takt noch übergeordnet ist, da sie auch umweltliche,

---

90 LAMPRECHT 2012, S. 120
91 Vgl. WULF & ZIRFAS 2007
92 MERSCH 2002, S. 13–30; vgl. auch das Responsivitätskonzept von Bernhard WALDENFELS und das performative Paradigma (beides s. u.).

systemische, institutionelle, unterrichtsübergreifend soziale, materiale und räumliche Aspekte mit einschließt. Nach leibphänomenologischer Auffassung ist die Kontextsensitivität in der Wahrnehmung gegründet. Sie ist von den Akteur(inn)en nicht planmäßig herstellbar, sondern wird von ihnen wahrgenommen, zugelassen oder unterbunden und pädagogisch sinnvoll genutzt.[93] Es handelt sich also um passivisch gemachte bzw. „erlittene" wie auch auf präreflexive Weise aktiv aufgegriffene Erfahrungen. MEYER-DRAWE (2000a, S. 14) schreibt: „Im Handeln selbst, dem jedes Erkennen nachgängig ist, wird Sinn hervorgerufen als Antwort auf bestimmte erfahrene Kontexte." Dies lässt sich mit Hannah ARENDT (1981 [1960], S. 174) in der oben bereits angedeuteten Weise noch ergänzen:

> „Da Menschen nicht von ungefähr in die Welt geworfen werden, sondern von Menschen in eine schon bestehende Menschenwelt geboren werden, geht das Bezugsgewebe menschlicher Angelegenheiten allem einzelnen Handeln und Sprechen voraus, so dass sowohl die Enthüllung des Neuankömmlings durch das Sprechen wie der Neuanfang, den das Handeln setzt, wie Fäden sind, die in ein bereits vorgewebtes Muster geschlagen werden und das Gewebe so verändern, wie sie ihrerseits alle Lebensfäden, mit denen sie innerhalb des Gewebes in Berührung kommen, auf einmalige Weise affizieren. Sind die Fäden erst zu Ende gesponnen, so ergeben sie wieder klar erkennbare Muster bzw. sind als Lebens*geschichte* [Hervorh. i. O.] erzählbar. Weil dieses Bezugsgewebe mit den zahllosen, einander widerstrebenden Absichten und Zwecken, die in ihm zur Geltung kommen, immer schon da war, bevor das Handeln überhaupt zum Zuge kommt, kann der Handelnde so gut wie niemals die Ziele, die ihm ursprünglich vorschwebten, in Reinheit verwirklichen."

ARENDT (1981 [1960], S. 172) weist darüber noch hinausgehend darauf hin, dass hier auch die personale Einmaligkeit im Handeln zum Vorschein und ins Spiel kommt. Sie schreibt: „Handeln und Sprechen bewegen sich in einem Bereich, der zwischen Menschen qua Menschen liegt, sie richten sich unmittelbar an die Mitwelt, in der sie die jeweils Handelnden und Sprechenden auch dann zum Vorschein und ins Spiel bringen, wenn ihr eigentlicher Inhalt ganz und gar ‚objektiv' ist."

Mit Bezug auf Jürgen FUNKE-WIENEKE (2004)[94] lässt sich der pädagogisch relevante Verständigungsmodus als die instrumentellen, sozialen, sensiblen und

---

93 Die Bedeutung des Resonanzgeschehens als ein Unterrichts- und Erziehungsprinzip haben MEYER-DRAWE (u.a. 2000a und 2000b) und Christian RITTELMEYER (2009) herausgearbeitet.
94 Vgl. FUNKE-WIENEKE 2004, S. 197ff. Er spricht allerdings nicht von Resonanz, sondern von „eigenkörperlichen Bewegungen".

symbolischen Funktionen eigenkörperlicher Bewegung auslegen. Es handelt sich dabei um Formen mimisch-gestischer Verständigung, um Aufmerksamkeit, Reaktionsschnelle, um das intuitive Abstimmen eigener Initiativen mit denen anderer, um die Einfühlung etwa in die Arbeitstempi oder Skrupel anderer und um die Berücksichtigung ihrer Schamgrenzen. Auf dem Spiel steht hier auch ein mehr oder weniger geteilter Humor. Kurz, es handelt sich dabei um das Gewahrsein von sich selbst und anderen im Sinne vielfältiger möglicher Beziehungen zu sich selbst, zu anderen und zur Welt. Die Modi, in denen sich dies etwa im Klassenzimmer vollzieht, sind verschiedene Erzählformen, die sich als einsichtsvoll oder expressiv, sachlich an der Modulation der Stimme zeigen; der versierte Einsatz von Lehr- und Lernmitteln; der geschickte Umgang mit Raum und Zeit; das für andere fassliche Vormachen von Arbeitsschritten, bestimmte Argumentationsfiguren, nonverbales problemlösendes Verhalten, die Übernahme fiktiver Rollen. All diese Qualitäten ermöglichen zwischenmenschliches Verstehen und im Besonderen das Verstehen von Lerninhalten und -situationen erst. Auch eine Antizipation der möglichen Ausgänge von sozialen Konflikten ist, wenn man FUNKE-WIENEKE (2004) folgt, nur über die sogenannten „sozialen Funktionen der Körperlichkeit" vermittelt möglich.

Resonanzen bilden als die Wechselwirkungen von Einflussnahmen auf und Empfänglichkeit für andere und anderes die Grundlage für Bildungs- und Lernprozesse,[95] während unstimmige und lückenhafte Resonanzgeschehen solche behindern können. Ein Ereignis trifft also gewissermaßen auf die Resonanzböden der Individuen, von denen her ihr Handeln und Urteilen divers näher bestimmt und beurteilt wird.

Solche Resonanzböden kann man auch als „Erfahrungsreliefs" bezeichnen. Ein Erfahrungsrelief strukturiert unsere Wahrnehmungen im Sinne eines (Wahrnehmungs- und Bedeutungs-) Hinter-, Mittel- und Vordergrunds respektive im Sinne einer Prioritätensetzung. Resonanzgeschehen treffen auf diese Erfahrungsreliefs und sie arbeiten sich in diese ein, indem sie die intellektuellen, emotionalen, volitionalen und sozialen Dispositionen beeinflussen, über die ein Mensch aufgrund seines Erfahrungsreliefs verfügt. Im Umgang mit Gegenständen in Zeit und Raum, leiblich vermittelt und durch eine bewusste Einflussnahme in Abhängigkeit von gemachten Erfahrungen, Erlebnissen, Handlungsweisen, Einsichtnahmen und Einsichten verändert sich das Erfahrungsrelief einer Person. WALDENFELS (1998, S. 221 [Hervorh. i. O.]) schreibt:

---

95 Vgl. SCHMIDT-MILLARD 2005

„Die Sachlage verändert sich [für uns], wenn Interessen, Bedürfnisse und Emotionen ins Spiel kommen und wenn die Dinge nicht nur von wechselnder Bedeutung, sondern auch von zunehmender und abnehmender Bedeutsamkeit sind, wenn sie mehr oder weniger Gewicht haben, wenn sie uns stärker oder schwächer *ansprechen* und *angehen* und uns auf diese Weise näher oder ferner stehen. In unserer Erfahrung tritt etwas in seiner Bedeutung für uns reliefartig hervor, anderes tritt zurück. Jenes Hervor- und Zurücktreten […] gehört zu den Verwirklichungsformen der Erfahrung und nicht etwa zu bloßen affektiven Zuständen, die unsere Kognitionen und Aktionen begleiten."[96]

Viktor von Weizsäcker (1940, S. 230) spricht vom sogenannten „Körperselbst", das als „[…] Selbsterfahrung zur Gestaltung abstrakter Bewegungen führt"[97]. Erfahrungsreliefs und ein Körperselbst liegen weder immer in derselben Art vor noch werden sie ein für alle Mal erworben. Allerdings kann nicht gesteuert werden, was sie wie prägt. Individuelle Erfahrungsreliefs sind auch mehr oder weniger empfänglich für das, was auf sie trifft.

Theorien, Praktiken und Phänomene sind in unserer (zumeist impliziten) Selbstwahrnehmung also nicht textförmig oder anderswie rational geordnet, sondern eher reliefartig und durch Dispositionen, Vorerfahrungen, Interessen, Bedürfnisse und Emotionen geformt.

Wahrnehmungsprofile bilden sich in der Hauptsache informell und implizit[98] durch Praktiken, Theorien, Einwirkungen von Materialität, die eine Person (kennen-)lernt, die auf sie einwirken oder die ihr zu Gebote stehen.[99]

Ein sozial geteiltes Erfahrungsrelief kann mit Karl Mannheim (1980) auch als „konjunktiver Erfahrungsraum" beschrieben werden. Ein solcher vermittelt sich uns habituell und umfasst eine von mehreren Personen geteilte Vergangenheit, Gegenwart und Aspekte ihrer gemeinsam auf die Zukunft hin ausgerichteten Gestaltungsmöglichkeiten. Er wird durch Parameter wie Generation, Geschlecht, Lebensalter, soziale oder kulturelle Herkunft bestimmt.[100] Neue, gemeinschaftlich gemachte Erfahrungen können einen bereits bestehenden „konjunktiven Erfahrungsraum" verändern. Ein „konjunktiver Erfahrungsraum" ist also ein Korpus alltagsrelevanter Wahrnehmungs-, Deutungs- und Handlungsmuster, die, etwa im Sinne des Common Sense, mit anderen geteilt werden und die Grundlage für intuitive wie auch für absichtsvolle Entscheidungen bilden. Das Wissen, das in

---

96 Waldenfels 1998, S. 221
97 von Weizsäcker 1940, S. 230
98 Dohmen (2001) beziffert den Anteil impliziten Lernens allgemein auf 70%.
99 Herzog & von Felten 2001, S. 18
100 Bohnsack 2003, S. 122

konjunktiven Erfahrungsräumen entsteht, bleibt zumeist implizit und es ist weitgehend atheoretisch. Es drückt sich im „Wie" sozialer Handlungen und Äußerungen aus.

Man kann hier auch von einem Habitus sprechen.[101] Durch seinen Habitus, auch durch verschiedene Habitūs ist ein Individuum in bestimmte, mit Anderen geteilte Erfahrungsräume integriert. Habitūs können sich in Renitenzen oder Vertrautheitsfallen verhärten. Das ist etwa dann der Fall, wenn sich ein „konjunktiver Erfahrungsraum" oder auch ein sozial geteiltes Erfahrungsrelief in Regeln, Ritualen und Revieren, durch Institutionalisierung, Traumata verfestigt.

2.8 Habitūs, Renitenzen und Vertrautheitsfallen

Als Habitus bezeichnen Pierre BOURDIEU & Loïc WACQUANT (1996, S. 154) das Vermögen zur Hervorbringung von Handlungen, das durch die (soziale) Praxis erworben und konstant auf praktische Funktionen ausgerichtet ist. Es geht hier also um handelnde Körper. Erlernt werden Habitūs implizit, nichtintentional und durch Handlungsvollzüge in verschiedenen Tätigkeitszusammenhängen, also in ganzheitliche Umwelterfahrungen eingebettet.[102] Habituell Erlerntes ist zumeist vordergründig und utilitaristisch auf einen konkreten und kleinen Wirkungskreis, etwa auf die direkte Bewältigung komplexer Umweltanforderungen beschränkt.

In seinem Frühwerk legt BOURDIEU den Habitus zudem als die semantische Form symbolischer Sozialbeziehungen aus.[103] Das heißt, ein Habitus ist wie eine Semantik beschaffen, der entsprechend Sozialbeziehungen hergestellt werden, ohne ins Bewusstsein zu treten. Habitūs stellen die Grundlage für (konservativ) geordnete soziale Verhältnisse dar und in dieser Hinsicht tragen sie entscheidend zur sozialen Sicherheit bei.

Die Performanzregulation, die einen Habitus ausmacht, ist an „generativen Formeln" bzw. „Modi Operandi" orientiert. Modi Operandi werden mimetisch[104] und am Vorbild orientiert angeeignet, indem Praktiken bzw. bestimmte Handlungsvollzüge nachvollzogen werden. Ein einfaches Beispiel für einen Modus Operandi ist das Knüpfen eines (Segler-)Knotens. Dieser Prozess, der bestimmten Regeln folgt, stellt eine Herausforderung für die Fingerfertigkeit des noch Unkundigen dar und wird am Vorbild erlernt. Zugleich ist das kunstfertige Knoten eine bestimmte Bewegungssequenz innerhalb eines größeren Verhaltens- und

---

101 BOHNSACK 2003
102 DOHMEN 2001, Anmerkung 52
103 BOURDIEU 1993, S. 128
104 Vgl. GEBAUER & WULF 1998

Handlungskontexts, der einen Habitus konstituiert. Innerhalb eines solchen Kontexts erhält der Modus Operandi bzw. die Einzelhandlung oder Fertigkeit einen sozial und kulturell geteilten, also konjunktiven Sinn. Das mimetische Erlernen eines Modus Operandi geht meist spontan und unbewusst vonstatten. Es schließt individuelle, etwa interpretatorische Modifikationen ein.

In dieser Weise geht ein Habitus aus den Strukturen, die er selbst herstellt, auch hervor.[105] Als integrale Momente des Erfahrungsreliefs einer Person bestimmt ein Habitus implizit ihren Umgang mit sich selbst, mit anderen und mit der Welt, etwa ihre Grundhaltungen, Bedürfnisstrukturen, die Körperlichkeit und ihre Gestaltung von Sozialbeziehungen. Habitūs als kulturell geprägte Wahrnehmungs-, Deutungs- und Handlungsmuster bleiben, auch wenn sie sich verändern können, von den Umständen ihrer ersten Aneignung geprägt.[106] Das heißt, sie bleiben an eine bestimmte Sozialität und deren Kultur zurückgebunden.

Über Habitūs werden einer sozialen Lebenswelt diejenigen Strukturen aufgeprägt, die an derselben rational fassbar sind.[107] Zwar ist eine Lebenswelt als solche für uns nie gänzlich transparent. Sie ist aber aufgrund der habituellen Regelstrukturen, durch die sie (partiell) bestimmt ist, wiedererkennbar, verlässlich und handhabbar. Benjamin JÖRISSEN (2007) führt sogar die Reflexivität auf Habitūs zurück. So sind etwa Typisierungen ein integrales Moment von Habitūs; zugleich sind sie ein Ergebnis habituell geformter reflexiver Akte.[108]

Handeln ist überhaupt nur im Modus der Typisierung regelhaft, erkennbar, planbar und berechenbar. Daraus kann auf der einen Seite geschlossen werden, dass sich die Regelhaftigkeit und die innere Konsequenz von Handeln und Urteilen darauf zurückführen lassen, dass Fremdansprüche und -forderungen, auch unpersönlicher Natur, in das Handeln und Urteilen eingelagert sind. Auf der anderen Seite wird hier deutlich, dass kein Handeln, auch nicht das wissenschaftliche Denken und Arbeiten von einseitigen, sozialkulturell kodierten und zugleich individuell geprägten Habitūs frei ist.

Habitūs sind für die Erfüllung der Ziele der Erziehungs- und Lehrtätigkeit in vielerlei Hinsicht von großer Relevanz. So gründen etwa Lehr- und Lernziele in habituellen Strukturen. Zugleich ist die Herausbildung bestimmter Habitūs bei den Lernenden pädagogisch notwendig und didaktisch sinnvoll. Dies gilt für die

---

105 Vgl. BOURDIEU 1993, S. 98
106 BOURDIEU 1993, S. 128. Vgl. die Hinweise von COMBE & KOLBE (2004) zu den Passungen didaktischer und pädagogischer theoretischer Konzepte mit der Praxis.
107 Vgl. HACKL 2008
108 Vgl. dazu auch ADORNO 1973

Modi Operandi des Lernens (Lernmethoden) oder für die Ausbildung bestimmter reflexiver Muster bei der Bewertung von Leistungen, o. ä.

Auch das Praxis- und Orientierungswissen im Lehrer(innen)beruf wird durch Habitūs mitgeformt. Überhaupt setzen alle Entscheidungen, die mit dem Anspruch auf Rechtmäßigkeit respektive mit dem Anspruch auf eine wie auch immer geartete (etwa die ethische) Vertretbarkeit auftreten, ein breit gefächertes Bewältigungskönnen voraus, das Habitūs einschließt.

Nun können sich Habitūs aber auch verfestigen. Sie können etwa als sogenannte „Vertrautheitsfallen" in pädagogischen Kontexten wirken, durch welche die Kontextsensitivität mehr oder weniger außer Kraft gesetzt wird: Auf den Beruf des Lehrers/der Lehrerin bezogen schreiben HERZOG & VON FELTEN (2001):

„Es gibt in posttraditionalen Gesellschaften kaum mehr einen Beruf, den Kinder und Jugendliche durch bloße Beobachtung so gut kennenlernen können wie denjenigen des Lehrers. Im Verlaufe ihrer Schülerkarriere haben sich angehende Lehrkräfte schwer aufdeckbare und nicht leicht beeinflussbare Wahrnehmungs-, Deutungs- und Handlungsmuster angeeignet."[109]

COMBE & KOLBE (2004) zeigen, dass pädagogische und didaktische Konzepte häufig unhinterfragt auf die praktische Verwendungsperspektive bezogen bleiben, aus der heraus sie einmal generiert worden sind. Auf dieser Grundlage beanspruchen sie eine Geltung, die kaum in Frage gestellt wird.[110] Zudem spielt der Handlungs- und Zeitdruck im Lehrberuf eine gewisse Rolle dabei, dass neue Optionen gegenüber Altbewährtem (und Habitūs) bisweilen nicht wahrgenommen werden und eine Lehrperson auf diese Weise in eine „Vertrautheitsfalle" gerät.

Daher sollte es in der Lehrer(innen)bildung auch um ein „[…] ‚Ver-lernen' […] von mächtigem Wissen [gehen], um sich mitten in der Struktur der Wissensproduktion mit dem Apparat der Wertekodierung anlegen zu können."[111] Ein solches Ver-lernen lässt sich, so stellt es Nora STERNFELD (2014, S. 15) heraus, mit FOUCAULT als ein „Aufstand der unterworfenen Wissensarten" beschreiben. Dabei geht es um ein Verlernen von Privilegien. Neben dem intentionalen und expliziten Wissen ist hiermit auch schweigendes Wissen gemeint, das im Verlernen einer Neudisponierung erschlossen wird. Allerdings bestehen in der Frage, wie

---

109 HERZOG & VON FELTEN 2001, S. 20. Dan LORTHIE (1975) schrieb: „Teachers teach as they have been taught. They don't teach as they have been taught to teach!"
110 COMBE & KOLBE 2004, S. 846
111 STERNFELD 2014, S. 9 f.; STERNFELD bezieht sich hier auf postkoloniale Theoriezusammenhänge.

die Veränderung eines Habitus genau vonstattengeht, Forschungsdesiderate bzw. die Frage wird kontrovers behandelt. Verlernen spielt jedenfalls in pädagogischen Kontexten sowohl in Hinblick auf eine gelingende pädagogische Überzeugungs- und Abstimmungstätigkeit und die damit verbundenen Differenzgeschehen und Wissensformen wie auch in Bezug auf die sukzessive Übertragung von Verantwortung an die Lernenden etwa im Sinne einer Beachtung ethischer Fragen eine zentrale Rolle.

Die Frage, wie ein implizit erworbener Habitus verändert werden kann und neue Wissensformen erschlossen oder erworben werden können, interessiert in dieser Abhandlung vor allem in Hinblick auf die Professionalisierung im Lehrberuf und damit in Bezug auf die typisierenden Wissensbestände von Lehrer(inne)n. Habitūs und die Modi ihrer Veränderung sind generell lerntheoretisch von zentralem Belang. Sie sind damit sowohl ein wichtiges Thema der Lehrer(innen)bildung wie auch ihr Gegenstand.

Oben war im Zusammenhang mit Erfahrungsprofilen und Resonanzgeschehen, noch etwas vage, darauf abgehoben worden, dass eine soziale Sachlage dadurch eine andere werden kann, dass (neue) Interessen, Bedürfnisse und Emotionen ins Spiel kommen, die Bedeutung der Dinge sich verändert und sich die Profile höher und geringer erachteter Bedeutsamkeit umformen.

BOURDIEU schreibt realen oder imaginierten Praktiken, auch Selbstpraktiken, in seinem Frühwerk indes keine formative Funktion in Hinblick auf Habitūs zu. Kathrin AUDEHM (2008, S. 135) weist auf eine Uneindeutigkeit des BOURDIEU'schen Habituskonzepts hin. Während das menschliche Verhalten in seinem Frühwerk eher an die Strukturen der sozialen Felder gebunden wird, wird der Habitus im Spätwerk als ein Erkenntnisinstrument des menschlichen Körpers verhandelt. Dann wird darauf abgehoben, dass misslingende und missglückende Praktiken und Habitūs auf der einen Seite ein Beharrungsvermögen herausfordern. Auf der anderen Seite kann durch sie die Veränderung eines Habitus angestoßen werden.[112] Ein längeres Zitat soll die Argumentation AUDEHMs verdeutlichen:

„Nach Bourdieu ist die performative Logik symbolischer Handlungen – sprachlichen wie körperlichen – in sozialer Magie gegründet, d. h. im kollektiven Glauben der sozialen Akteure an Macht und Autorität der Sprechenden, der auf Inkorporierung basiert. Damit wird jedoch ebenso vorstellbar, dass körperliche Praktiken einen anderen praktischen Sinn erzeugen können, wenn sie allmählich und durch

---

[112] AUDEHM (2008, S. 136) stützt sich dabei auf das folgende Zitate: „[…] die den objektiven Bedingungen vorgreifende Angepaßtheit des Habitus ist ein Sonderfall" (BOURDIEU 2001, S. 204) und der „[…] Habitus ist weder notwendigerweise angemessen noch kohärent" (BOURDIEU 2001, S. 206).

lange Übung auf habituelle Dispositionen zurückwirken. Darüber hinaus müssten sie verallgemeinerbar sein und kollektiv so relevant werden, dass sie auf die Spielregeln bestehender Praxisfelder und deren soziales Gefüge einwirken, sodass sich schließlich Positionierungsmöglichkeiten verändern. Praxisfelder, in denen körperliche Herausforderungen mit Glaubensfragen – wie Schönheit und Virtuosität, Bildung oder Leistung – unmittelbar zusammenhängen, sind bspw. die Welt des Sports, des Theaters und Tanzes, der bildenden Künste und der Fotografie [...]. Zu ergänzen wären diese Felder durch die mehr oder weniger subversiven, dekodierenden Praxen sozialer Kreativität des Alltags oder der Popkultur, bis hin zu solchen diskursiven Artikulationen, die symbolische Differenzen teilweise suspendieren oder umfrisieren, indem sie in mystifizierende Zuschreibungen und imaginäre Identifikationen intervenieren."[113]

Neben Phänomenen der, wie AUDEHM (2008) es nennt, sozialen Magie, die sie als den kollektiven „Glauben" der sozialen Akteure an Wortführer(innen) näher spezifiziert, weist sie im Zitat auch bestimmte Themenfelder, nämlich Schönheit, Virtuosität, Bildung, Leistung, als „Glaubensfragen" aus. In Bereichen wie Sport, Theater, Kunst und Alltagskultur werden körperliche Herausforderungen mit solchen „Glaubensfragen" verknüpft. Es handelt sich dann um soziale und kulturelle Praktiken. Indem ein bestimmtes Verhalten in diesen Praktiken zum größten Teil implizit auf seine situative Angemessenheit hin *überprüft* und mit (geglaubten) Maßstäben für Schönheit, Virtuosität, Bildung und Leistung in Verbindung gebracht wird, können sich, so die Autorin, sozial präformierte Habitūs verändern. Habituell Verfestigtes wird dann fluide.

Auch der Schulunterricht ist wesentlich durch Orientierungen an Virtuosität, Kreativität, auch an (pädagogisch wünschbarer wie auch nicht wünschbarer) sozialer Kreativität und an den „Glaubensfragen" bestimmt, die diesen Orientierungen innewohnen. Virtuosität, Kreativität und Leistung spielen für Heranwachsende prinzipiell eine wichtige Rolle. Folgt man AUDEHM (2008), dann besteht eine zentrale Aufgabe von Pädagog(inn)en darin, auf die mit Virtuosität, Kreativität und Leistung verbundenen „Glaubensfragen" oder Paradigmen hinzuweisen und sie auf multimodale Weise gekonnt so zu *erörtern*, dass sich Habitūs eventuell verändern. Denn im Umgang vor allem der Jugendlichen mit den „Glaubensfragen", die in Habitūs verfestigt sind, entscheidet sich häufig, ob und inwiefern sie sich überhaupt auf Lernprozesse einlassen. Nach AUDEHM (2008) können die „Glaubensfragen" vor allem dann auf habituelle Dispositionen einwirken und einen anderen als einen habituell verfestigten praktischen Sinn erzeugen, wenn sie in körperlichen Praktiken ausgelegt werden. Die Virtuosität einer Leistung zu

---

113 AUDEHM 2008, S. 137

erleben, einen künstlerischen Schaffensprozess im Vollzug zu sehen oder selbst zu vollziehen, von den gewohnten verschiedene Handlungskontexte kennenzulernen, stellt demnach eine Grundlage für die Herausbildung neuer Habitūs, also Einstellungsänderungen und für pädagogisch erwünschte Selbsterziehungsprozesse dar.

Für die Modellierung der Lehrer(innen)bildung können in der Zusammenführung der bisher entfalteten Argumentationsstränge an dieser Stelle die folgenden Konsequenzen gezogen werden:

1. Neue Erfahrungsprofile können entstehen, wenn zuvor nicht präsente Interessen, Bedürfnisse und Emotionen ins Spiel kommen, wenn die Bedeutung der Dinge sich verändert und sich Profile höher oder geringer erachteter Bedeutsamkeit bilden. Es ist die Aufgabe der Pädagogik, solche Prozesse in Bezug auf pädagogisch erwünschtes Lernen anzustoßen.
2. Die Möglichkeit der Veränderung eines Habitus (bspw. der Lernbereitschaft) ist an die intuitive, zumeist über Körperpraktiken vermittelte Neuauslegung von „Glaubensfragen" (s. o.), also nicht in erster Linie an die Ratio geknüpft. Das sich daraus ergebende implizite Wissen kann zwar nicht festgehalten, gesichert und gesteuert werden. Es wird aber im Handeln sichtbar.
3. Ein übersituativ richtiges (Lehr-)Verhalten kann prinzipiell keinem falschen gegenübergestellt werden. Denn Auffassungen von richtigem und falschem Verhalten oder Agieren sind, nach BOURDIEU, habituell. Habitūs wiederum sind auf der einen Seite sozusagen in unsere Körperlichkeit eingelagert, und unser Körper kann nicht *falsch* sein. Auf der anderen Seite sind sie soziokulturell geprägt und von daher nicht im Sinne von grundsätzlich falsch und richtig generalisierbar. Im Sport und in der Kunst werden Praktiken thematisch. Stellt sich hier heraus, dass sich bestimmte Maßstäbe nicht bewähren, wird intuitiv, findig (und nicht nur planmäßig) und mehr oder weniger zielsicher auf etwas (Neues) zugegriffen, das dem Problemlöseprozess zuträglich sein könnte.

Es kommt zu Verlernen, zu einer Schubumkehr, oder zur Krise. Erkennbar wird hier nicht nur, dass die Veränderung von Habitūs erstrebenswert ist. Es wird auch deutlich, dass eine Revision habitueller Strukturen nur im Kontext praktischen Handelns möglich und dann offenbar von negativen Erfahrungen begleitet ist. Insofern Virtuosität, Schönheit, Bildung, Leistung als „Glaubensfragen" (s. o.) und damit als nicht bereits vorentschieden, sondern prinzipiell auf dem Spiel stehend begriffen und thematisiert werden, dann gewinnt das hier gemeinte praktische Handeln, zumindest unter wissenschaftlicher Perspektive, deutliche Affinitäten zum spielerischen.

Allerdings kann eine Infragestellung von bereits bestehendem, mit anderen geteiltem und inkorporiertem Wissen auch zu Abwehrreaktionen führen und ausgeprägte Widerstände nach sich ziehen.[114] Anhand des Habituskonzepts können Lehr- und Lernziele auf solche Risiken hin analysiert werden. Weiterhin kann das Habituskonzept dazu beitragen, aufschlussreiche analytische Schlaglichter auf Differenzgeschehen zu werfen, die bei Phänomenen der Abwehr auf der Seite der Schüler(innen) eine Rolle spielen. Auf beides kann hier aus Platzgründen nicht näher eingegangen werden, auch wenn damit ein ganz zentraler Teil des pädagogischen Praxiswissens und damit ein wichtiger Forschungsbereich beiseitegelassen wird.

Der Fokus wird auf die Bedeutung von Habitūs auf der Seite der Pädagog(inn)en gerichtet, die deren Abwehr, Widerständen und Renitenzen zugrunde liegen. Ziel ihrer Erarbeitung ist es, aus ihrer Analyse Konsequenzen für die Lehrer(innen)bildung zu ziehen.

Wie bereits herausgestellt, erfahren angehende Lehrkräfte in der Regel eine weitaus geringere Diskontinuität zum Common-Sense-Wissen zu ihrem Berufsfeld als die Mitglieder anderer Berufsgruppen. Für eine Lehrperson liegt es nahe, während der eigenen Schullaufbahn gemachte Erfahrungen – allein vom vergleichsweise hohen Grad ihrer Habitualisierung her gesehen – als „gesichertes Wissen" aufzufassen. Dieses Wissen ist aber von der Perspektive des Schülers/der Schülerin bestimmt, der/die sie einst war. Nun stehen unter der Perspektive der Schulerfahrenen in der Regel aber solche Aspekte von Schule im Vordergrund, die gerade nicht mit der Herstellung von auf Lernen ausgerichteten Resonanzgeschehen zu tun haben. So geht es etwa aus der Perspektive der Schüler(innen) nicht in erster Linie um die Herstellung konjunktiver Lernräume, die auf das schulische Lernen ausgerichtet sind. Schule wird auch weniger als vom gekonnten Umgang mit den diversen pädagogischen Spannungsfeldern oder von einer systematischen, an pädagogischen Konzepten und (anders) an Wissenschaft orientierten Hinterfragung und Reflexion gängiger Praktiken und Alltagstheorien bestimmt angesehen. Viel eher steht der Stellenwert der eigenen Person oder der favorisierter Mitschüler(innen) im Unterrichts- und Schulgeschehen im Mittelpunkt ihrer Aufmerksamkeit. Dies ist rein logisch erklärbar, weil die Pädagogik ansonsten ihr Ziel einer Übernahme vielseitiger Verantwortung bereits erreicht hätte. Eine solche Verantwortung wird eingeübt und zunehmend übertragen. Die vielfach

---

114 Man könnte an dieser Stelle auch Konsequenzen für den Heterogenitätsdiskurs ziehen und anhand des Habitusbegriffs den Differenzgedanken der Schüler(innen)forschung weiter ausarbeiten.

prominent (etwa von Jean PIAGET) belegte Annahme einer Selbstzentriertheit der Eleven ist also in gewissem Sinne für pädagogische Bemühungen konstitutiv.

Die professionelle Reflexivität von Lehrer(inne)n unterscheidet sich von daher entscheidend von der der Schulerfahrenen und in der Lehrer(innen)bildung muss daher der Seitenwechsel von der des Schülers/der Schülerin zu der der Lehrerin/ des Lehrers im Vordergrund stehen.

Ein solcher Seitenwechsel ist vor allem daran geknüpft, dass die Lehrperson die Verantwortung für die Herstellung guter Lernausgangsbedingungen und Bildungsanreize für die Schüler(innen) zu tragen bereit ist, – das heißt von Selbst(-erziehung) als dem Ziel der Pädagogik überzeugt ist – und zu einer solchen auch mental fähig ist. Wie oben herausgestellt, sind vor allem die Kontextsensitivität und eine unausgesetzte multimodal wissensgestützte und stark kontextgebundene Überzeugungstätigkeit ausschlaggebend für pädagogisches Handeln. Da immer auf dem Prüfstand, ist Pädagogik ein Wagnis. Mit diesem Wagnis verbunden ist nicht zuletzt auch, dass die pädagogisch Tätigen in bestimmter Hinsicht vom eigenen Bedürfnis nach adulten Formen der Anerkennung absehen bzw. von der Notwendigkeit, dies zu tun, überzeugt, dazu fähig und dazu gewillt sind.

Kontextsensitiv werden die Lerngelegenheiten („Kairoi") erfasst. Ebenso wird auch mit dem eigenen Erfahrungsprofil und eventuell sogar mit den darin eingelagerten Habitūs umgegangen. Dies geschieht etwa dann, wenn Habitūs durch an „Glaubensentscheidungen" orientierte Praktiken modifiziert werden (s. o.). Im Umgang mit den dabei zentralen Kalamitäten ist ein breit angelegtes, auf Differenzgeschehen ausgerichtetes, auch implizites Handlungs- und Entscheidungsrepertoire notwendig.

Im mehrdimensionalen Wissensprofil, durch das pädagogisches Expertenwissen bestimmt ist, treten verschiedene, implizite wie explizite Wissensformen immer wieder anders zueinander ins Verhältnis. Dabei spielen kulturelle wie kultivierte Wahrnehmungs-, Interpretations- und Handlungsmuster eine zentrale Rolle. Vor allem in kulturwissenschaftlichen und anthropologischen[115] Ansätzen werden solche Muster herausgearbeitet, die als die Grundlage für die Modellie-

---

115 Die „Pädagogische Anthropologie verfährt pluralistisch. Dadurch vermeidet sie vorschnelle Verfestigungen ihres Wissens und kann sich für das Nicht-Identische offen halten. Aus diesem, sich von Beliebigkeit deutlich unterscheidenden Pluralismus ergibt sich eine prinzipielle Offenheit für interdisziplinäre bzw. transdisziplinäre Arbeit, deren Ziel nicht die Reduktion, sondern die *Steigerung der Komplexität* [kursiv im Original] anthropologischen Wissens ist. Historisch-pädagogisches Wissen konstituiert sich unter spezifischen sprachlich-kulturellen Bedingungen, zugleich aber auch in einem zunehmend wichtiger werdenden *internationalen Kontext* [kursiv im Original]." (WULF & ZIRFAS 1994, S. 16)

rung vielförmigen professionellen Wissens herangezogen werden können. Der Ordnungen des Wissens gibt es also viele.[116] Aus soziologischer Perspektive wurde bereits auf kulturell-habituelles und konjunktives Wissen abgehoben, auch der Begriff multimodales Wissen ist bereits gefallen. Im Folgenden werden Wissensformen psychologisch ausgelegt.

2.9 Wissensformen und -formate des Praxiswissens von Lehrer(inne)n

Zunächst spielt ein explizites, kategoriales, statisches, strukturiertes, zeitlich invariantes und potentiell exakt reproduzierbares deklaratives Fakten- und Begriffswissen (Wissen, *dass*) eine zentrale Rolle in der Schule.[117] Auf solches Wissen wird etwa in Begründungen dafür zurückgegriffen, *warum* sich eine Sache so verhält wie es augenscheinlich der Fall ist bzw. *wie* eine bestimmte Auffassung entsteht (sogenannte Bekanntheitswissen, biographisches Wissen, technologisches Wissen s. o.). Dies schließt auch deklarative didaktische oder pädagogische Begründungen ein.[118] Im sogenannten Strukturwissen wird explizites, deklaratives oder auch Faktenwissen mit nicht explizitem Orientierungs- und Praxiswissen verknüpft.[119]

Andere Wissensformen können indes nur in Einzelaspekten explizit gemacht werden, und sie lassen sich kaum vollständig erfassen und beschreiben. Dies gilt etwa für das Handlungswissen[120], das die Kenntnis und Antizipation regelgeleiteter Handlungsabläufe, komplexer Wechselwirkungen, Kreisläufe und Rückkopplungen wie auch die Fähigkeit umfasst, die Nah- und die Fernsicht auf bestimmte Problemzusammenhänge miteinander in Verbindung bringen zu können. Indem für ein bestimmtes Handeln handlungsrelevant befundene Fakten, Verfahren, Techniken und Fertigkeiten intuitiv zu Wissen verbunden werden, wird situationsbezogen Handlungsfähigkeit gewährleistet. Prozedurales Wissen als ein Ver-

---

116 Vgl. Sonderforschungsbereich 573 „Pluralisierung und Autorität in der Frühen Neuzeit" (Laufzeit: 2001–2011), Teilbereich „Ordnungen des Wissens" an der Universität München: http://www.sfb-fruehneuzeit.uni-muenchen.de/projekte/b/b.html [letzter Zugriff: 09.10.2015]. An der Humboldt Universität zu Berlin gibt es sogar einen Studiengang dazu: https://www.hu-berlin.de/de/einrichtungen-organisation/verwaltung/bolognalab/projekte-des-bologna.labs/vielfalt-der-wissensformen [letzter Zugriff: 09.10.2015]. Die psychologische Definition von Wissensformen durch Ton De Jong & Monica Ferguson-Hessler (1996) ist sehr fundiert und ausführlich.
117 Vgl. Bloom u. a. 1973
118 Bonss 2003, S. 22
119 Vgl. Burger 2005, S. 45 ff.
120 Vgl. Burger 2005, S. 45 ff.

fahrenswissen („Wissen, wie") tritt häufig zusammen mit konditionalem Wissen („Wissen, wenn") auf, das sich auf die jeweiligen Anwendungsbedingungen wie auch auf die situative Relevanz bestimmter Fähig- und Fertigkeiten bezieht.[121] Ein weiteres Moment des nicht expliziten Orientierungs- und Praxiswissens ist das Wissen zu Phänomenen einer bestimmten Lebenswelt in Hinblick auf die für diese charakteristischen Prozessstrukturen (ontologische Identifikationen: wissen, *dass*), und die Kenntnis der Modi eines möglichen Umgangs damit (wissen, *was*).

Rein praktisch gesehen gewinnt das größtenteils implizite Orientierungswissen heute aufgrund der Abnahme der gesellschaftlichen Relevanz generational tradierten Erfahrungswissens und in Anbetracht der zunehmenden Komplexität der Lebenswelten, die in hohem Maße Spezialwissen erfordert, an Bedeutung. Ein Spezialfall des Orientierungswissens ist das Quellwissen (wissen, *wo*), mit dem bei ständig wachsenden Wissensmengen effektiv Wissen beschafft werden kann, das systematisch und zumeist in Textform vorliegt.[122] Wertewissen liegt dem Erkennen, Aushandeln und dem engagierten wie partizipativen Einbringen von Normen und Werten in eine Situation zugrunde. Unter Milieuwissen versteht man ein Wissen über die Interaktionsformen innerhalb bestimmter sozialer Gruppen und ein Wissen darüber, in welcher Weise bestimmte Absichten zum Ausdruck gebracht werden, welche Erwartungen an wen gerichtet werden (können), welche Initiativen unter welchen Bedingungen erfolgreich sind, wie welche Formen der sozialen Kontrolle wirken und wie mit diesen umgegangen werden kann. Das Identitätswissen umfasst die präreflexiven Repräsentationen einer Person von sich selbst und es fundiert die Fähigkeit zur Selbstwahrnehmung, den klugen Umgang mit sich selbst wie auch die Sicherung der Identität, die Selbstkontrolle und die Fähigkeit, sich nach physischer oder psychischer Belastung zu regenerieren. Das Interaktionswissen umfasst Fähigkeiten wie das Verstehen, Reflektieren und Analysieren sozialer Beziehungen (auch Konflikte). Didaktisch und für die unterrichtliche Logistik relevant ist auch das Produktwissen als ein Wissen über die Eigenschaften, die Herstellung und den Nutzen eines Produkts. Das *Organisationswissen* definiert eine Organisation, ihre Funktionen, die Verhaltensmaßstäbe, die in ihr gelten, das, was man von ihren Mitgliedern oder als ihr Mitglied von ihr erwarten kann und die Pflichten, die man ihr gegenüber hat. *Führungswissen* bezieht sich auf die Entscheidungsstrukturen in einer Organisation, auf die Koordination arbeitsteiliger Prozesse, auf in Bezug auf Autorität und Disziplin geltende organisationsspezifische Standards und auf die Kenntnis der Möglichkeiten, andere zu motivieren. Im Prinzip mutet die Struktur der verschiedenen Wissensfor-

---

121 Vgl. BLOOM u. a. 1973
122 BONSS 2003, S. 24. Er führt als Beispiel das Berufsbild des Infobrokers an.

men in ihren Logiken bereits wie ein Curriculum für die Berufsbildung an bzw. sie lässt sich in ein solches übersetzen.

Die Modi des Zusammenwirkens von impliziten und expliziten Wissensformen sind in Hinblick auf deren Erwerb allerdings noch nicht hinreichend wissenschaftlich geklärt.[123]

Die radikale Pluralität von Perspektiven und „Rationalitätstypen"[124], die oben auch bereits als im Fokus der Pädagogischen Anthropologie stehend herausgestellt wurde, lässt sich in unserem Kontext also als verschiedene Wissensformen und -formate verhandeln, die der Lehrer(innen)bildung zugänglich gemacht werden sollen. In ihrer Situationsabhängigkeit und wegen ihres stark impliziten Charakters sperren sie sich der Systematisierung. Die Bedeutung der vielfältigen expliziten wie auch der sich der Planung und Steuerung entziehenden impliziten Wissensformen für eine existentielle Orientierung und für das Urteilen und Handeln wird vor allem, wie bereits mehrfach herausgestellt, im Rahmen der interdisziplinär vernetzten anthropologischen Theoriebildung in der Pädagogik eruiert (s. o.).[125] Im Rahmen der Praktikenforschung werden situierte pädagogische Wissensformen empirisch herausgearbeitet. Sehr deutlich sind hier Kulturspezifika (der sozialen Milieus, Ethnien, der Formen des gendering), kulturhybride Phänomene und Altersspezifika, die in den Erziehungswissenschaften, in den Kulturwissenschaften oder in anderen Wissenschaften Thema sind.

In diesem Buch wird nun eine Spur für die Beforschung der pädagogischen Wissensformen im Rahmen einer erziehungswissenschaftlichen Praktikenforschung und vor allem für ihre Thematisierung im Rahmen der Lehrer(innen)bildung gelegt, indem die Professionalisierung in diesem Berufsfeld als die Profilierung von Differenzerfahrungen durch solche explizite wie implizite Lern-, Gestaltungs- und Adaptationsprozesse ausgelegt wird, die im Zeichen erzieherischer Abstimmungs- und Überzeugungstätigkeit stehen.

Der Erwerb von Wissen vollzieht sich nicht nur bei jedem Individuum unterschiedlich bzw. von den individuellen Erfahrungsprofilen her. Es verändern sich auch die äußeren Voraussetzungen für einen solchen abhängig von den jeweils daran beteiligten Individuen, von den jeweiligen Umständen und im Laufe des Lebens.

Grundsätzlich ist der Wissenserwerb, so auch der pädagogischen Wissens, weder direkt beobachtbar noch kann er mit einem bestimmten Lehrkanon in eins gesetzt werden. Die Wertigkeit pädagogischen Handelns ist heteromorph und die

---

123 Dohmen 2001
124 Waldenfels 1990
125 Vgl. Kraus et al. (in Vorbereitung)

Pädagogik ist durch vielfältige Spannungsfelder bestimmt, die in pädagogischen Praktiken teilweise explizit thematisiert, teilweise implizit behandelt werden. Während diese Herausforderungen und Widersprüche in wissenschaftlicher und theoretischer Hinsicht häufig übergangen werden, ist das pädagogische Expertenwissen bzw. das pädagogische Handeln ständig mit ihnen konfrontiert. Aus den verschiedenen pädagogischen Situationen und Verhältnissen ergeben sich unendlich viele Herausforderungsprofile, auf die mit pädagogischen Wissensformen reagiert wird.

Die für jede Pädagogik grundlegende, zumeist implizite Kontextsensitivität basiert auf all diesen Wissensformen. Zugleich ist die Kontextsensitivität immer auch in gewisser Hinsicht Gegenstand von Unterricht. Denn im Unterricht geht es ganz zentral um gebildet-kundige Kontextsensitivität und um kontextsensitive Bildung. Oben war herausgestellt worden, dass das für die Unterrichtspraxis relevante Praxis- und Orientierungswissen in einer impliziten Verknüpfung typisierender Wahrnehmungs-, Interpretations- und Handlungsmuster mit eigenen Theorien ein Leitfaden szenischer Bilder und Beispiele generiert wird, der dann mittels analysierender Übertragungen auf eine jeweils konkrete Situation bezogen wird. Erklärungen, Wahrnehmungs- und Handlungsmuster, Exempel und szenische Bilder sind nach dieser Auffassung im Lehrberuf alle gleichermaßen handlungsleitend. Demnach sind im Rahmen der Lehrer(innen)bildung – etwa durch Praxisforschung – praxisnahe szenische Bilder zu generieren, anhand derer das eigene praktische Tun reguliert wird.

Im Folgenden wird der Vorschlag gemacht, gelingenden Unterricht als „Choreographie" zu konzipieren. Beim Unterricht als Choreographie fällt entscheidend ins Gewicht, dass er auf die konstruktive Teilnahme aller (am Unterricht) Beteiligten angewiesen ist. Im Optimalfall einer Choreographie des Unterrichts bildet sich auf der Grundlage der Kontextsensitivität und des pädagogischen Takts ein „konjunktiver Erfahrungsraum" als ein implizit wirksames Erfahrungsrelief aus, das in seiner Dynamik eine tragfähige Unterlage für den Schulunterricht darstellt. Die den Schüler(inne)n durch Pädagogik gewährte und durch diese gewährleistete Sicherheit besteht in der zuverlässigen und taktvollen Bearbeitung pädagogisch relevanter Resonanzgeschehen. In die pädagogische spielen die didaktische und die logistische Ausrichtung des Handelns einer Lehrperson hinein. Ein Gelingen von Unterricht beruht also durchaus auch auf Planung, Kalkül und Kontrolle.

Im Folgenden wird zunächst weiter vertiefend dargestellt, was in dieser Untersuchung unter Pädagogik respektive unter pädagogischen Wissensformen im Schulunterricht verstanden wird. Danach werden weithin bekannte Konzepte zur Lehrer(innen)bildung umrissen. Indem diese Konzepte an das zuvor umrissene Konzept von Pädagogik bzw. an pädagogische Wissensformen zurückgebunden werden, werden die Aufgaben der Lehrer(innen)bildung näher bestimmt.

3. Pädagogik im Unterricht

3.1 Unterricht als Inszenierung und Choreographie

In Auslegungen von Unterricht als „Inszenierung", erstmals durch Gottfried HAUSMANN (1959) und als „Darstellung" nach Hans RAUSCHENBERGER (1985) sollen die situativen Dimensionen von Unterricht konzeptuell eingeholt werden.[126] Die Lehrkraft plant „Szenen" und sie inszeniert Handlungsabläufe, mittels derer die Schüler(innen) obligaten Lernstoff buchstäblich einstudieren können.[127] In Anlehnung an solche Konzepte kann Unterricht auch als „Choreographie" verstanden werden. Damit werden auch noch die Bedingungen des Gelingens und solche des Scheiterns von Einzelhandlungen im Unterricht wie auch seine schweigenden Dimensionen in Hinblick auf die im Unterricht verlangte Abstimmungs- und Überzeugungstätigkeit mit in Betracht gezogen, die in den Auslegungen von Unterricht als „Inszenierung" und „Darstellung" weitgehend ausgespart sind.

Der Lehrer bzw. die Lehrerin fungiert als Intendant(in), als Moderator(in), Lernbegleiter(in) und zugleich als Lernberater(in), aber auch als Lernhelfer(in) und Coach und als Befürworter(in) und Unterstützer(in), als Anlaufstelle, als Beispiel oder Modell und als jemand[128], der Feedback gibt und an dem sich ein Schüler/eine Schülerin im gewissen Sinne abarbeiten kann. Um hierbei mit dem Ziel, den Wissenserwerb der Schüler(innen) anzustoßen, an die von diesen gemachten Erfahrungen und perspektivischen Interessen anknüpfen zu können, bedarf es eines breit gefächerten Handlungswissens, das über didaktisches Können weit hinausreicht.

Gelingender Unterricht lässt sich folgendermaßen als eine Choreographie beschreiben: Kommunizieren die Lehrperson und die Schüler(innen) in einer bestimmten Unterrichtssituation gekonnt, verbindlich, respektvoll und an der Sache orientiert miteinander, dann ist der Unterricht choreographisch. Das gilt auch, wenn im Rahmen von Unterricht diverse Orte im (Klassen-)Raum nach vorgegebenen oder nach solchen Regeln bespielt werden, die in der Situation erst entwickelt werden, und Unterrichtsmedien dieses Geschehen unterstützen. Eine

---

126 Vgl. auch das vom BMBF geförderte Projekt „Kulturelle Bildung im Medienzeitalter" (http://www.kubim.de [letzter Zugriff: 06.07.2015]) sowie der Modellversuch „Schule als Raumbühne" (Abschlussbericht: http://www.pedocs.de/volltexte/2014/1630/pdf/abschlussbericht_kubim_programmtraeger_D_A.pdf [Letzter Zugriff: 09.10.2015]).
127 Vgl. das von Christian GEFERT (2002) entwickelte philosophiedidaktische Konzept eines „theatralen Philosophierens".
128 Auf Schwedisch: bollplank, übersetzt: Schalldeckel, Schallbrett, Resonanzboden.

(gelingende) Choreographie ist also von der mehr oder weniger aktiven Mitwirkung sämtlicher Beteiligten an einem auf Lernen und Bildung ausgerichteten Unterrichtsgeschehen abhängig.[129] Im Unterricht vollziehen die Schüler(innen) und die Lehrer(innen) Handlungen, die sie kommentieren. Eine Choreographie kann nur dann gelingen, wenn die Akteure sich dabei an bestimmten Denk- und Verhaltensschemata orientieren, die, unter der Voraussetzung, dass sie die Akteure überzeugen, von den einzelnen Individuen sowie kollektiv aufgegriffen, beantwortet und weiterentwickelt werden. Optionen für ihr (Rollen-)Handeln treten häufig spontan auf. Eine solche gemeinsame Basis muss häufig in Teilen oder auch vollständig erst noch hergestellt werden.

Im Vergleich zur Tanzchoreographie ist das Unterrichtsgeschehen allerdings in recht starkem Ausmaß unterrichtsfernen Themen, Nebengeschehen, Störungen und Behinderungen ausgesetzt, die in dieses eingebracht werden und dessen Choreographie unter Umständen aussetzen. Unterricht wird von den Akteur(inn)en und Rezipient(inn)en, zumindest in unserem Kulturkreis, auch nicht per se (wie etwa eine Tanzchoreographie) als ein sinnvolles und erwünschtes Geschehen erachtet. Er ist für sie vielmehr in erster Linie ein auf gesellschaftliche Notwendigkeiten ausgerichtetes Pflichtgeschehen (Schulpflicht). Die Schüler(innen) werden in gewisser Hinsicht dazu verpflichtet, die ihnen angetragenen Lernhilfen im Sinne einer (tatsächlichen oder nur vorgetäuschten) Selbsterziehung zu übernehmen. Ein solcher unausgesprochener pädagogischer Kontrakt ist hochgradig störungsanfällig. Wie gesagt muss er ständig neu hergestellt, begründet und ausgelegt werden, um zu gelten.

Kann auf Störungen einer Lernsituation noch mit kommunikativen, also mit Unterrichts- und Erziehungsmitteln geantwortet werden, dann ist die unterrichtliche Choreographie gewahrt. Ist dies aber nicht der Fall, so wird sie teilweise oder auch ganz ausgesetzt. Eine Verunsicherung kann dann Raum greifen, die eventuell pädagogisch erwünschtes Lernen behindert.

Die unterrichtliche Choreographie steht also stets zur Disposition. Sie ist nur dann gegeben, wenn die Schüler(innen) und die Lehrpersonen aufkommende Differenzgeschehen auf einen sinnvollen Unterrichtsverlauf hin auslegen und diesen mitkonstituieren. Die Lehrer(innen) tragen solche Abstimmungsprozesse in ihre prozessbegleitende Planung ein und ändern sie gegebenenfalls dahingehend um.

---

129 Vgl. den Ansatz von WINKEL 2007

3.2 Notationen des Unterrichts

Insofern eine Choreographie hauptsächlich während des Unterrichtsgeschehens entsteht, ist sie fluide. Zugleich verweist der Begriff Choreographie auf diesem fluiden Geschehen zugrunde liegende und zugleich damit einhergehende „Notationen".

Unter „Notation" werden die organisationalen, curricularen, fachinhaltlichen, didaktischen und pädagogischen Grob- und Feinstrukturierungen eines (Unterrichts-)Geschehens verstanden. Gemeint ist nicht nur die vorgängige Planung des Unterrichtsverlaufs, sondern es geht auch um die tatsächlich (also eventuell auch spontan) gewählten Präsentationsformen wie etwa Tafelanschriebe, Arbeitsmaterialien, die reale räumlich-zeitliche Organisation von Lernprozessen sowie die darin involvierten Personen, Gegenstände und Umwelten, Klassenbuchaufzeichnungen etc. Nach einem erweiterten Notationsbegriff[130] wird mit Notationen nicht nur etwas Sichtbares (etwa Schrift), sondern es werden damit auch mentale Entwürfe gefasst, die ein sichtbares Geschehen mitbestimmen. So können etwa Symbole, also intentional oder nichtintentional hervorgerufene Verweise, Notationen sein; Symbole haben das Ziel, den Zweck und/oder den Effekt, Bedeutungen zu produzieren. Auch die menschliche Körperlichkeit lässt sich im erweiterten Notationsbegriff fassen. So orientieren sich kommunikative Aussagen und kommunikatives Verstehen am und durch den menschlichen Körper. Der Begriff Körpersprache umfasst Miremik (Blicke und Blickverhalten), Mimik, Gestik, Kinesik (Haltung, Bewegung), Haptik (Berührung und Berührungsverhalten), Proxemik (Nähe und Näheverhalten), Olfaktorik (Gerüche und Geruchsverhalten) bis hin zum Schweigen und seinen Bedeutungsnuancen. Körperbewegungen lassen sich als (dokumentierbare Schrift-)Bewegungen im Raum auslegen, die auf andere wirken.[131] Auch sie sind Notationen.[132] Zudem sind Körperempfindungen wie Wohlbefinden oder Schmerzen, Bewegung und Bewegungslust, körperliche Äußerungen wie Lachen, Weinen, Schweigen, Schreien und sinnliche Geschehen wie

---

130 Vgl. ARNS et al. (2004)

131 ALTHANS (2007) beschreibt Aspekte menschlicher Körperlichkeit, die sichtbar sind und somit zum Gegenstand der Forschung gemacht werden können, als „Körperspuren" (ALTHANS 2007, S. 257). Der Begriff der Notation ist umfassender (s. o.).

132 Man spricht hier auch von „Körpersemiose". Die in den vergangenen Jahrzehnten verstärkt erkannte Bedeutung der Zeichen und der Zeichenhaftigkeit der Körperkommunikation für das Verstehen und die Artikulation gibt es insbesondere der Semiotik auf, die Strukturen, Funktionen und Systematik der Körpersprache und ihre Kulturspezifik und Interkulturalität zu untersuchen (siehe: http://www.semiotik.eu [letzter Zugriff: 09.10.2015]).

Sprechen und Hören ein auf Verstehen ausgerichtetes Indizieren und Kodieren. Unterrichtsgegenstände, materielle Arbeitsbedingungen, Zeit- und Raumfaktoren und Unterrichtsergebnisse, wie etwa von Schüler(inne)n geschriebene Texte, wie auch Unterrichtsbeobachtungen, filmische Dokumente und Fotos genauso wie Ad-hoc-Planungen sind Notationen. Notationen sind sichtbar und werden wahrgenommen oder sie sind potentiell wahrnehmbar.

Notation im Unterricht ist all das, was Lernen anstößt, bzw. alles, was als Sprache, Signatur, Spur, Material, Körperlichkeit im Sinne einer Lernbegleitung und -förderung wirksam ist oder prinzipiell dazu geeignet ist. Notationen sind den Akteur(inn)en nicht unbedingt bewusst. Teilweise werden sie vorab geplant und gezielt zur Bewältigung konkreter Herausforderungen herangezogen. Sie treten aber auch spontan, assoziativ, emergent, intuitiv auf. In die Unterrichtschoreographie eingehende, gezielt herbeigeführte wie auch hier spontan auftretende Notationen sind mehr oder weniger generativ. So wird Unterricht durch den Einsatz eines Unterrichtsmittels, durch einen verbalen Impuls, durch die Äußerung einer Schülerin/eines Schülers, oder auch durch ein unterrichtsfernes Geschehen oder andere Notationen in eine bestimmte Richtung gelenkt.

Für eine gelingende Unterrichtschoreographie kommt es ganz entscheidend darauf an, dass die Lehrperson die in einer Situation wahrgenommenen Notationen so in ein Verhältnis zueinander setzt, dass die Grundsignatur des Gesamtgeschehens pädagogisch ist.

Es war herausgestellt worden, dass in Hinblick auf das Ziel einer Choreographie von der Lehrperson Transformationsleistungen von Theorie in Praxis und vice versa zu erbringen sind, bei denen durch sie kaum beeinfluss- und wenig steuerbare Momente eine wichtige Rolle spielen: Zur Erstellung einer von den Akteur(inn)en anerkannten Lernumgebung reicht also die bloße Verpflichtung nicht aus, sich mit bestimmten Dingen lernend auseinanderzusetzen. Als deren tragfähige Basis kann nur ein von den Akteuren gemeinsam getragener Sinnzusammenhang fungieren. Der Sinnzusammenhang von Schulunterricht kann von einer (Lehr-)Person zwar initiiert und strukturiert werden, zu seiner Aufrechterhaltung bedarf es aber der gemeinsamen Anstrengung aller Beteiligten.

Eine solche Rahmung von Unterricht kann etwa eine systematische und rational bestimmte, an der lehr-lerntheoretischen Didaktik orientierte Unterrichtsplanung[133] abgeben. Denn durch die Unterrichtsplanung wird ein Sinnzusammenhang von Unterricht angezielt bzw. sowohl die pädagogische wie auch die didaktische Grundsignatur einer Unterrichtsstunde werden in Textform angelegt. Es handelt sich dabei also um eine bestimmte Art der Notation, nämlich um eine

---

133 Vgl. MAIER 2012

Planung im Sinne eines logisch linearen Texts, der auf Antizipationen und Festschreibungen beruht und mit Instrumentalisierungen operiert.

In einer Unterrichtsplanung werden auf der Grundlage einer fachwissenschaftlichen Sach- bzw. Kompetenzanalyse Lern-, Bildungs- bzw. Kompetenzziele[134] formuliert und anhand der geltenden Bildungspläne bzw. mit Bildungsstandards begründet. Diese Ziele werden mit didaktischen und pädagogischen Überlegungen verknüpft, die sowohl das antizipierte Verhalten der Individuen in einer Lerngruppe näher bestimmen als auch grundsätzlicher, also allgemein, den Lernstand und die Begriffsbildung, das Klassenklima, Rituale formieren. Dabei wird auf Modelle des Wissens- und Kompetenzerwerbs und auf möglichst systematisch erhobene fachliche Lernvoraussetzungen (Beobachtungen, Tests, o. ä.) zurückgegriffen. Durch eine solche Analyse wird das Unterrichtsthema in Form von Lernsequenzen strukturiert. Das heißt, vor dem Hintergrund allgemeiner, spezieller und subjektorientierter didaktischer und pädagogischer Überlegungen werden die didaktischen und pädagogischen Ziele methodisch in von den Schüler(inne)n wahrscheinlich durchführbare Aktivitäten und in gangbare Lern- und Arbeitsschritte wie auch in diese unterstützende Methoden, Impulse und Medien aufgegliedert; subjektorientierte Lernsettings werden konzipiert. Das Unterrichtsthema wird in seinen verschiedenen Aspekten systematisch erschlossen, die jeder für sich Vorwissen, Vorerfahrungen oder Neuerfahrenes, Aspekte der Reformulierung und Rekontextualisierung und solche einer anderswie sinnvollen Erschließung des Unterrichtsthemas beinhalten. All diese Aspekte werden im Idealfall von den Schüler(inne)n erkannt, verstanden und dabei von ihnen selbst nachvollzogen. Das im Unterricht didaktisch Aufbereitete und systematisch Thematisierte gibt dann die Kriterien für die Beurteilung der Erreichung der gesetzten Lern- und Kompetenzziele ab. Am Ende einer Unterrichtsstunde erfolgen planmäßig die Reflexion auf das Erlernte und ein Ausblick auf das Folgende. Den Kern der Unterrichtsplanung bildet aber die Transformierung von Lern- und Kompetenzzielen in didaktische Settings.

Mit dem in Deutschland vollzogenen Paradigmenwechsel einer Bestimmung schulischen Lernens als Wissenserwerb hin zur Kompetenzentwicklung steht nicht nur der Erwerb fachspezifischen Wissens, sondern insbesondere dessen An-

---

134 Während Lernziele in der Regel den angestrebten Lerngewinn eines Lernenden bezogen auf einen bestimmten Inhalt beschreiben, sind Kompetenzziele auf die Ausbildung von Fähigkeiten, Fertigkeiten, Orientierungs- und Anwendungswissen gerichtet. Durch Bildungsziele sollen die Selbstständigkeit und die Selbsttätigkeit, die Problemlösungsfähigkeit und die soziale Verantwortung einer Person gefördert bzw. überhaupt ermöglicht werden.

wendung in konkreten Situationen im Blick. Das heißt, der Unterricht wird nicht mehr in erster Linie von der Fachsystematik, sondern von den Kompetenzzielen und von den Schritten ihrer Erreichung her geplant und strukturiert. Die Feinplanung einer Unterrichtsstunde tritt dann tendenziell zugunsten einer Konzeption lang- und mittelfristiger individueller Lernentwicklungsverläufe anhand einer formativen Lerndiagnostik, etwa anhand von Kompetenzentwicklungsmodellen in den Hintergrund.[135]

Eine Unterrichtsplanung kann, wie gesagt, wie ein in sich sinnvolles und stringentes Skript angesehen werden. De facto wird der Sinn von Unterricht aber durch die im Unterricht tatsächlich stattfindenden Interaktions-, Kommunikations- und Lerngeschehen konstituiert. Diese Geschehen korrespondieren im optimalen Fall mit der Unterrichtsplanung und mit ihrer Realisierung. Während aber in der Unterrichtsplanung die Aktivitäten der am Unterricht Beteiligten ganz grundsätzlich als aufeinander bezogen konzipiert sind, ist in einer Unterrichtssituation damit zu rechnen, dass jederzeit jemand ausscheren kann, Brüche, Dysfunktionen der Planung oder Fehler auftreten, Unvorhergesehenes eintritt. Die Choreographie ist also immer prekär. Sie kann nicht gänzlich feststehen und daher im Nachhinein auch nur mit Abstrichen auf die Einlösung der durch sie gesetzten Ziele hin überprüft werden. Am schwierigsten ist das Gelingen der auf multimodalen Wissensformen beruhenden pädagogischen Abstimmungs- und Überzeugungsarbeit zu kontrollieren.

Eine Lehrperson wendet nicht nur im Vorfeld, sondern auch während des Unterrichtens ständig Planungsstrategien und -formen an. Dabei greift sie auf solche Notationen zurück, die eine Choreographie, also gelingenden Unterricht, am ehesten wahrscheinlich machen. Für ihre prozessbegleitende Arbeit an der Choreographie bedarf es neben einer ganzen Palette von Wissensformen einer impliziten Kenntnis diverser Handlungsdispositionen und Denk- und Motivationsstrukturen bei sich selbst und bei den Schüler(inne)n sowie einer Bewusstheit über geltende Normen. Diese muss sie zu den Lerninhalten ins Verhältnis setzen.

Eine mehr oder weniger umrisshaft ausgetüftelte, aber ereignisoffene und breite Kenntnis der für eine Choreographie des Unterrichts relevanten Notationen

---

135 In anderen Ländern werden zur Leistungssteigerung der Schüler(innen) andere Konzepte herangezogen. In Schweden etwa wird ganz im Gegenteil als neuerliche Reaktion auf die Ergebnisse der PISA-Studien der Wissenserwerb in den Lehrplänen betont. In den schwedischen Lehr- oder Lernplänen (läroplaner) wird Wissen, verstanden als Fakten, Vertrautheit, Verständnis und Fertigkeiten (fakta, förtrogenhet, förståelse, färdighet), angezielt. Synonyme zu förtrogenhet (englisch: familiarity) sind: eine sich einstellende Bekanntheit oder Kenntnis, nahe Bekanntschaft, Vertrautheit, Gewohnheit, Einblick oder Einsicht. Es handelt sich um schweigendes Wissen.

erfordert auf der einen Seite zusätzlich ein besonderes Sensorium, das, wie oben bereits herausgestellt wurde, auf den über die eigene Körperlichkeit vermittelten Fähigkeiten und Reaktionsmodi beruht. Auf der anderen Seite setzt die Lehrperson normative Ansprüche und die (verschiedenen) Situationsdeutungen durch die Akteure choreographisch zueinander in ein Verhältnis.

In wissenschaftlicher, unterrichtsdidaktischer und hochschuldidaktischer Hinsicht sollten also nicht nur die prägnanten Notationen von Unterricht wie etwa eine schriftliche Unterrichtsplanung und die tatsächlichen Frage- und Antwortgeschehen Beachtung finden. Für eine gelingende unterrichtliche Choreographie sind vielmehr auch im Unterricht stattfindende Metakommunikationen, körpersprachliche Interaktionen, jeweils vorfindliche Motivationsstrukturen und Handlungsdispositionen sowie von der Lehrperson unvorhergesehene Begleitgeschehen des Unterrichts und viele andere Notationen relevant. Das potentielle Repertoire an Notationen im Unterricht kann gar nicht groß genug angesetzt werden.

In Hinblick auf die Erwartung, dass die sichtbare Logik eines (sozialen) Geschehens sich anhand von Notationen dokumentieren und empirisch beforschen lässt, stellt sich allerdings die generelle und hier nicht zu vertiefende Frage, ob das bestehende Repertoire an in der Wissenschaft gängigen Formen der Aufzeichnung sozialer Geschehen ausreicht und inwiefern es noch erweitert werden kann.[136]

Die Funktionsbezogenheit des pädagogischen und des unterrichtlichen Handelns einer Lehrperson wird dann deutlich und kann in Notationen festgehalten werden, wenn sie die Aussagen der Schüler(innen) in einen bestimmten Kontext stellt.[137] Eine auf Empirie gestützte Analyse der im Rahmen pädagogischer Interaktionen wirksamen Notationen kann etwa anhand der folgenden Leitfragen erfolgen:

- Wodurch wird Unterricht profiliert bzw. wie bilden sich durch unterschiedliche Choreographien Vorder- und Hintergründe?
- Wie wird mit Unwägbarem und sich situativ Ergebendem umgegangen?
- Welche normativen Ansprüche werden bedacht?
- Auf welche Weise finden diese Ansprüche Berücksichtigung?
- Auf welche konkreten Zusammenhänge werden sie bezogen?
- Wie tritt die Perspektive eines Anderen in den Blick?

---

136 Vgl. http://tacitdimensions.wordpress.com [letzter Zugriff: 09.10.2015]
137 Beschrieben von HACKL 2006 und 2009. Vgl. auch das symbolisch-präreflexive Wissen.

Die empirische Herausarbeitung so verstandener professioneller Reflexivität in sich verändernden und von vielen Faktoren bestimmten Handlungszusammenhängen steht noch aus.

In diesem Buch können nur erste Schritte in diese Richtung gegangen werden, indem eine handlungspraktisch ausgerichtete Aufgabenbeschreibung der Schulpädagogik entlang „pädagogischer Spannungsfelder" und „Differenzgeschehen", „plurivalenter Normativität", „schweigenden Wissens" bzw. unterschwellig wirkender Faktoren, „Kontextsensitivität", „pädagogischer Überzeugungstätigkeit", „Kairoi" und vielfältiger „Abschattungen" in ein Konzept zur Lehrer(innen)bildung eingebracht wird.

Im Folgenden werden einige gängige Konzepte zur (professionellen) Kompetenzentwicklung dargelegt. Damit wird ein in Hinblick auf die berufsrelevanten Wissensformen jüngst breitflächig vollzogener Paradigmenwechsel dargestellt. Danach wird auf das Konzept eines „reflective practitioner" näher eingegangen, auf das vor allem in der englischsprachigen Fachliteratur und unter pragmatischer Perspektive bereits seit den 1980er Jahren bis heute Bezug genommen wird. Danach werden die Arbeit mit pädagogischen Fallgeschichten, das explorative Lernen an der Hochschule und Ansätze der Aktions- und Lehrer(innen)forschung dargelegt, die ebenfalls für die Modellierung der universitären Lehrer(innen)bildung heute weithin für relevant erachtet werden. Von diesen Konzepten ausgehend wird ein eigenes Konzept auseinandergelegt, das darauf abzielt, die beschriebenen Besonderheiten der pädagogischen Wissensformen besonders zu berücksichtigen.

4. Die universitäre Lehrer(innen)bildung als wissenschaftsgestützte Aneignung von Professionswissen

4.1 Kompetenzen und Kompetenzentwicklung der Lehrer(innen)

Heute steht, wie bereits gesagt, nicht mehr, wie, zumindest der Tendenz nach, noch vor der Jahrtausendwende, die Vermittlung von Bildungswissen im Vordergrund des Auftrags von Bildungseinrichtungen, und hier nicht zuletzt der Universitäten, sondern eine handlungs- und anwendungsorientierte Kompetenzentwicklung. Ehedem war also statisches, strukturiertes, zeitlich invariantes und reproduzierbares deklaratives Fakten- und Begriffswissen („Wissen, dass") der zentrale Gegenstand von Bildung, so auch von Schulunterricht und theoretischer Didaktik.[138] Mit dem Paradigmenwechsel stehen das Orientierungs-, Beurteilungs- und Anwendungswissen, Kompetenzen also, im Vordergrund von Bildungs- und Lernprozessen, so auch des Schulunterrichts bzw. der diesen regulierenden Bildungs- und Rahmenpläne, sowie der Reflexivität pädagogisch-professionellen Entscheidens und Handelns.

Kompetenzen können gar nicht anders als auf Handlungskontexte bezogen näher bestimmt werden. Das *alte* Wissensparadigma scheint jedoch keineswegs endgültig verabschiedet. Denn Kompetenzen werden derzeit zumeist ähnlich kategorisch festgelegt verhandelt wie seinerzeit das Bildungswissen. Dies gilt nicht nur für Fachkompetenzen. Auch überfachliche, etwa personale Kompetenzen werden auf der Grundlage kognitivistischer Ansätze und einer entsprechenden auf Pädagogik bezogenen Wissenschaft derzeit im großen Stil standardisiert und psychometrisch[139] modelliert.[140] Franz E. WEINERT (2001, S. 7) hat im Auftrag der OECD[141] die folgende, zumindest in Deutschland einschlägige Definition für

---

138 Vgl. BLOOM u. a. 1973
139 Siehe das am 19.6.2006 ausgeschriebene Schwerpunktprogramm 1293 der DFG, http://kompetenzmodelle.dipf.de/de [Letzter Zugriff: 08.10.2015]
140 Zum Wissenschaftsbegriff, der dieser Abhandlung (implizit) zugrunde liegt, siehe KRAUS 2015.
141 Die OECD (Organisation für wirtschaftliche Zusammenarbeit und Entwicklung) mit heute 34 Mitgliedstaaten ist eine internationale, aber keine überstaatliche Organisation, die den Charakter einer permanent tagenden Konferenz hat, die sich der Demokratie und Marktwirtschaft verpflichtet fühlt. Sie wurde 1961 als Nachfolgeorganisation der Organisation für europäische wirtschaftliche Zusammenarbeit gegründet, die mit der Umsetzung des Marshallplans befasst war. Heute versteht sich die OECD als ein Fo-

Kompetenzen vorgelegt:[142] Kompetenzen sind die „[…] bei Individuen verfügbaren oder durch sie erlernbaren kognitiven Fähigkeiten und Fertigkeiten, um bestimmte Probleme zu lösen, sowie die damit verbundenen motivationalen, volitionalen und sozialen Bereitschaften und Fähigkeiten, um die Problemlösungen in variablen Situationen erfolgreich und verantwortungsvoll nutzen zu können."

Von kompetenten Urteils- und Handlungsgrammatiken wird angenommen, dass sie vorliegen und zugleich aufgebaut und antrainiert werden können. Mit diesem Kompetenzbegriff sind also zugleich eine Ausgangslage, ein Weg und ein Ziel beschrieben.[143] Inwieweit die Kompetenzentwicklung eine Disposition oder ein Prozess ist, respektive ob es sich dabei um ein Bildungsgeschehen, um Erziehung, Lernen und/oder um Sozialisation handelt, bleibt offen.

Das Kompetenzkonzept fungiert in etwa wie eine implizite Argumentationsstruktur, innerhalb derer „erfolgreiches Handeln" und „Problembewältigung" im Sinne lebenspraktischer und gesellschaftlicher Anforderungen festgelegt wird. Das Entscheidungs- und Handlungssubjekt führt nach dieser Definition vorab und anderwärtig für zielführend und adäquat befundene und in dieser Weise als festgelegt beschriebene Handlungen und Entscheidungen aus. Der Erfüllungsgrad der Anforderungen wird auf einer Skala abgebildet. Von den motivationalen und sozialen Bereitschaften dazu und von Fähigkeiten wird in dieser Kompetenzdefinition schlicht ausgegangen bzw. sie werden für ein integrales Moment von Kompetenz erachtet. Der Erfolg pädagogischer Überzeugungstätigkeit, die Bereitschaft

---

rum, in dem Regierungen ihre Erfahrungen austauschen, best practice identifizieren und Standards und Richtlinien als Lösungen für gemeinsame Probleme erarbeiten. Ziele sind die optimale Wirtschaftsentwicklung, eine hohe Beschäftigung und ein steigender Lebensstandard in den Mitgliedstaaten sowie Wirtschaftswachstum und Ausweitung des Welthandels auf multilateraler Basis. Das Mandat der OECD ist sehr breit und erstreckt sich mit Ausnahme der Verteidigungspolitik über fast alle Politikbereiche. Die Analysen und Empfehlungen der OECD zur Wirtschaftspolitik der Mitgliedstaaten orientieren sich an einer liberalen, marktwirtschaftlichen und effizienten Wirtschaftsordnung. Die Organisation spricht sich für den Abbau von Schranken und für mehr Wettbewerb aus. In den vergangenen Jahren haben Bildungspolitik und Sozialpolitik an Gewicht gewonnen. So hat sich die OECD mit den PISA-Studien bekannt gemacht. Die Organisation ist strikt zwischenstaatlich verfasst, ihre Beschlüsse sind völkerrechtlich bindend, in den Mitgliedstaaten aber nicht unmittelbar anzuwenden.

142 WEINERTS Begriff der Kompetenz wird in den PISA-Studien herangezogen. In der schwedischen Bildungsplandiskussion wurde der Vorschlag nicht aufgegriffen.
143 Vgl. LIEBAU 2003. Damit geht die Ineinssetzung von Weg (Lernen) und Ziel (Kompetenz) einher. Die vielfältigen Implikationen dieser Kompetenztheorie vor allem in Hinblick auf eine Kompetenzdidaktik können hier nicht auseinandergelegt werden.

und Fähigkeit zur Übernahme von Verantwortung, menschliche Werte wie auch Bildungswissen werden dem Kompetenzbegriff gleichsam untergeschoben.

Von daher wird (oder bleibt) im Kompetenzbegriff das für jede Pädagogik zentrale und zugleich hochprekäre Spannungsfeld von Norm und individueller Auslegung, die anderen pädagogischen Spannungsfelder, die heteromorphe Normativität und andere Besonderheiten von Pädagogik (s. o.) vielfach verschattet. Vor allem stellt sich die Frage, worin denn Pädagogik besteht, wenn die Motivationen und die Fähigkeiten, in einem festgelegten oder vorgeschriebenen, jedenfalls adulten Sinne kompetent zu handeln, schlicht vorausgesetzt werden können. Es ist gar nicht selbstverständlich, dass das Handeln und Urteilen eines Kindes oder Jugendlichen überhaupt als kompetent in einem altersunabhängigen oder auch erwachsenen Sinne bezeichnet werden kann. Persönliche, kommunikative und soziale Kompetenzen sind in den verschiedenen Altersgruppen unterschiedlich.

Die mit dem Kompetenzbegriff verbundenen Ausschlüsse und Leerstellen sind vor allem darum hochproblematisch, weil damit die pädagogische Abstimmungs- und Überzeugungsarbeit keine ihr angemessene Beachtung mehr findet. Mit der Kompetenzperspektive wird die Rolle der Lehrer(innen) sogar gleich dreimal unterwandert und damit auf einen schwer fasslichen Boden gestellt:

- Da ungeklärt ist, ob und inwieweit Kompetenzen Dispositionen sind, oder ob und inwiefern deren Entwicklung ein Bildungs-, Erziehungs-, Lern- und/oder ein Sozialisationsgeschehen ist, ist auch der pädagogische Beitrag zur Kompetenzentwicklung unterbestimmt;
- das sämtlichen Kompetenzen übergeordnete Kriterium der Wertigkeit des Handelns[144] ist gesellschaftlich wie auch sozial generiert und zudem vom (mehr oder weniger) prospektiv angelegten und singulären Selbstkonzept eines Individuums abhängig. Indem Werthaltungen im gängigen Kompetenzbegriff vorgeschrieben werden, wird nicht zuletzt auch den für den Lehrberuf so zentralen Vertrautheitsfallen, Erfahrungsrahmen, Habitūs analytisch keine Bedeutung mehr zuerkannt.
- Indem Kompetenzen als Anwendungswissen begriffen werden, wird das breit angelegte Wissenskonvolut der Lehrer(innen) in Frage gestellt.

---

144 Ins Feld geführt wird hier das Kriterium der Handlungsrelevanz von Information vgl. die Definition des Informationswissenschaftlers KUHLEN (1991, S. 338) „Information ist Wissen in Aktion".

Eine (gleich dreifache) Infragestellung der pädagogischen Professionalität kann in Bezug auf das Ziel einer Modellierung der Lehrer(innen)bildung, die hier das Ziel ist, keinesfalls als zielführend angesehen werden.

Außerdem drängt sich mit dem in Hinblick auf die allgemeinen Bildungsziele vollzogenen Paradigmenwechsel die Frage nach diversen Bewertungslogiken und damit auch nach individuellen Lernzugängen auf. Insbesondere über die Wertigkeiten, die von den Lernenden in Bezug auf ihr eigenes Handeln und in Hinblick auf das Handeln anderer vertreten werden, ist noch wenig bekannt.[145]

Ferner arbeitet der nicht mehr deutlich explizierte Wissenskanon und das angesichts einer (im Idealfall) fortschreitenden Demokratisierung und einer Berücksichtigung kultureller Vielfalt in der Schule zunehmend heterogene Anforderungsprofil an professionelles Handeln einer Erodierung dieses Berufsbildes unter den aufgrund der Kompetenzidee gegebenen Vorzeichen noch weiter zu. Denn die damit verbundenen relevanten pädagogischen Wissensformen sind nicht auf einer Skala abbildbar. Durch die Tatsache, dass die Erfüllung fremdgesetzter Normen wie Bildungsstandards anhand von anderswo erstellten Bewertungs- und Evaluationsapparaten, bestimmt etwa von pädagogikfernen Definitionsmächten (bspw. von der Neurowissenschaft), weitgehend an die Stelle der Dignität der Praxis tritt, werden die damit verbundenen Desiderate jedenfalls nicht hinreichend bearbeitet.

In der Tradition der Erklärungen eines „Verschwindens der Kindheit"[146] und „Endes der Erziehung"[147], auch eines „Endes der Geschichte"[148] ließe sich also ein „Ende der Lehrer(innen)professionalität" (und damit ein „Ende der Lehrer(innen)bildung") proklamieren. Konzepte (wie das der Kindheit) können aber überhaupt nur dann an ihre Grenzen geraten bzw. desavouiert werden, wenn sie (zuvor) rational streng bzw. exkludierend abgezirkelt sind. Der Kompetenzbegriff in seiner kognitionspsychologischen Auslegung wird daher in dieser Abhandlung vermieden. Trotz aller Kritik daran wird er aber nicht verworfen, sondern, etwa im Sinne der schwedischen Bildungsforschung und -politik,[149] in

---

145 Vgl. VOGT 2007
146 POSTMAN 1987
147 GIESECKE 1996
148 FUKUYAMA 1992
149 Vgl. GUSTAVSSON 2002. In dieser Schrift des Skolverket, eine Art nationaler Landesschulrat, wird Wissen (kunskap) in seinem Verhältnis zu Information, Macht, Ethik, Demokratie, als Prozess und Resultat, Triebkraft und als Alltagswissen ausbuchstabiert. Neben den Charakteristika des wissenschaftlichen Wissens wird theoretisches und praktisches Wissen unter den Gesichtspunkten des Nutzens, der Anerkennung, ihres Verhältnisses untereinander, wissen dass und wie, als reflektierte Praxis, als

das breite Spektrum der Wissensformen und -formate eingeordnet, von denen oben bereits ausführlich die Rede war. So wird an WEINERTs Kompetenzdefinition übernommen, dass sich jedes Wissensprofil erst in seiner Anwendung als ein kompetentes oder inkompetentes zeigt. Es trifft aber nicht nur ein kompetentes Können, sondern es treffen auch Dispositionen, Erfahrungsprofile, Intentionen, erlangtes Wissen und geschulte Wissensformen auf situative Herausforderungen im Feld. Die Möglichkeiten der Partizipation, der Argumentation und des verantwortungsbewussten Gestaltens gehen in diesem Sinne als Lern-, Wissens- und Handlungsformen dem kompetenten Handeln voraus. Diese Möglichkeiten werden im Rahmen pädagogischer Abstimmungs- und Überzeugungsgeschehen herausgefunden, gewährt und gefördert. In dieser Hinsicht ist Unterricht als eine ethisch geprägte Situation ganz zentral auch auf die vielförmige und nicht zuletzt vielstimmige Auseinandersetzung mit ethischen Fragen hin angelegt. Dieser Auseinandersetzung wird durch Metrisierungs- und Standardisierungsbemühungen kein Ende gesetzt bzw. dadurch werden die pädagogischen Abstimmungs- und Überzeugungsgeschehen nicht ausgesetzt. Sie werden aber verdunkelt oder marginalisiert. Ob und wie vielfältige, sich im Feld stellende Herausforderungen kompetent gemeistert werden bzw. ob und wie nicht, kann nicht ein für alle Mal bestimmt werden. Kompetenzen sind auch letztlich individuell auszubuchstabieren; es kann keine gültige Begriffsbestimmung für sie geben

Ohne Zweifel ist das zur kompetenten Bewältigung situativer Herausforderungen notwendige Wissen vielfältig, und es ist nicht nur kognitiv. In Bezug auf das fächerübergreifende Bildungsziel der Kompetenzentwicklung wird angenommen, dass sich damit insbesondere die Notwendigkeit einer theoretischen Sensibilisierung für vorreflexive und vorprädikative Wissens- und Lernformen abzeichnet.[150] Dem wird in der Regel kaum nachgegangen. Es ist aber – bei Beachtung – zu erwarten, dass sich das im kognitivistischen Kompetenzbegriff Erodierte von diesen Wissens- und Lernformen her theoretisch substituieren lässt.

Die Argumentation in Hinblick auf die Auslegung von Kompetenzen als kognitive Fähigkeiten und Fertigkeiten sowie motivationale, volitionale und soziale Bereitschaften ist die folgende: Da Orientierungs-, Beurteilungs- und Anwendungswissen Wissensformen sind, steht in der Tat nach wie vor der Wissenser-

---

schweigendes, situationsgebundenes, instrumentales und handlungsbasiertes Wissen, Wissen unter den Vorzeichen der Demokratie, die praktische Klugheit, Tradition und Moderne, politisch-ethisches Wissen, das gute Leben, als wissen, was zu tun ist, Interpretation und Verstehen, multikulturelles Wissen und Lebenswissen verhandelt. In dieser Ordnung des Wissens werden wie beim Kompetenzbegriff eher (lebens-)praktische Wissensformen akzentuiert.

150 Vgl. DOHMEN 2001; FRANK, GUTSCHOW & MUNCHHAUSEN 2003

werb im Vordergrund formalen Lernens. Es handelt sich gegenüber dem vormals weitgehend auf schulisches Faktenwissen oder deklaratives pädagogisches Wissen reduzierten aber um einen deutlich erweiterten Wissensbegriff; Kompetenzen umfassen ein weites Spektrum an expliziten wie impliziten Wissensformen und -formaten.

Mit dem Paradigmenwechsel von der Allgemeinbildung und der Aneignung von Fachwissen hin zum Bildungsziel einer Kompetenzentwicklung wird der Fokus der Schulpädagogik also vom expliziten und verbalisierbaren bzw. symbolischen Wissen zum praktischen, nicht immer artikulierbaren, auch normativ ausgerichteten Wissen hin verschoben. In der pädagogischen Praxis und in der Praxis der Lehrer(innen)bildung wird der in diesem Sinne skizzierte Paradigmenwechsel heute wie folgt abgebildet:

Die Aufgabe von Unterricht wird nicht mehr vorrangig in der Vermittlung von abstrakten Wissensbeständen, sondern vielmehr in deren eigenständiger Anwendung und damit im Erbringen diverser Transferleistungen gesehen. Daraus wird abgeleitet, Lernsituationen möglichst als Anwendungssituationen zu gestalten;[151] Wege zur Bewältigung der Komplexität angestrebter Lernprozesse werden etwa in nicht zu unterschätzendem Ausmaß in der Integration neuer Medien gesehen und zunehmend auch so modelliert.[152] Die Rolle der Lehrperson wird nicht mehr hauptsächlich in der Wissensvermittlung, sondern im Tutoring respektive in der Lernbegleitung gesehen, die von einem „Monitoring" und von der Diagnose von Lernfähigkeiten und -prozessen begleitet wird. Allerdings tut sich hier eine weitere Antinomie auf: Während die Lernbegleitung als die Förderung der Autonomie und der Individualität der einzelnen Lernenden in heterogenen Lerngruppen bestimmt ist, beruhen das „Monitoring" und die Lerndiagnostik auf einer Standardisierung von Fachwissen und Kompetenzen bzw. sie bedienen sich entsprechender Messinstrumente. Sie intendieren eine Standardisierung und zielen letztlich das Ideal eines Normschülers, einer Normschülerin (und des Normlehrers, der Normlehrerin) an. Rein logisch gesehen sind die beiden Konzepte, die Lernbegleitung und die Lerndiagnostik, inkompatibel; einmal mehr bewegt sich die praktische Pädagogik hier also auf einem logisch nicht auflösbaren Spannungsfeld, das durch pädagogische Praktiken (oben beschrieben etwa als Intendanz, Moderation, Lernberatung, Lernhilfe, Coaching, Befürwortung und Unterstützung, Modell und „offenes Ohr", auch für Opposition) kunstfertig zu überbrücken ist. Es fragt sich hier aber, ob dieses Spannungsfeld nicht, nach STOJANOV (2004), ein unnötiges Dilemma ist und aufgehoben werden kann, indem nämlich die Lerndiagnostik

---

151 MANDL et al. 2002
152 GRUBER & HAWELKA 2001

wieder an die Didaktik zurückgebunden wird. Denn didaktische Settings, die eine Lernbegleitung nahelegen, sind ja per se diagnostisch angelegt.

Die Auslegung von Lehr- und Lernvorgängen vorwiegend als individuelle und aktive Konstruktionsprozesse gilt nicht nur für konstruktivistisch orientierte Ansätze[153], sondern auch für Modelle eines „professional learning"[154] oder für pädagogisch angelegte Ansätze, wie etwa für die narrative Pädagogik, bei der die Professionellen dazu ermutigt werden, eigene Erkenntnisinteressen zu formulieren und den damit verbundenen Entdeckungs- und Verwertungszusammenhängen Aufmerksamkeit zu schenken.

Die Leistung, die Urteils- und Handlungsgrammatiken, die sich dem direkten Zugriff weitgehend entziehen, mit standardisierten Leistungsprofilen zu vereinbaren, ist immer schon in vorbildlich-meisterhafter Weise von den Lehrer(inne)n und in prüfend-verstehender und lernender Weise von den Schüler(inne)n zu erbringen.

Da er die Möglichkeit bietet, neben der stark ausgeprägten Fremdnormativität von Schule auch das individuelle Praxiswissen und das individuelle Agieren von Lehrer(inne)n und Schüler(inne)n in den Blick treten zu lassen, wird in diesem Buch anstatt (nur) auf den gängigen auf den erziehungsphilosophischen und zugleich pädagogische Praktiken beschreibenden breit angelegten Kompetenzbegriff von Dieter-Jürgen LÖWISCH (2000, S. 129) zurückgegriffen. In diesem Kompetenzbegriff wird die Wertigkeit kompetenten Handelns herausgestellt, indem Kompetenzen als „[…] sachlich korrektes, als wertig zu gestaltendes und an die personale Haltung gebundenes Tätigwerden und Tätigsein" näher bestimmt werden. Im Zusammenhang von Schule ist dementsprechend ein kompetentes ein geübtes pädagogisches Wahrnehmen; ein kompetentes Urteilen ist durch Wissen gebildet; kompetentes Handeln ist ethisch verständig und es wird vom/ von der Handelnden verantwortet. Die ethischen und moralischen Maßgaben für das Handeln, so LÖWISCH (2000), sind an den zwischenmenschlichen Umgang der vielfältigen Akteure, etwa Lehrer(innen), Schüler(innen), Eltern, wie auch an die Wahrnehmung gesellschaftlicher Verantwortung geknüpft. Kompetenz wird grundsätzlich an das Ziel gebunden,

> „[…] das Handlungsethos des pädagogisch Handelnden darzulegen und herauszuarbeiten [… und darauf hinzuwirken], dass dem Edukanden [der Edukandin] das Handeln in seiner Freiheit, in seiner Vielschichtigkeit, in seiner Risikohaftigkeit, in seiner Zeitlichkeit und in seiner mehrfachen Verantwortungsgebundenheit als

---

153 Beispielhaft MANDL & GERSTENMAIER 2000
154 GRUBER et al. 2005

ein ihm [ihr] aufgegebenes und verantwortlich zu gestaltendes Handeln deutlich wird."[155]

Lernenden soll deutlich werden, dass jemand dann kompetent ist, wenn sie/er auf Wissen gestützt und mit einer gewissen Entscheidungsfreiheit – in einem vielschichtigen Bedingungsfeld und mit nicht immer berechenbaren Folgen – mehrfach verantwortungsgebunden urteilt und handelt. Das, was den Lernenden somit als Kompetenz vorgeführt wird, wird ihnen zugleich als Herausforderung zur Nachahmung aufgegeben. Auf diese Weise wird wissensgestütztes und handlungsorientiertes Erlernen von Verstehen, Urteilen und Handeln vorgeführt und zugleich eingeübt. Das pädagogische Ethos, das, wie oben bereits mehrfach herausgestellt, darauf angelegt ist, zu überzeugen bzw. auf verschiedenen Ebenen Verständnis herzustellen, und das praktisch aber ständig scheitern kann und scheitert, wird im besten Fall mit einer Übernahme von lernender (Selbst-)Verantwortung und damit kompetent durch die Person, auf die sich Erziehung richtet, akzeptiert und übernommen. Oben war das höchste Ziel der Pädagogik bereits als eine Pädagogisierung des Denkens und Handelns (man spricht auch von „lebenslangem Lernen") beschrieben worden. In erster Linie besteht also der pädagogische Ethos in der Bereitschaft und in der kontextsensitiven Fähigkeit, den Wert und die Relevanz von Bildung den Lernenden gegenüber zu explizieren und ihnen diese verständlich zu machen.

In der Schulpädagogik geht es also eigentlich gar nicht direkt um die Entwicklung von Kompetenzen, sondern vielmehr um die Herstellung der Voraussetzungen für kompetentes Handeln und Urteilen. Es geht um den Erwerb von Wissensformen mit dem Ziel, möglichst nachhaltig Selbsterziehung zu initiieren. Wahrscheinlich gemacht wird dies in erster Linie durch erzieherische, also auf vielfältige Wissensformen gestützte und mehrfach verantwortete pädagogische Praktiken. Im Unterricht sind also die – in WEINERTS (2001) Kompetenzdefinition schlicht vorausgesetzten – Strukturbedingungen und Motivationsgründe für kompetentes (wie auch für inkompetentes) Urteilen und Handeln, und nicht direkt die zu entwickelnden Kompetenzen der zentrale Gegenstand. Diese Fähigkeiten lassen sich durchaus abprüfen und bewerten, aber die Wege dorthin sind an vielfältige Notationen und Lernumstände geknüpft, an Didaktik im weiten Sinne.

Kurz, für die Lehrer(innen)bildung (und die Professionalisierungsforschung) sind hauptsächlich die diversen Voraussetzungen für den kompetenzorientierten Wissenserwerb von Belang. Diese liegen allerdings zum Teil außerhalb von Schule. Zudem entziehen sie sich teilweise der Kenntnis und dem Zugriff durch

---

155 LÖWISCH 1995, S. 9

die Lernenden und Lehrenden. Die Schulung und Entwicklung partizipativer, argumentativer und vielfach verantwortungsgebundener Lern-, Wissens- und Handlungsformen setzt die Sensitivität für die (soziale) Sinnbestimmtheit und Funktionsbezogenheit des Handelns genauso wie die Wahrnehmung der Gegenstandsadäquatheit und jeweils gegebener sozialer und umweltlicher Verflechtungen voraus. Im Alltag sind dies im Wesentlichen implizite Prozesse der Sinnfindung und -stiftung sowie die Bestimmung einer Sachlage bzw. die implizite Überprüfung von Entscheidungen anhand von sozialen, kulturellen und dinglichen Maßgaben.

In Bezug auf die Voraussetzungen einer Entwicklung kompetenten Handelns und Urteilens, also einer gebildet-kundigen Kontextsensitivität und kontextsensitiven Bildung wurde herausgestellt, dass sie erfahrungs- und körperbezogen sind. So hebt Diethelm WAHL (1991) auf körperliche im Sinne von interaktiven, symbolisch-gestischen, materiellen und instantiierenden Aspekte des professionellen Praxiswissens von Lehrer(inne)n ab.[156] Insbesondere die Nahsicht, also die pädagogische Beziehung zum einzelnen Schüler, zur einzelnen Schülerin, und die Fernsicht bzw. die Einbettung der Lernsituation in größere Zusammenhänge sind da miteinander in Verbindung zu bringen. Während bei der Einübung der Nahsicht der Altersfaktor und andere zwischenmenschliche Differenzen die entscheidende Rolle spielen, ist die Einordnung der Lern- und Interaktionsgeschehen in größere Zusammenhänge in erster Linie darauf angelegt, der plurivalenten Normativität des Handelns (kompetent) gerecht zu werden. Beides soll für die Schüler(innen) zum Lerngegenstand werden.

Wenn also pädagogisches Handeln grundsätzlich darauf angelegt ist, mit dem Kontext abgestimmt zu werden und überzeugend zu sein und als erstrebenswerte ethische Haltung (auf Dauer) nachvollzogen und nachgeahmt zu werden, dann erfolgt die Anwendung von Wissen im Rahmen pädagogischen Handelns situationsbezogen und in der Regel weder vollständig bewusst noch allein unter Rückgriff auf (kompetente) Handlungsgrammatiken und operationale Schemata, die vorausgesetzt oder antrainiert werden können. Das pädagogische Praxiswissen von Lehrer(inne)n besteht vielmehr, wie oben herausgestellt wurde, zu einem großen Teil in der Analogisierung von Fällen und es ist auf eine Verwendungsperspektive hin ausgerichtet. Dies war oben als die Orientierung an Narrationen ausgelegt worden.

National und international gibt das von Donald SCHÖN (u. a. 1983, 1987) entwickelte Konzept des „reflective practitioner" ein wichtiges hochschuldidaktisches Leitbild ab, anhand dessen die Propädeutik eines Praxiswissens modelliert wird.

---

156 Vgl. WAHL 1991

4.2 „Reflective practitioner"

Zur Auslegung des Konzepts eines „reflective practitioner" besteht kein Konsens.[157] Es versteht sich als die Kritik an einer technizistisch verkürzten Professionstheorie und damit an der Auffassung, theoretische Inhalte könnten in die pädagogische Berufspraxis schlicht *umgesetzt* werden. Grundsätzlich beruht es auf dem Konzept eines Reflexionsmodus, von dem angenommen wird, dass er dieser Berufspraxis gerecht wird. Nach SCHÖN (1983) zeichnet sich die Professionalität der Lehrer(innen) dadurch aus, unvorhersehbare Situationen im Berufsalltag angemessen wahrzunehmen und dementsprechend verständig zu handeln. Die Fähigkeit, mit dem Unwägbaren konstruktiv umzugehen, führt SCHÖN mit Bezug auf Michael POLANYIS (1985) Konzept des impliziten Wissens und mit Gilbert A. RYLE auf das „knowing how" als die jeweils für praktische Tätigkeiten zentral erachtete Wissensform zurück. Ein solches Wissen liegt als „knowing-in-action" im Handeln selber; SCHÖN (1983) schreibt:

> „Reflection-in-action has a critical function, the assumptional structure of knowing-in-action [...] we may, in the process, restructure strategies of action, understandings of phenomena, or ways of framing problems [...]. Reflection gives rise to on-the-spot experiments. We think out and try out new actions intended to explore the newly observed phenomena, test our tentative understandings of them, or affirm the moves we have invented to change things for the better."

Ausschlaggebend für seine Konzeption eines „reflective practitioner" ist also, dass sich dieser die Probleme wie auch deren Lösungen nicht als schlicht gegebene stellen. Vielmehr leitet er sie aus irritierenden, verunsichernden und unsicheren Faktoren ab, die er ermittelt, konstruiert und tentativ handhabt.[158]

SCHÖNS Konzept zur Lehrer(innen)bildung wird anhand von „on-the-spot-experimenten"[159] realisiert. Zudem korrespondiert der Ansatz des „reflective prac-

---

157 Vgl. TROWLER & BAMBER 2005, S. 84
158 Vgl. den Bildungsbegriff von Rainer KOKEMOHR (2007, S. 14), der den Bildungsprozess als ausgelöst durch ein fraglich-Werden hergebrachter Orientierungen und als tentativen Entwurf neuer Ordnungsfiguren auslegt.
159 SCHÖN 1983, S. 141 ff. Die Resultate einer „reflection-in-action", also etwa Handlungsstrategien, Annahmen, Erklärungsansätze, Problemformulierungen, werden einer kritischen Analyse unterzogen. Dann wird eine Episode pädagogischer Praxis o. ä. herausgegriffen, neu strukturiert und in ein „on-the-spot-experiment" umgesetzt. Dadurch werden die Resultate einer „reflection-in-action", die sonst im Repertoire der situativen Responsen implizit sind, sichtbar bzw. explizit und damit verhandelbar, kritisierbar, bearbeitbar und überprüfbar.

titioning" von SCHÖN mit dem didaktischen Modell eines „reflective teaching" als einer Ausbildungsform, in der unter Leitung von Expert(inn)en von den Studierenden zuvor durchgeführte Unterrichtseinheiten reflektiert werden. Nach dem Modell des „reflective teaching" werden durch Lehrende gestaltete unterrichtliche Einzelsituationen, so Clemens SEYFRIED, Andrea SEEL & Astrid HUBER (2006, S. 286), „[…] unter *die Lupe* [Hervorh. i. O.] genommen, sprachlich bezeichnet, genau beschrieben, dadurch sollen Probleme besser analysiert werden bzw. überhaupt erst gefunden werden können. Ein diffuser Eindruck des Nichtgelingens des Unterrichts und ein Gefühl der Unzufriedenheit können durchsucht werden – das Problem gefunden werden."[160] Hierzu wird die Verfahrensweise, wie in Abbildung 1 auf folgender Seite dargestellt, vorgeschlagen.

SEYFRIED, SEEL & HUBER (2006) kommen bei ihrer Evaluation dieses Verfahrensvorschlags aus Sicht der diesen praktizierenden Ausbilder(inne)n und Studierenden zu dem Ergebnis einer stark ausgeprägten Akzeptanz bei beiden Gruppen. So geben 97% der Ausbilder(innen) und 70% der Studierenden an, nach Abschluss ihrer Arbeit nach diesem Modell tatsächlich die angestrebte Kompetenzentwicklung an den Lernenden bzw. an sich selbst beobachtet zu haben. Zu den Ausbilder(inne)n merken SEYFRIED, SEEL & HUBER (2006) indes kritisch an, dass das Verfahren sie dazu verleitet hat, sich bei der Nachbesprechung auf negative Situationen zu konzentrieren. Die Ausbilder(innen) stellten zudem bei den von ihnen als „weniger engagiert und talentiert" eingeschätzten Studierenden eine ausgeprägt subjektorientierte Definition der Relevanzsituation fest. Es kommt also zu unstatthaft pauschalisierenden Rationalisierungen. Das interpretieren die Autor(inn)en der Studie als Hinweis auf einen (zu) hohen kognitiven Anspruch des Modells.

Max VAN MANEN (1995) legt im Sinne dieser Kritik überzeugend dar, dass der interaktive Charakter einer Unterrichtssituation wie auch die Notwendigkeit, unter Zeitdruck zu handeln, in der Regel keine Distanz zum eigenen Handeln zulässt und dessen Reflexion daher im Zusammenhang der pädagogischen Praxis nur ansatzweise gelingen kann. Der explizite, linear-logische, an der eindeutigen Definition von sozialen Situationen orientierte, zudem normativ ausgerichtete Reflexionsmodus wird dem Praxiswissen in diesem Berufsfeld (dies entspricht der Auffassung von SCHÖN 1983) auch nicht allein gerecht. Das „reflective teaching", so Fritz OSER (1997), erfasst die Komplexität seines Gegenstands nur unzureichend. Etwa ist es nicht dazu geeignet, hinreichende Bezüge zu empirisch gesicherten Ergebnissen der Forschung herzustellen. Ferner wird dem Modell des „reflective practitioner" vorgeworfen, dass sich das dort so stark akzentuierte

---

160 Die Autor(inn)en zitieren eine Klientin oder einen Klienten.

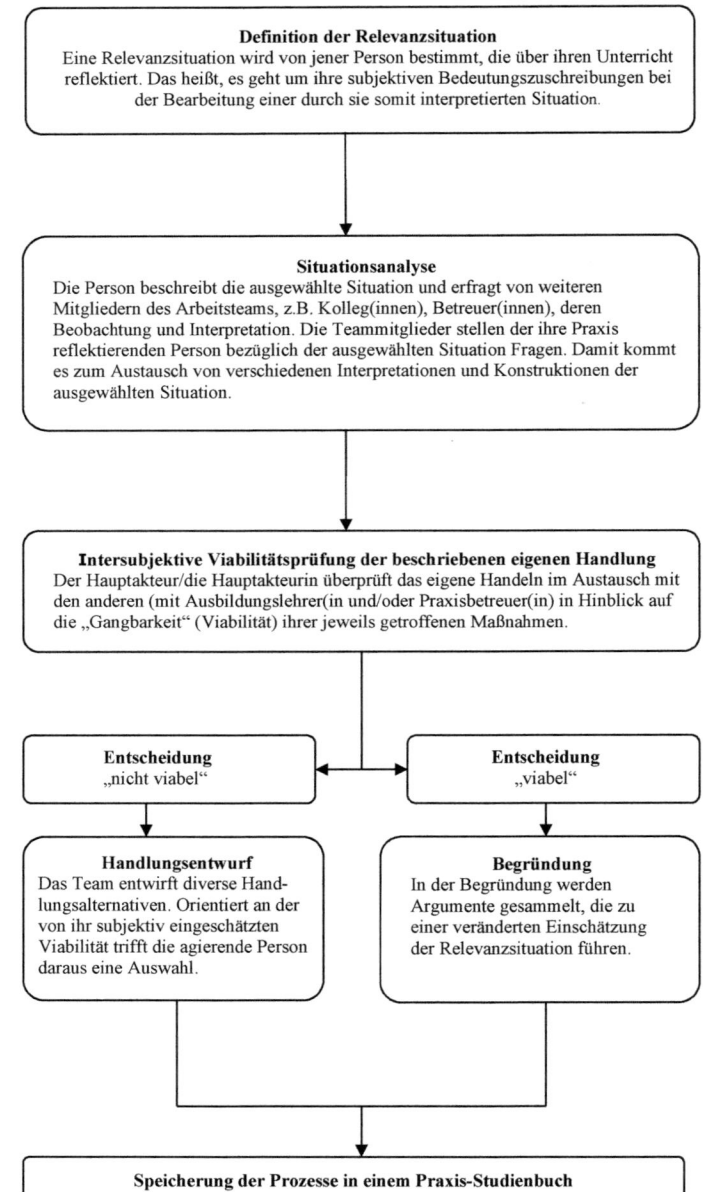

Abbildung 1: Viabilitätsprüfung, in Seyfried et al. 2006. Als Strukturvorschlag für die reflexive Arbeit an der Schule verfügbar unter: http://daten.schule.at/dl/Relevanzbogen_und_Handlungsbogen.pdf [Letzter Zugriff: 09.10.2015]

tentative Verhalten eines Lehrers/einer Lehrerin nicht allein durch die unerwartet auftretenden Unterrichtssituationen erklären lässt, denen er/sie mit dem *richtigen* impliziten Wissen oder „knowing how" erfolgreich begegnen kann. Ein solches Wissen wird auch generiert, modifiziert, mit anderen Wissensformen verbunden oder konfrontiert, es liegt also nicht nur schlicht vor.

In Bezug auf das Verfahren eines „reflective teaching" ist so gesehen die Frage offen, wie eine dem im Berufsfeld erforderlichen tentativen Vorgehen entsprechende Reflexivität noch näher bestimmt werden kann.

Die Praxisforschung wird als Setting angesehen, anhand dessen sich eine solche Reflexivität herausarbeiten lässt. Sie wird häufig anhand des Konzepts des Forschenden Lernens (s. u.) auseinandergelegt, zu dem es allerdings im Vergleich zur international beforschten Praxisforschung sehr viel weniger Forschungsergebnisse gibt.[161]

4.3 Ansätze der Praxisforschung

Die Praxisforschung („action research") wurde von Kurt LEWIN in der Mitte des 20. Jahrhunderts im Zusammenhang mit damaligen Demokratisierungsbewegungen aufgebracht. Wenn es auch kein einheitliches Konzept gibt, so zeichnen sich die verschiedenen Traditionslinien doch durch grundlegende Gemeinsamkeiten aus.[162] Grundsätzlich ist die Praxisforschung von einem „[…] gesellschaftlich-demokratische[n] Erkenntnis- und Handlungsinteresse" bestimmt. Die Praktiker(innen) werden als Expert(inn)en und als „[…] gleichberechtigte Partner in einem Entscheidungs- und Erprobungsprozess"[163] erachtet.

Die Grundidee einer Praxisforschung an der Schule besteht darin, dass die Aufgaben einer Qualitätsentwicklung von Schule und Unterricht, zu denen auch die Professionalisierung der Lehrer(innen), also im weiten Sinne auch der zukünftigen, gehört, möglichst aus der Praxis heraus formuliert werden; zumindest sind sie mit den Akteur(inn)en, auf die sie sich beziehen, abzusprechen. Die Bearbeitung der Entwicklungsaufgaben und deren Dokumentation sollen ebenfalls so weit wie möglich in der Schule, also in Kooperation mit dieser und, vereinzelt, an der Schule autonom erfolgen.[164] Die Praxisforschung will vor allem der Praxis im Feld dienen. Die methodisch kontrollierte, spiralig als ein Wechsel von Aktion und Reflexion

---

161 FICHTEN & MEYER 2014, S. 11
162 ALTRICHTER & FEINDT 2004, S. 215 f.
163 KLAFKI 1982, S. 75 f.
164 Es ist zu erwarten, dass ein solches Vorgehen auch umgekehrt der wissenschaftlichen Forschung zuträglich sein kann.

angelegte Erkenntnisproduktion zielt auf ein Reflexionswissen ab, in dem die subjektive Betroffenheit der Praktiker(innen) mit gesamtgesellschaftlich (also auch wissenschaftlich) disponierten Handlungsoptionen und Wirkungszusammenhängen vermittelt ist.[165] Dabei ist die Praxisforschung an die strengen ethischen Kodes des Forschens gebunden und sie wird in professionellen Lerngemeinschaften geleistet. Für die Scientific Community ist die Praxisforschung vor allem dann von Relevanz, wenn sie eine Empirie erschließt, die der herkömmlichen Wissenschaftspraxis ansonsten nicht zugänglich ist.[166] Zugleich bedient sich die Praxisforschung des ganzen Spektrums der wissenschaftlichen Methoden und Ansätze.

Für Projekte der Praxisforschung im Rahmen der Lehrer(innen)bildung häufig maßgeblich ist die Definition von Wolfgang FICHTEN & Hilbert MEYER (2014, S. 13): „Praxisforschung ist ein Forschungsansatz, mit dessen Hilfe Praktiker(innen) wichtige Fragen ihres Berufsalltags eigenständig, methodisch kontrolliert und im Rahmen einer professionellen Gemeinschaft mit dem Ziel erforschen, [1] *lokales*, (aber) wissenschaftlichen Gütekriterien (dennoch) genügendes Wissen zu erarbeiten, [2] durch reflexive Distanz zum Unterrichtsalltag die eigene Berufspraxis kritisch zu durchleuchten und sich dabei zu professionalisieren [3] und die Untersuchungsergebnisse für die Schul- und Unterrichtsentwicklung zu nutzen." Bei der Anwendung der Praxisforschung im Rahmen der Schulpädagogik und der Professionalisierungsforschung bestehen demnach keine klaren Grenzen zwischen schulinterner Evaluation [3] und einer Ausbildung der methodisch gestützten professionellen Reflexivität [1 und 2].

In Deutschland gibt es unzählige Konzepte institutionalisierter Praxisforschung für die Lehrer(innen)bildung, -fortbildung und/oder -weiterbildung.[167]

---

165 Vgl. RADTKE 1979, S. 84
166 Vgl. RADTKE 1979, S. 97 f.
167 Bspw. hat die Laborschule und das Oberstufenkolleg Bielefeld in Hinblick diesen Anspruch (siehe HOLLENBACH & TILLMANN 2011). Andere Beispiele sind die Initiative von Wolfgang Klafki an der Universität Marburg in den 1970er Jahren; die Hamburger Forschungswerkstatt Schulentwicklung am Fachbereich Erziehungswissenschaft der Universität Hamburg, die Osnabrücker Forschungswerkstatt Schulentwicklung, die Forschungswerkstatt an der Universität Bremen und das Forschungsmodul an der Universität Paderborn (vgl. FICHTEN & MEYER 2014, S. 14 f., dort sind auch noch weitere Beispiele angeführt). Zu Evaluationsergebnissen zur sogenannten „Oldenburger Teamforschung" in Hinblick auf seine Professionalisierungseffekte siehe FICHTEN & MEYER 2014. Vgl. auch die Arbeit des Nordverbunds Schulbegleitforschung http://www.nordverbund-schulbegleitforschung.de/index.php?show=50 [letzter Zugriff: 09.10.2015] und das weltweit agierende Kooperationsnetzwerk CARN (http://www.esri.mmu.ac.uk/carnnew/ [letzter Zugriff: 09.10.2015]).

Eine Praxisforschung der Lehrer(innen) an der Schule wird allerdings in der Regel von deren Motivation, von der stark situationsabhängigen Vereinbarkeit mit der Schul- und Unterrichtspraxis und von der unmittelbaren Tauglichkeit für dieselbe, von der Finanzierungsfrage und von Zeitressourcen abhängig gemacht. Sie hängt also ganz zentral von individueller, sozialer und gesellschaftlicher Akzeptanz ab. Es hat sich herausgestellt, dass die zwischen den Kooperationspartner(inne)n in Schule und Hochschule in Hinblick auf ihre Ausgangssituation, ihre Qualifikationen und ihren Funktionsbereich faktisch bestehenden Unterschiede zu diversen Problemen führen können; Praxisforschung, so zeigen es empirische Studien, verleite dazu, bei den Partner(inne)n dieselben Kompetenzen vorauszusetzen oder ihnen bestimmte Kompetenzen abzusprechen.[168] Eine Lösung dafür wird in der „[…] produktive[n] Verbindung von Momenten nicht arbeitsteiliger Kooperation mit pragmatischer und dynamischer Aufgabendifferenzierung" gesehen.[169] Mit der pragmatischen Ausrichtung von Praxisforschungsprojekten können auch in der Wissenschaft nicht zulässige Verkürzungen einhergehen. Um zu vermeiden, dass Wissenschaftlichkeit stark verkürzt wird,[170] dass, wie ebenfalls beobachtet wurde, eine vorgenommene Arbeitsteilung zu weit geht oder kontraproduktive Hierarchien entstehen, wird eine systematische Einführung der Lehrer(innen) in wissenschaftliche Theorien und Methoden und eine Begleitung der Teamarbeit vorgeschlagen.[171]

Dabei wird in der Regel jedoch keine Reflexivität in Hinblick auf wissenschaftstheoretische und methodologische Fragen ausgebildet, was in Hinblick auf die Anlage von Studien problematisch sein kann. Die methodisch gelenkte Bearbeitung von Aufgaben der Unterrichts- und Schulentwicklung kann auch durch den Zeit- und Handlungsdruck sowie durch eventuell stark divergierende und miteinander konfligierende Interessen, Auffassungen, Fähigkeiten und Aktionsradien der an Schule direkt Beteiligten erschwert werden. Es kann dazu kommen, dass Lehrer(innen) von Wissenschaftler(inne)n zu viel erwarten oder umgekehrt, es können Probleme der Loyalität und bei der Rollenübernahme im Feld entstehen. Da es keine belastbaren Erfolgskriterien für die Praxisforschung gibt, dienen hier häufig Normen, Vorschriften, Anforderungen, Standards als Orientierung, in denen allerdings effektive Bedingungen an der Schule und im Unterricht und die tatsächlichen Praktiken oft nicht mitbedacht sind.[172]

---

168 Vgl. ebd., S. 77
169 Ebd.
170 Vgl. die in der Einleitung herausgestellten Unterschiede zwischen pädagogischer Wissenschaft und pädagogischer Praxis.
171 Vgl. ALTRICHTER & GSTETTNER 1993
172 RADTKE 1979, S. 31

Mit FICHTEN & MEYER (2014, S. 14), die die Praxisforschung als Forschendes Lernen auslegen, lassen sich (vorläufig) die produktive Teamarbeit, eine sorgfältige Reflexion ethischer Aspekte, der Faktor der Motivation und ausreichende Ressourcen als deren Gelingensbedingungen belegen.[173]

Ehe auf das Konzept des Forschenden Lernens näher eingegangen wird, geht es im Folgenden um das Konzept einer Arbeit mit Fällen und am Fall.

4.4 Arbeit mit Fällen und am Fall an der Hochschule

Mit der Arbeit mit Fällen und am Fall im Rahmen der Lehrer(innen)bildung korrespondieren die bereits oben herausgestellte „Fallförmigkeit" pädagogischen Handelns und pädagogischer Wissensarten. Die Arbeit mit Fällen und am Fall wird mit diversem Begriffsinventar belegt, das mit verschiedenen Vorgehensweisen korrespondiert (Kasuistik, Fallbasiertes Arbeiten, Fallanalyse, Fallstudie, Fallvignette). Im Rahmen der Lehrer(innen)bildung zielt die Arbeit mit Fällen und am Fall in der Regel auf die Entwicklung der Reflexionskompetenz im Sinne einer bestimmten Auslegung des Erfahrungslernens.

Da Fälle aus der Praxis heraus generiert werden und an die Praxiserfahrungen von Lehrer(inne)n direkt anschließen, ist Praxisnähe ein Vorteil. Zugleich bestehen besondere Möglichkeiten ihrer (Re-)Kontextualisierung. Indem ein *Fall* aus einem Handlungskontext herausgenommen und den dort geltenden Zwängen entledigt wird, wird Komplexität zugleich reduziert und abgebildet. Grundsätzlich wird damit ein Spielraum für eine potentiell multiperspektivisch angelegte Handhabung des ausgewählten Ausschnitts der (häufig filmisch oder in einer Teilnehmenden Beobachtung repräsentierten) Schulwirklichkeit eröffnet.

In der Lehrer(innen)bildung werden Fälle und eine Arbeit an und mit Fällen, so Sabine REH & Kerstin RABENSTEIN (2005), eingesetzt

- als Beispiele zur Veranschaulichung allgemeiner Erkenntnisse;
- im Sinne der Anwendung von erziehungswissenschaftlichen Theorien, Methoden, Kategorien und Begriffen, die in einer Lehrveranstaltung zu vermitteln sind;
- zur Einführung in die Formen der Analyse eines bestimmten wissenschaftlichen oder praktisch-pädagogischen Gegenstandsbereichs;
- zur methodengeleiteten Herausarbeitung von Lösungsmöglichkeiten für pädagogische Probleme.

---

173 FICHTEN & MEYER 2014, S. 35 f.

Das Ziel fallbasierten Lernens formulieren Annika Goeze & Stefanie Hartz (2010, S. 111) wie folgt: „Alltagstheorien und Handlungsbegründungen finden am Fall sprachliche Form und werden ‚aus dem Zustand des Intuitiven in ein reflexives Stadium überführt' (Nittel 1997, S. 145)." Allerdings werden die hier eröffneten Deutungsspielräume dann zum Problem, wenn es keine genauen Verfahrens- und Zielvorstellungen gibt. Im Übrigen ist die Qualität der Fallarbeit auch ganz entscheidend vom Vorwissen der den Fall Interpretierenden abhängig, das bei Studierenden erst noch ausgebildet werden muss.

Reh & Rabenstein (2005) formulieren den Bildungsaspekt der Fallarbeit in ihrem Plädoyer für eine Verbindung der Fallarbeit mit dem systematischen Aufbau von Fachkenntnissen auch vornehmlich negativ: Durch die systematische Arbeit mit Fällen soll Spekulationen über die (nicht erkennbaren) Intentionen anderer, Zirkelschlüssen auf der Basis von bereits Bekanntem sowie unstatthaften Pauschalisierungen vorgebeugt werden. Die Fälle werden im Sinne von Irritationen ausgewählt und gesehen. Im Modus der Irritation sollen sie internalisierte Deutungsmuster oder subjektive Theorien über Schule und Unterricht zu dekonstruieren helfen und Strukturerkenntnisse herbeiführen.[174] In Anbetracht des erkenntnisleitenden Stellenwerts der Irritation in Zusammenhang mit der Zuwendung zum Einzelnen, Singulären, zum Fall halten Reh & Rabenstein (2005) mit Edmund Steiner (2004) insbesondere die Einübung in das abduktive Schließen im Sinne von Peirce (s. o.) für zielführend.[175]

Die Fallarbeit ist speziell dazu geeignet, methodisch gelenkt Spekulationen, Zirkelschlüsse und Pauschalisierungen herauszuarbeiten. Insbesondere weisen die Strukturen von kasuistischen Texten in der Regel einen dem methodisch-wissenschaftlichen Vorgehen widersprechenden paradigmatischen Denkmodus auf. Diese Diskrepanz kann zum Gegenstand einer Metaanalyse von Fallverstehen aus der ersten, der zweiten und aus der dritten Beobachter(innen)perspektive gemacht werden und damit das Theorie-Praxis-Verhältnis in der Pädagogik aus verschiedenen Blickwinkeln beleuchten helfen.

Eine ganz grundsätzliche Problematik der Fallarbeit in der Lehrer(innen)bildung sehen Reh & Rabenstein (2005) darin, dass fundierte und erprobte Konzepte dazu noch fehlen: „Für die Auswertung von *Fällen* in Seminaren bzw. welche Lehrkompetenzen Lehrerbildner(innen) dafür mitbringen müssen, wurde (noch) kein eigenes Forschungsfeld etabliert."[176]

---

174 Vgl. Combe 2001; Helsper 2001a
175 Steiner 2004, S. 49–116
176 Reh & Rabenstein 2005, S. 3

Dies hat sich in den vergangenen Jahren verändert.[177] Ein Beispiel dafür ist der Ansatz des Forschenden Lernens, der im Zuge der Reformen der Lehramtsausbildungen derzeit Konjunktur hat.

Dem Folgenden ist vorauszuschicken, dass das Forschende Lernen an der Hochschule sowohl vom generischen, also von einer auf den Nachvollzug früherer Forschungsprozesse und -ergebnisse zielenden Hochschuldidaktik als auch vom kritischen Lernen als die Reflexion wissenschaftlicher Grundfragen abgegrenzt wird.[178]

4.5 Forschendes Lernen an der Hochschule

„Forschendes Lernen" ist nach den von der Strukturkommission der Deutschen Gesellschaft für Erziehungswissenschaft im Jahr 2004 herausgegebenen „Empfehlungen für ein Kerncurriculum Erziehungswissenschaft" integraler Bestandteil der Lehrer(innen)bildung. Dasselbe gilt auch für das in den vergangenen Jahren sehr stark an Bedeutung gewonnene Forschungsfeld der Schul- und Unterrichtsentwicklung.[179] Die Empfehlungen der Strukturkommission sehen im Modul „Professionsspezifik Lehramt" explizit die Verknüpfung des Themenbereichs der Schul- und Unterrichtsentwicklung mit Forschendem Lernen vor.[180] Ebenfalls dahingehend sind in dem im Jahr 2004 von der Deutschen Gesellschaft für Erziehungswissenschaft herausgegebenen „Strukturmodell für die Lehrerbildung für das Bachelor-Master-System in der Studieneinheit 3" in „Tätigkeitsfeld Schule" des Bachelors die „Anleitung zu theoretisch geleiteter methodischer Beobachtung und Analyse der Schulwirklichkeit" und im Master eine professionsorientierte Vertiefung vorgesehen.

Bildungstheoretisch legitimiert sich Forschendes Lernen an der Hochschule von der für die Universität konstitutiven Idee der Einheit von Lehre und For-

---

177 Vgl. dazu DE BOER & REH 2012.
178 Vgl. FICHTEN 2010, S. 133
179 Siehe: Bericht und Empfehlungen der Kommission zur Einführung neuer Studiengänge und Abschlüsse – Bachelor of Arts, Master of Arts (BA, MA) – im Fach Erziehungswissenschaft der DGfE aus dem Jahr 1999: http://www.dgfe.de/fileadmin/OrdnerRedakteure/Stellungnahmen/1999_10_BAMASTR.pdf [letzter Zugriff: 09.10.2015]
180 Die Empfehlungen der Strukturkommission sehen im Modul „Professionsspezifik Lehramt" daher auch explizit die Verknüpfung des Themenbereichs der Schul- und Unterrichtsentwicklung mit Forschendem Lernen vor; Zitat: „Schulentwicklung: Schulprogrammarbeit und Evaluation, Erforschung des Arbeitsfeldes Schule (forschendes Lernen, pädagogisches Fallverstehen)".

schung sowie durch das humanistische Bildungskonzept Die wissenschaftliche Ausbildung wird nicht auf die Rezeption von Theorien und Forschungsergebnissen beschränkt, sondern auch als aktive Teilnahme an der wissenschaftlichen Erkenntnisgewinnung gesehen.[181] Nach den Leitgedanken der Universität soll ein wissenschaftliches Studium die aktive Teilnahme an Wissenschaft ermöglichen und nicht auf die Rezeption von Resultaten beschränkt sein. „Wissenschaftlich", so die Bundesassistentenkonferenz bereits im Jahr 1970 [Hervorh. i. O.], bedeutet in Hinblick auf das Hochschulstudium die „[..] Ausbildung *durch* Wissenschaftler[innen], *in* einer Wissenschaft und *für* einen auf Wissenschaft angewiesenen Beruf, der systematische, selbständige und kritische Arbeit in einem bestimmten Gebiet verlangt"[182]. Wissenschaft wird hier als ein kommunikativ strukturierter Erkenntnisprozess unter dem Gesichtspunkt der institutionell gerahmten Teilhabe gesehen.

Es gibt keine „[…] einheitliche Theorie und keine darauf bezogene Didaktik des Forschenden Lernens."[183] Lerntheoretisch und hochschuldidaktisch wird das forschende Lernen als die Einführung in empirisch-wissenschaftliches Arbeiten, Praxisforschung, Fallarbeit, als Reflexion eigener praktischer Arbeit, als biographische Zugänge zum Lehrer(innen)beruf oder als interdisziplinäre Integration von professionellem Lehrer(innen)wissen und -können, und hier als forschungsgeleitet, forschungsbasiert, forschungsorientiert, Forschung vermittelnd und/oder forschungsbegleitend verhandelt.[184] In didaktischen Ansätzen wird es im Sinne von Lehr-Lernarrangements verstanden, die auf die Stärkung der Selbstwirksamkeitsüberzeugung der professionellen Akteure, auf die Ausbildung einer wissenschaftlichen Haltung und auf die Befähigung zur Problemlösung und zu selbstreguliertem Lernen, also auf eine nachhaltige und vielseitige Kompetenzentwicklung abzielen.[185]

Der Begriff „forschende Haltung" ist allerdings unscharf.[186] Eine „forschende Haltung" kann darin gesehen werden, „[…] die Ungewißheit des Handelns zu

---

181 Vgl. GARLICHS 1995
182 Bundesassistentenkonferenz (BAK) 1970, S. 9; Hervorhebung i. Orig.
183 KOCH-PRIEWE & THIELE 2009, S. 271
184 „Forschendes Lernen kann als didaktische Formatierung des Lernens durch Forschung aufgefasst werden." (EBERHARDT & WILDT 2010, zitiert in KARBER & WUSTMANN 2015, S. 44) Ausführlicher zu den verschiedenen Formen, Typen und didaktischen Ansätzen Forschenden Lernens: KARBER & WUSTMANN 2015 im Sinne einer „Ermöglichungsdidaktik" (ebd. S. 45) oder auch im Sinne „pädagogische[r] Inszenierung, Dokumentation und Reflexion" (ebd. S. 48) und „Forschungs- und Lernszenarien" (ebd. 46).
185 Bspw. KÜNZLI et al. 2009
186 Vgl. KULLMANN 2011

ertragen, immer wieder neu die Implikationen für das Handeln in Ungewißheit zu reflektieren und auf der Basis von Zuständigkeit auch die Verantwortung für das Handeln zu übernehmen."[187] In strukturtheoretischen, kompetenzorientierten, professionstheoretischen und berufsbiographischen Ansätzen wird ansonsten auf die Ausbildung einer professionsorientierten Reflexivität abgehoben.[188]

FICHTEN & MEYER (2014, S. 33) formulieren die Aufgaben des Forschenden Lernens in Hinblick auf Problemlösung, selbstreguliertes Lernen, Selbstwirksamkeitsüberzeugung und Reflexionskompetenzen im Zusammenhang der Praxisforschung in ihrer Zusammenschau der dazu kursierenden Begründungsmodelle wie folgt:

- Schaffung einer handlungsorientierten Wissensbasis und Erweiterung berufspraktischen Wissens. Etwa soll das implizite Wissen der Berufspraktiker(innen) explizit und ihnen damit verfügbar gemacht werden;[189]
- Steigerung von Problemlösefähigkeit;
- Optimierung pädagogischer Entscheidungen und Anhebung des operativen Rationalitätsniveaus;
- Veränderung von Situationswahrnehmung und -deutung durch Perspektivenwechsel, Multiperspektivität und Reframing;
- Intensivierung der Kommunikation mit Schüler(inne)n und Kolleg(inn)en;
- Veränderung langfristig stabiler Überzeugungen;
- Stärkung der Persönlichkeit und eine Veränderung des „beruflichen Selbst".

Das Forschende Lernen als hochschuldidaktisches Konzept soll eine nicht zuletzt auch für die Wissenschaft gewinnbringende Einbindung der Forschung in die Lehre gewährleisten und zugleich sicherstellen, dass die Lehre „[…] durch ihre Bindung an den Prozeß der Erkenntnisgewinnung vor der bloßen Tradierung von zu Schulwissen geronnenen Kenntnissen bewahrt"[190] bleibt. Dazu sind nicht nur wichtige Charakteristika (Methoden, Systematik) und Ablaufphasen wissenschaftlicher Forschung im Studium zu vermitteln. In Anbetracht der Heterogenität bestehender wissenschaftlicher Theorieansätze und Methoden wie auch der forschenden Persönlichkeiten ist die aktive Teilnahme an Wissenschaft pluralistisch anzulegen.[191] Insbesondere soll forschendes Lernen im Hochschulbereich als

---

187 RABE-KLEBERG 1996, S. 295
188 Vgl. FICHTEN & MEYER 2014, S. 24
189 FICHTEN & MEYER 2014, S. 12
190 HUBER 1983, S. 497
191 Vgl. BOELHAUVE et al. 2004

eine variantenreiche theoriegeleitete Auseinandersetzung mit erlebter Wirklichkeit realisiert werden.[192] Der Anspruch dieses Ansatzes ist also nicht gering.

In operativer Hinsicht besteht dessen Grundidee darin, dass aus der alltäglichen Lebens- und Berufspraxis heraus Entwicklungsaufgaben erkannt und als Forschungsthemen formuliert und bearbeitet werden. Lernen soll so als Lebenshaltung etabliert werden.[193]

Kennzeichnend für die Methode des Forschenden Lernens sind:[194]

- die selbstständige Wahl eines Themas durch den Forschenden bzw. Lernenden, dessen Praxisnähe entweder aus der direkten Beobachtung gegeben oder in Dokumenten schulischer Praxis (wie Unterrichtsprotokolle) festgehalten ist;
- die begleitete Erhebung eines aktuellen Forschungsstands und, vor diesem Hintergrund, die genauere Definition eines Problems/einer Fragestellung oder eine Hypothesenbildung;
- die Auswahl möglicher Methoden, Versuchsanordnungen, Recherchen usw. zur Bearbeitung dieser Fragestellung nach dem Modell der Fachwissenschaften;
- einerseits wird das Risiko von Irrtümern und Umwegen eingegangen, andererseits wird die Chance für Zufallsfunde und unerwartete Nebenergebnisse mit bedacht, die dokumentiert und in die Arbeitsgruppe getragen werden;
- bei der Einordnung, Bewertung und Reflexion von Erkenntnissen werden eingeschliffene Muster, Bilder von Schule und Unterricht der Studierenden, die aus eigenen schulbiographischen Erfahrungen stammen, thematisiert, kommuniziert, reflektiert und in ihren Konsequenzen für das eigene spätere Handeln bedacht;
- die gewonnenen Erkenntnisse werden dargestellt (Portfolio, Präsentation o. ä.) und dokumentiert.

Forschendes Lernen muss erlernt werden. Entsprechende Lernsettings halten zunächst die Möglichkeit einer imitatorischen Nachahmung vor. Etwa verdeutlichen Lehrende das eigene Forschungshandeln (Modelling). Nach einer Einübung in wissenschaftliche Vorgehensweisen kann Forschungshandeln zuerst nach Anweisung und mit relativ engmaschiger Beratung erfolgen. Dann werden die Ler-

---

192 Vgl. FICHTEN 2010
193 Vgl. die oben dargelegten grundlegenden Bedingungen „lebenslangen Lernens" für die Pädagogik.
194 Vgl. Universität Oldenburg: Forschendes Lernen in der Lehramtsausbildung – von der „habituellen Krise" in den forschenden Habitus. Beschreibung verfügbar unter: https://www.uni-oldenburg.de/fileadmin/user_upload/paedagogik/ab/elementar/Poster_Hannover_Gerheim_Spies-1.pdf [letzter Zugriff: 09.10.2015]

nenden durch die Lehrenden darin betreut und unterstützt, eine Problemstellung eigenständig zu bearbeiten (Coaching), die Lehrenden geben strukturierende Hinweise (Scaffolding) und sie begleiten die selbstständige Arbeit (Fading). Eine erweiterte Kenntnis von Forschungsansätzen und Methoden wie auch ihrer Grenzen ermöglicht zunehmend selbstständiges Forschungshandeln (Exploration). Die Lernenden erläutern und begründen dann prozessbegleitend ihr Vorgehen im Sinne einer selbstständigen Problemlösungskompetenz (Artikulation). Genauso werden die Reflexion des Forschungshandelns und die Erstellung von Dokumentationen und Präsentationen (Texte, Powerpoint-Präsentationen, untertitelte Filmsequenzen) angeleitet und erlernt. Dies kann im Rahmen einer Diskussion oder im Vergleich verschiedener Vorgehensweisen geschehen. Da ein solches Lernen einen stark ausgeprägt explorativen Charakter hat, stellt es Lernende wie auch die Lernbegleiter(innen) stets vor neue Herausforderungen.

Die Voraussetzung für die professionelle Vorstrukturierung und Begleitung Forschenden Lernens ist auf jeden Fall die Qualifizierung zum wissenschaftlichen Arbeiten. Zugleich widersetzt sich die Wissenschaft aber einer Ad-hoc-Vermittlung, die etwa im Lehramtsstudium unter Zeitdruck geschieht. FICHTEN (2010, S. 166) grenzt das Forschende Lernen und die wissenschaftliche Forschung daher auch deutlich voneinander ab: „Als Lernkonzept folgt Forschendes Lernen lerntheoretischen Axiomen und einer Lernlogik. Forschung als Instrument wissenschaftlicher Erkenntnis folgt epistemologischen, methodologischen und methodischen Kriterien, d. h. der Wissenschafts- und Forschungslogik." Kurz, das Vorgehen Forschenden Lernens ist kein wissenschaftliches, sondern (lediglich) ein auf Wissenschaft bezogenes, wissenschaftsnahes oder -basiertes.

Auch ist die Praxisrelevanz Forschenden Lernens für den Lehrberuf nicht fraglos gegeben; nach FICHTEN & MEYER (2014, S. 14) sind zum Beweis dieser These geeignete „harte Daten spärlich".[195]

An der Universität ist ferner die Einlösung der in der Regel mit Forschendem Lernen verbundenen Forderung nach „mehr Praxisbezug" und „kleineren Lehrveranstaltungen" heute unrealistischer denn je zuvor.[196] Die Einheit von Forschung und Lehre droht vielmehr derzeit auf dem Spannungsfeld zwischen einer dem internationalen Wettbewerb ausgesetzten Spitzenforschung und der verschulten Massenuniversität zerrieben zu werden. In Anbetracht der zunehmend auf Berufsqualifikationen ausgelegten Ausgangslage an den Massenuniversitäten heute

---

195 Einige Ergebnisse finden sich bei FICHTEN 2010, S. 159 ff. Als die Konsequenz, die er daraus zieht, ist hier hervorzuheben, dass er das Forschende Lernen deutlich als ein Lern- und nicht als ein Forschungskonzept ausweist.

196 HUBER 1998

erscheint es also notwendig, Forschendes Lernen so vorzustrukturieren, dass es weitgehend eigenständig vonstattengehen kann, und es so zu dokumentieren, dass es zertifiziert und (divers geschützt) in andere Kontexte überführt werden kann. Forschendes Lernen ist dann im Sinne einer an vielseitiger Kompetenzentwicklung orientierten Ausbildung und Leistungsbewertung auch bei hohen Studierendenzahlen zu konzipieren. Für die Erstellung solcher Lernsettings können digitale Medien genutzt werden, die auf multimodale Weise Berufsnähe herstellen und so dazu beitragen, professionelles Denken und Handeln zu entwickeln.

Beispielhaft wird die Methode des Forschenden Lernens im Ansatz des Design-Based Research im Sinne partizipatorisch angelegten Umweltmanagements (engl. „Participatory Environmental Governance")[197] operationalisiert. Der Design-Based Research Ansatz ist im Folgenden Thema. Danach wird ein eigenes Konzept zur partizipatorischen und wissenschaftsgestützten Qualitätsentwicklung im Bildungsbereich vorgestellt.

4.5.1 Beispiel für Forschendes Lernen an der Hochschule: Design-Based Research (DBR)

Sasha BARAB & Kurt SQUIRE (2004, S. 2, übers. von der Autorin) definieren das im 21. Jh. aufgekommene Design-Based Research als „[…] eine Serie von Ansätzen, die neue Theorien, Artefakte und Praktiken zum Lernen und Lehren in natürlichen Settings erarbeiten und es potentiell beeinflussen."[198] Design-Based Research stützt sich auf den philosophischen Pragmatismus, nach dem der Wert einer Theorie in ihren Potentialen liegt, die Welt zu verändern;[199] Erkenntnisse werden in Praxissituationen generiert und deren Veränderung wird als Innovation gefasst.

---

197 Siehe das Forschungsprojekt „DGE – Evaluating the Delivery of participatory environmental Governance using an Evidence-based research design" von Jens NEWIG, Nicolas W. JÄGER, Ed CHALLIES an der Universität Lüneburg. Siehe http://fox.leuphana.de/portal/de/projects/projects%2875dd5943-bcc1-4e93-939c-6060321a02b6%29.html [Letzter Zugriff: 09.10.2015]

198 Im Original: „[…] a series of approaches, with the intent of producing new theories, artifacts, and practices that account for and potentially impact learning and teaching in naturalistic settings". Neben Educational Design Research, Entwicklungsorientierte Bildungsforschung, continuous professional development (CPR), Didaktische Entwicklungsforschung, Gestaltungsorientierte Bildungsforschung gibt es noch verschiedene andere Auslegungen.

199 BARAB & SQUIRE 2004, S. 6; COBB et al. 2003, S. 10, schreiben: Die Theorie muss richtige Arbeit leisten („the theory must do real work").

Grundsätzlich wird davon ausgegangen, dass Forschung genauso wie Innovation auf Planung und Entwurf („Design") beruht. Dabei wird auf eine bestimmte Theorie der Planung bzw. auf eine bestimmte Vorstellung der Tätigkeitsform des Planens zurückgegriffen: Ein Forschungsdesign hat distinkte Eigenschaften, es schließt bestimmte Prozeduren ein und es wird theoretisch wie empirisch begründet.[200] Ein Entwurf (Design) ist immer auf ein Ziel gerichtet, das nach dem DBR-Ansatz als ein „Produkt" verstanden wird.[201] Im Kontext der Pädagogik ist das Produkt in der Regel eine pädagogische Intervention. Das können eine Unterrichtsplanung, ein Unterrichtsmodell, eine Hypothese, eine Theorie, bestimmte Unterrichtsmittel, das Design-Prinzip oder auch mehrere Design-Prinzipien sein. Im für den DBR-Ansatz zentralen Begriff „design-principles", im Folgenden Planungsprinzipien, wird ein Konstrukt über den Zusammenhang von Verfahren, Ergebnissen und Kontext, dem „Design", verstanden,[202] das als innovativ aufgefasst wird und in der Praxis erprobt werden soll.

Angestrebt ist ein präzises und ein reflexives Vorgehen:[203] Ein Thema oder eine Option wird in Hinblick auf seine Geschichte oder seinen Hintergrund so identifiziert, dass der Wert der Studie sowohl für die Praxis als auch für die Theorie deutlich wird. Nach Jan van den Akker (1999, S. 7, übers. von der Autorin) schließt „[…] eine intensive und systematische Voruntersuchung von Zielen, Problemen und dem Kontext auch die exakte und explizite Verknüpfung der Analyse

---

200 van den Akker 1999
201 „Design-based research views a successful innovation as a joint product of the designed intervention and the context." (The Design-Based Research Collective 2002, S. 7). „The intervention as enacted is a product of the context in which it is implemented, the intervention is the outcome (or at least an outcome) in an important sense" (ebd. S. 5).
202 Im Sinne des Pragmatismus definieren Herrington et al. (2007, S. 4096) die „Planungsprinzipien" für den DBR-Ansatz wie folgt: „Design principles contain substantive and procedural knowledge with comprehensive and accurate portrayal of the procedures, results and context, such that readers may determine which insights may be relevant to their own specific settings. In the traditional sense, generalization of design-based research findings is rather limited; instead, use of design principles calls for a form of analytical generalization."
203 Jan Herrington et al. (2007, S. 4091; sie beziehen sich auf Brown 1992 und Collins 1992) schreiben: „They described it [DBR] as a methodology that requires: addressing complex problems in real contexts in collaboration with practitioners; integrating known and hypothetical design principles with technological affordances to render plausible solutions to these complex problems; and conducting rigorous and reflective inquiry to test and refine innovative learning environments as well as to define new design principles." Herrington et al. (2007, S. 4092, übers. von der Autorin) gehen von einem bestimmten Verlauf, von „[…] Phasen des Design-Based Research [aus],

mit dem Forschungsstand ein [...]."[204] Dabei geht es um die Herausarbeitung von Ansätzen, die zur Lösung des signifizierten Problems geeignet erscheinen.[205] Ein solches Forschungsdesign wird zugleich als eine innovative Lernumgebung verstanden.[206] Charakteristisch für den DBR-Ansatz sind sich wiederholende Zyklen, in denen ein bestimmtes Forschungsdesign (Testdesign) entwickelt, in der Praxis erprobt, evaluiert und anhand der Evaluationsergebnisse weiterentwickelt (also restrukturiert, rekonstruiert, neu konzipiert, erweitert und/oder redesignt) wird.

das auf der Grundlage der typischen Elemente eines Forschungsantrags entworfen ist":

Phase	Element
Phase of design-based research (Reeves, 2006)	• The topics/elements that need to be described
Phase 1: Analysis of practical problems by researchers and practitioners in collaboration	• Statement of problem • Consultation with researchers and Practitioners • Research questions • Literature review
Phase 2: Development of Theoretical framework solutions informed by existing design principles and technological innovations	• Theoretical framework • Development of draft principles to guide the design of the intervention • Description of proposed intervention
Phase 3: Iterative cycles of testing and refinement of solutions in practice	• Implementation of intervention (First iteration) • Participants • Data collection • Data analysis • Implementation of intervention • (Second and further iterations) • Participants • Data collection • Data analysis
Phase 4: Reflection to produce „design principles" and enhance solution implementation	• Design principles • Designed artefact(s) • Professional development

204 Im Original: „A more intensive and systematic preliminary investigation of tasks, problems, and context is made, including searching for more accurate and explicit connections of that analysis with state-of-the-art knowledge from literature."
205 HERRINGTON et al. 2007, S. 4095
206 HERRINGTON et al. 2007

Zur Beforschung eines Designs wird auf das ganze breite Spektrum der qualitativen wie auch der quantitativen sozialwissenschaftlichen Methoden zurückgegriffen. Insgesamt soll im Sinne einer Entwicklungsforschung zur Verbesserung professioneller Praxis wie auch zur einer solchen entsprechenden Theoriebildung beigetragen werden.

Im Zusammenhang universitärer DBR-Settings werden Studierende frühzeitig in Forschungsprozesse eingebunden, indem sie mit den Lehrer(inne)n gemeinsam wissenschaftliche Probleme signifizieren, Forschungs-Designs entwickeln und diese bearbeiten.

In der Unterrichtsforschung und in der Lehrer(innen)bildung wird der DBR-Ansatz dazu herangezogen, die Theoriehaltigkeit von Unterrichtspraxis zu eruieren, ihre Probleme zu identifizieren, Ansätze zur Problemlösung zu designen und diese Lösungsansätze im Unterricht auf die Probe zu stellen. Der Unterrichtspraxis wird eine eigene theoretische Dignität zugesprochen; so etwa Susanne PREDIGER & Michael LINK (2012, S. 42): „[…] die Entwicklung von Lernarrangements [ist] schon als potentielles Forschungsfeld zur Generierung neuen Wissens [zu] denken. Hinter jedem Lernarrangement steckt implizit eine lokale Theorie des gegenstandsspezifischen Lernens, die es zu konkretisieren und empirisch zu dokumentieren und zu überprüfen gilt."

Design Based Research zielt nicht nur die Verschränkung von Forschung und praktischer Unterrichtsentwicklung an, ihm wird auch das Potential zugeschrieben, Lehren und Lernen zu revolutionieren.[207]

Aufgebracht wurde der DBR-Ansatz in einer (an englischsprachiger Theoriebildung orientierten)[208] Scientific Community, der allerdings die Didaktik als Disziplin nahezu unbekannt ist. Es verwundert daher, dass der Ansatz in wissenschaftlichen Kontexten auch mit einer starken didaktischen Tradition als einschlägig behandelt wird. Von einer didaktischen Operationalisierung von Lern- oder Kompetenzzielen im Unterrichtsentwurf (s. o.) und von der Reflexion einer planmäßigen Unterrichtspraxis unterscheidet sich der DBR-Ansatz allein durch seine Anwendbarkeit auch auf pädagogische, logistische, schulorganisatorische Fragestellungen und durch seine (methodenoffene, oder -indifferente) forschungsbezogene Agenda. Problematisch ist vor allem die tendenziell pragmatistische Signatur des Ansatzes. Nach dem Pragmatismus wird Wahrheit zunächst als die Übereinstimmung eines Gedankens, einer Vorstellung oder einer Aussage mit der Wirklichkeit gefasst; Nach William JAMES (2000 [1906]) ist dies an den Prozess der Verifikation gebunden. Übereinstimmung mit der Wirklichkeit be-

---

207 HERRINGTON et al. 2007, S. 4098
208 Vgl. HUDSON & MEYER 2011

zeichnet folglich weniger eine feststehende Relation als vielmehr den Prozess der Überprüfung von hypothetischen Problemlösungen, denen tatsächlich beobachtbare theoretisch oder praktisch relevante Konsequenzen zugeschrieben werden. Hierbei besteht die Gefahr einer pragmatistischen Ineinssetzung von Wahrheit und Nützlichkeit (cash-value).[209] Die zwischen der (wissenschaftlich-)theoretischen und der praktischen Pädagogik, also zwischen pädagogischem Wissen und Können bestehende Lücke, auf die es in der Pädagogik gerade ankommt (s. o.), wird dann überblendet. Wird im DBR-Ansatz auf eine Verbesserung erzieherischer Technologien abgehoben, so trifft dies ferner auf eine prominente Kritik an Erziehungstechnologien (s. o., LUHMANN & SCHORR 1982). Diese wird übersprungen, indem etwa Jan HERRINGTON et al. (2007) diese Kritik nur auf von ihnen als gängig bezeichnete sogenannte „prädiktive" Forschungsansätze beziehen, von denen sie den DBR-Ansatz abgrenzen. Während den sogenannten hypothesentestenden, experimentellen Verfahren der prädiktiven Forschungsansätze vorgeworfen wird, von der Unterrichtspraxis abgelöst zu sein, werden Probleme im DBR mit einer bestimmten Gruppe von Praktiker(inne)n gemeinsam aus deren Praxisfeld heraus und unter Berücksichtigung vorgefundener wie hypothetischer (durchaus technologischer) Planungsprinzipien in Richtung auf eine mögliche Problemlösung formuliert.[210] Damit allein wird die pragmatistische Auslegung jedoch noch nicht ausgehebelt, denn Vertrautheitsfallen wie auch andere nicht explizite pädagogische Wissensformen finden hier kaum Beachtung.

Im Folgenden wird das Modell „Forschende Schule – Qualität in Entwicklung" vorgestellt, mit dem die dargelegten Modelle aufgegriffen und auf einige ihrer Desiderate geantwortet werden soll. Es handelt sich hierbei um ein von der

---

209 Die kann man an der Auslegung des Begriffs „Prinzip" festmachen: Nach Aristoteles ist „Prinzip" (lat. principium Anfang, Ursprung, Grundlage) ein Begriff der Logik. Prinzipien geben den Begründungszusammenhang als die inhaltliche und methodische Grundlage für ein philosophisches Konstrukt, für einen wissenschaftlichen Ansatz oder für eine Alltagsmeinung an. Der Begriff ist einem Teilgebiet der Philosophie, der Erkenntnistheorie (Epistemologie), zugeordnet, die nach den Voraussetzungen für Erkenntnis als (subjektive) Einsicht und nach der Objektivität von Wissen fragt bzw. untersucht, was Gewissheit und Rechtfertigung ausmacht und welche Art von Zweifel an welcher Art von Überzeugungen bestehen kann. In der Tradition des Empirismus und Pragmatismus im englischsprachigen Kontext wird die Epistemologie als Theorie des Wissens ausgelegt, also auf die Generierung, Rechtfertigung und Verbreitung von Wissen bezogen. Die philosophische unbedingte „Einsicht" wird von der nichtphilosophischen „Ansicht" nicht scharf getrennt (zum Problem der Einsicht siehe: HÄBERLIN 1952). Dasselbe gilt für eine Ideologie.

210 HERRINGTON et al. 2007, S. 4089

Autorin in Zusammenarbeit mit Uta SCHORLEMMER entwickeltes Kooperationsmodell, in dem versucht wird, die dargelegten Ansätze zur Lehrer(innen)bildung in praktikabler Weise zusammenzuführen.

4.5.2 Beispiel für einen Ansatz Forschenden Lernens an Schule und Hochschule: Forschende Schule – Qualität in Entwicklung[211]

In dem Modell „Forschende Schule – Qualität in Entwicklung" werden Projekte der Schul- und Unterrichtsentwicklung mit Aufgaben der Lehrer(innen)bildung und mit Forschendem Lernen an der Hochschule, im weiteren Sinne auch mit der Professionalisierungsforschung, verbunden. In Anbetracht der geschilderten Ausgangslage an den Hochschulen erscheint es vor allem notwendig, Forschendes Lernen so vorzustrukturieren, dass es weitgehend eigenständig vonstattengehen kann. Darüber hinaus gebietet es die qualifikatorische Funktion des berufsbezogenen Studiums, dass Forschendes Lernen so dokumentiert wird, dass es zertifiziert und (divers geschützt) in andere Kontexte überführt werden kann.

Die Ziele des Projekts liegen hauptsächlich in der Entwicklung eines Konzepts der Praxisforschung, das in Hinblick auf die für die Kooperation zwischen Schule und Hochschule in der Regel vorgegebenen Strukturen praktikabel ist. In der Regel geht es um die zielführende Bearbeitung von Unterrichts- und Schulentwicklungsaufgaben. Die Lehrer(innen) an der Forschenden Schule werden von einer wissenschaftlichen Koordinationsstelle vor allem dabei unterstützt, der Unterrichts- und Schulentwicklung zuträgliche Forschungsprojekte in Auftrag zu geben, in manchen Fällen auch solche selbst durchzuführen. Entwicklungsaufgaben, die sich aus dem Schul- und Unterrichtsgeschehen ergeben, werden in Hochschulseminaren bearbeitet. Zugleich wird der Ansatz zur partizipativen Schulentwicklung als Instrument für die Qualitätsentwicklung der Hochschullehre angesehen. Die wissenschaftliche Koordinationsstelle signifiziert gewissermaßen und bearbeitet die Praxis-Theorie-Schnittstelle oder auch -Lücke.

---

211 In Anlehnung an das Qualitätsverständnis der Pädagogischen Hochschule Ludwigsburg (Stand: Sommersemester 2012). Das Konzept ist zudem an die „Hamburger Forschungswerkstatt Schulentwicklung" am Fachbereich Erziehungswissenschaft der Universität Hamburg angelehnt, nach dem in Zusammenarbeit mit Schulen überschaubare Fragestellungen der Unterrichts- und Schulentwicklung formuliert werden, die fachlich aufgearbeitet und in Hochschulseminaren untersucht werden. Für das digitale Servicebüro ist das an der Universität Kassel aufgebaute „Fallarchiv" (http://www.fallarchiv.uni-kassel.de/) beispielhaft.

Damit die Forschungskooperation für beide Seiten ein Gewinn ist, besteht das Ziel des Projekts in erster Linie darin, ein Qualitätsverständnis zu etablieren, das auf enger Zusammenarbeit (nicht Identität) von Forschung und Unterrichtsentwicklung basiert. Aufgebaut und unterstützt werden soll eine professionelle Lerngemeinschaft. Dieses Qualitätsverständnis schließt die Überzeugung ein, dass die Qualität der an der Schule und an der Hochschule geleisteten Arbeit hoch ist und die Bemühungen um eine Verbesserung der Arbeitsergebnisse und Erleichterungen bei den Arbeitsabläufen selbstverständlicher Bestandteil des beruflichen Selbstverständnisses der Mitarbeiter(innen) an den kooperierenden Schulen und Hochschulen ist.

Auf der Grundlage einer kontinuierlichen Reflexion von Qualitätsaspekten und Potentialen, die für die Schulentwicklung herangezogen werden können, sollen Einzelprojekte der Schul- und Unterrichtsentwicklung realisierbar werden. Von der Findung, Formulierung und wissenschaftlichen Bearbeitung von Entwicklungsaufgaben wird angenommen, dass sie zu Arbeitserleichterungen und Qualitätsverbesserungen an der Hochschule führen. Eben solche Aufgaben können, so wird angenommen, am besten durch diejenigen Personen erkannt und genutzt werden, die an den jeweiligen Arbeitsabläufen selbst beteiligt[212] sind. Dies umfasst auch externe Maßgaben (etwa Neuregelungen auf bildungspolitischer Ebene, Dienstverpflichtungen). Die Qualitätsentwicklung ist daher integraler Bestandteil des Schulkonzepts.[213]

Vorzugsweise werden im Projekt solche Entwicklungsprojekte (in Abstufung ihrer Priorität) unterstützt, die auf praktische Herausforderungen mit überschau-

---

212 Beteiligte Personen sind Menschen, die aufgrund ihres Aufgaben- oder Verantwortungsgebietes mit dem in den Blick genommenen Arbeitsprozess zu tun haben. Dies können Personen aus ganz unterschiedlichen Organisationseinheiten sein. Beteiligt in dem hier gemeinten Sinne sind auch Menschen, die die Auswirkung bzw. die Ergebnisse des Arbeitsprozesses unmittelbar erfahren, also die Adressat(inn)en des Prozesses sind.

213 Die Schule und die Hochschule verpflichten sich vertraglich, für die Forschende Schule angemessene Ressourcen und Strukturen (geregelte Entscheidungsstrukturen und -prozesse in Gremien, geregelte Möglichkeiten der Partizipation und Intervention o. ä.), Betreuung und Zuarbeit bereit- sowie angemessene Zertifikate für im Rahmen des Projekts erbrachte wissenschaftliche Leistungen auszustellen. Das Interesse der Lehrer(innen) an und ihre Bereitschaft zu eigenem wissenschaftlichem Arbeiten sowie ihrer Offenheit für das wissenschaftliche Interesse anderer an ihrer Arbeit bzw. an den Aufgaben der Unterrichts- und Schulentwicklung wird ebenfalls vertraglich geregelt und mit einer Deputatsreduktion belohnt. Über kleinere wissenschaftliche Förderanträge werden zusätzliche finanzielle, zeitliche und personelle Ressourcen für die wissenschaftlich ausgerichtete Unterrichts- und Schulentwicklung geschaffen.

barem Problempotential antworten und von denen man sich einen entscheidenden Mehrwert für die Schule verspricht. Dabei werden in der Regel vorrangig solche Verbesserungsvorhaben angegangen, die für einen unmittelbar betroffenen Personenkreis von Belang sind. Qualitätsinitiativen werden also zumeist „bottom up" entwickelt. Zugleich wird nicht nur eine möglichst große Transparenz der Maßnahmen zur Qualitätsentwicklung angestrebt; es soll auch eine möglichst große Teilnahme der von ihnen Betroffenen daran erreicht werden.

In dialogischen Verfahren wird vor allem das Engagement von Lehrer(inne)n und Schüler(inne)n als originäre Ressource für die konkrete Entwicklungsarbeit aufgegriffen. Damit wird ihre Eigenverantwortung für Lehr-Lernprozesse akzentuiert. In einem gestaltungsoffenen Interaktionsraum artikulieren an der Unterrichts- und Schulentwicklung Beteiligte zugleich als von ihr Betroffene ihre eigenen Bedürfnisse, Interessen und Erwartungen. Das Projekt verfolgt, basierend auf sequentiell festgestellten Bedarfslagen, also das vorrangige Ziel, Schüler(innen) (und Lehrer(innen)) darin zu unterstützen, ihre Selbstwirksamkeit zu erhöhen und Demokratiefähigkeit und Methodenkompetenzen zu erwerben. Sie lernen daher vor allem solche Methoden, Strategien und Verfahren kennen und anzuwenden, die dazu geeignet sind, Lehr-Lernprozesse und solche der Qualitätsentwicklung und -verbesserung zu analysieren. In Bezug auf die damit verbundenen Herausforderungen werden Entwicklungsaufgaben formuliert und auf konkrete Maßnahmen hin operationalisiert. Anhand verschiedener Leitdifferenzen (Gender, Muttersprache, Alter, unterschiedliche Vorerfahrungen mit schulischem Lernen und Leistungsprofile usw.) werden vielfältige, auch differente kontext- und themenorientierte Herausforderungen an Pädagogik aufgegriffen und heterogene Lernausgangslagen und -kulturen berücksichtigt. Das Konzept der Forschenden Schule dient zudem dazu, die Lehrer(innen)bildung konzeptuell an ihr Berufsfeld zu knüpfen, indem die Lehrer(innen) aktiv an der Verwaltung, Interpretation, Strukturierung, empirischen Fundierung und Multiplikation von Daten, Analysen und Fachwissen mitwirken.

Dies soll innovative didaktische und wissenschaftliche Impulse für die Hochschule mit sich bringen. An der Hochschule werden im Rahmen von Methodenworkshops, Qualifikationsarbeiten oder wissenschaftlichen Publikationen zu den in der Schule aufgebrachten Themen wissenschaftliche Studien erstellt. Quantitative werden mit qualitativen Methoden kombiniert. Dabei soll eine an der Kompetenzentwicklung der Studierenden orientierte Studienleistungsbewertung auch bei hohen Studierendenzahlen erreicht werden.

Den großen Herausforderungen, die sich einem solchen Projekt im operativen Bereich stellen, soll dadurch begegnet werden, dass die Verbindung zwischen der

Forschenden Schule und dem Forschenden Lernen an der Hochschule über zwei zentrale Schnittstellen organisiert wird:

Eine wissenschaftliche Mitarbeiter(innen)stelle am Schulort verantwortet als Koordinationsstelle das wissenschaftliche Qualitätsentwicklungsprogramm der Forschenden Schule, sie begleitet es und leitet es auf geregelte Weise operativ. Die Koordinierungsstelle hat das vorrangige Ziel, die an der Schule und an den beteiligten Hochschulen geleistete Arbeit zu vereinfachen und vor allem die Schulangehörigen zu unterstützen. Sie unterstützt die Lehrer(innen) und die Schüler(innen) bei der Formulierung von wissenschaftlich bearbeitbaren Entwicklungsaufgaben und gewährleistet deren wissenschaftlich-systematische, forschungsethisch vertretbare und einzelne Personen nicht brüskierende Bearbeitung. Ihre Arbeit basiert auf den o. g. Grundüberzeugungen, die die Koordinationsstelle im Zweifelsfall auch nach außen vertritt. Konkret leistet sie eine Unterstützung bei der Projekt- und Zeitplanung, sie strukturiert die wissenschaftliche Kooperation in Einzelgesprächen, leistet fachliche Unterstützung und sie hilft bei der Erarbeitung eines Forschungsstands. Sie ermittelt Schnittstellen zu anderen Projekten, präsentiert die dokumentierten Arbeitsergebnisse und organisiert die im Projekt vorgesehenen reflexiven Schlaufen (s. o.). Sie bereitet Entwicklungsprojekte vor, organisiert sie und kommuniziert mit den jeweils Betroffenen oder Zuständigen. Sie erstellt eine sorgfältige Dokumentation der Entwicklungsarbeit und akquiriert bei Bedarf weitere monetäre und personelle Ressourcen, bspw. für die Verwaltungs- und Koordinationsarbeit. Die Koordinationsstelle versteht sich als eine Schnittstelle für Information, Wissen und für den Schutz der Persönlichkeitsrechte der Beteiligten sowie als Interessenvermittlerin zwischen Schule und Hochschule.

Die zweite zentrale Schnittstelle ist eine E-Plattform als ein digitales Servicebüro, die nach den Maßgaben wissenschaftlicher Ethik erstellt und gepflegt wird. Über die E-Plattform (moodle) wird die Organisation des Projekts an Schule und Hochschule (längerfristig gesehen auch an kooperierenden Hochschulen) funktional gesteuert. Die verschiedenen digitalen Funktionsfelder der E-Plattform werden unter sorgfältiger Berücksichtigung diverser Schutzrechte (etwa Datenschutz) sukzessive an Hochschule und Schule implementiert und dabei stets der Qualitätssicherung unterzogen. Dafür zuständig ist ebenfalls die Koordinationsstelle. Das digitale Servicebüro hält ein Informationsangebot für wissenschaftliche Verfahren und für die Instrumente qualitativer, dialogischer Evaluation bereit und verbindet diese mit der Dokumentation von Beratungs-, Seminar-, Forschungs- und anderen Leistungen (Fallarchiv). Hier wird an die an der Universität geleistete theoretische und empirische Arbeit angeknüpft und dazu ein Beitrag geleistet. Digitale Medien ermöglichen es insbesondere, vorgefertigte Film-, Bild-, Hör- und

Textmedien nebeneinander zu stellen, diese frei miteinander zu kombinieren und sie weiterzubearbeiten.

Neben der Koordinationsstelle und den Lehrer(inne)n erhalten kooperierende Wissenschaftler(innen) passwortgeschützt Zugang zur E-Plattform bzw. zu deren Teilbereichen. Hier können sie Datenmaterial, Methoden und Ergebnisse wissenschaftlicher Studien finden und abrufen. Die Wissenschaftler(innen) stellen, vermittelt über die wissenschaftliche Koordinationsstelle, auch ihre eigenen Analysen, Texte etc. auf die E-Plattform und geben sie damit (passwortgeschützt) für die Qualitätsarbeit an der Forschenden Schule und für die Hochschullehre frei. Von einem solchen gemeinsamen, divers passwortgeschützten Zugriff von Wissenschaftler(inne)n, Lehrer(inne)n und Studierenden auf die E-Plattform und der Bearbeitung der Daten durch diese Gruppen gehen Synergieeffekte (Publikationen, Konzepte für Lehrerfortbildungen, wissenschaftliche Kooperationen) aus, die vielfältige Vorteile für Forschende Schule wie für die Lehre an der Hochschule bringen und neue Chancen für sie eröffnen können. Durch die sorgfältige und übersichtliche Dokumentation der unter wissenschaftlicher Begleitung erarbeiteten und durchgeführten Entwicklungsprojekte (Dokumentation von Beschlussfassungen, Anträge, Berichte, Daten, Veröffentlichungen wie Studien, Unterrichtsmaterialien, ein didaktischer Methodenpool, etc.) im digitalen Servicebüro soll der spiralförmige Qualitätsentwicklungsprozess für die Projektmitarbeiter(innen) und für nicht unmittelbar am Projekt Beteiligten nachvollziehbar gemacht werden. Diese Arbeit wird durch digitale Masken erleichtert.

Das Vorgehen bei der Qualitätsentwicklung lässt sich als ein kontinuierlicher, spiralförmiger Reflexionsprozess über Möglichkeiten einer Verbesserung der Schul- und Unterrichtsqualität nach dem Modell, wie in Abbildung 2 dargestellt, beschreiben.

Die strategischen Entscheidungsgremien der Schule arbeiten, vermittelt über die Koordinationsstelle, mit den operativ agierenden Organisationseinheiten bzw. Einzelpersonen zusammen. Die beiden Ebenen der wissenschaftlich-strategischen und der operativen Qualitätsentwicklung verstehen sich nicht hierarchisch, sondern als zwei Seiten in ein und demselben Projekt.

Eine Außenwahrnehmung soll über das externe Monitoring eines *critical friend* gewährleistet werden, als welcher ein sogenannter *Grüner Tisch* fungiert, der allerdings nur in schwerwiegenden Konfliktfällen einberufen wird. Dann versucht er gemeinsam mit der Koordinierungsstelle und den direkt am Konflikt Beteiligten mit je einem Unterstützer, einer Unterstützerin die Probleme zu lösen. Der Grüne Tisch gibt gegebenenfalls auch Empfehlungen an die beiden Projektleitungen ab, das Konzept zur Qualitätsentwicklung (z. B. durch Auflistung zentrale Kategorien der Qualitätsentwicklung) zu präzisieren oder zu modifizieren.

I Qualitätsbedarfe/-bedürfnisse erheben und Ziele definieren
An der Schule legen die am jeweiligen Arbeitsfeld beteiligten Personen fest, in welchem Teil ihres Aufgabengebietes Qualität zu entwickeln ist bzw. welche Veränderungen angestrebt werden.

II Projektbeschreibung und Dokumentation
Die beteiligten Personen beschreiben den Ist-Zustand des in den Blick genommenen Arbeitszusammenhangs einschließlich seiner aktuell von ihnen wahrgenommenen Stärken und Schwächen. Eine Entwicklungsaufgabe wird formuliert, ein Vorgehen bestimmt und ein Zeitplan aufgestellt.

III Datenerhebung und Dokumentation
Zur Entwicklungsaufgabe werden wissenschaftliche Ergebnisse ermittelt und ein Forschungssetting entwickelt, ggf. wird ein Förderantrag gestellt. Es folgt eine methodisch gestützte Datenerhebung und -auswertung. Besonderer Wert wird auf Möglichkeiten einer (Weiter-)Bearbeitung schulweiter Instrumente der Qualitätssicherung gelegt (Regelungen, Satzungen, Checklisten, Formulare …).

IV Ergebnisse kommunizieren und Dokumentation
Den Beteiligten sind passwortgeschützt Prozesse, Instrumente, Verantwortlichkeiten, Vorgehensweisen, Ergebnisse etc. zugänglich. Die erzielten Ergebnisse und entwickelten Prozessbeschreibungen bzw. Qualitätsinstrumente werden, so noch nicht zuvor geschehen, der Koordinationsstelle zugänglich gemacht, um die Koordination der einzelnen Qualitätsinitiativen zu einem zusammenhängenden Qualitätsmanagementsystem hin zu gewährleisten.

Abbildung 2: Ablauf eines Entwicklungsprojekts

Operativ ist die Zusammenarbeit der verschiedenen Gruppen wie folgt organisiert (vgl. Abb. 3): Die wissenschaftliche und die schulische Projektleitung formulieren Einzelprojekte übergreifende strategische Entwicklungsziele, wobei die Auslegung dieser Ziele möglichst so breit angelegt ist wie die wissenschaftlichen Auslegungen dazu. Beide moderieren und koordinieren bei Bedarf die grundsätzlich dialogisch angelegte Qualitätsentwicklung und fungieren als beratende Instanz; in der Regel arbeiten die operativen Gruppen aber eigenständig.

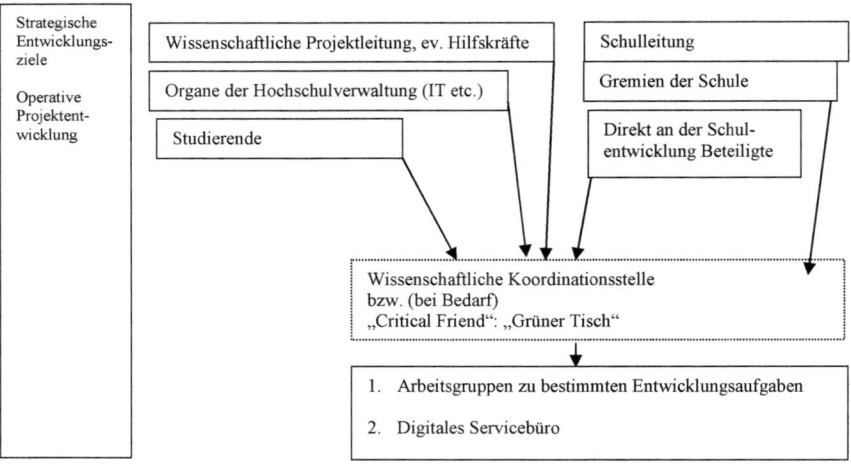

Abbildung 3: An der Qualitätsentwicklung beteiligte Gruppen und Instanzen

In Arbeitsgruppen zur Qualitätsentwicklung, an denen potentiell alle an der Schulentwicklung Beteiligten teilnehmen, werden Entwicklungsprojekte an die projektübergreifenden strategischen Ziele gebunden und vor dem Hintergrund des Schulkonzepts legitimiert. Die Arbeitsgruppen konzipieren Entwicklungsprojekte, die sie delegieren oder selbst durchführen. Dabei achten sie auf die Einhaltung des im Schulkonzept dargelegten und auf die Kooperation mit der Hochschule abgestimmten Qualitätsverständnisses und auf andere schulweit (oder an der Universität) gültige Regelungen.

Das mit dem flexibel ergänzbaren multimodalen Lernsetting der E-Plattform für die Lehrer(innen)bildung intendierte Ziel liegt in der Vorstrukturierung und Ermöglichung einer multimodal angelegten Hochschuldidaktik. Der Grundgedanke für das Modell der Lehrer(innen)bildung, der mittels der E-Plattform realisiert werden soll, ist, dass aus der Schul- und Unterrichtspraxis heraus formulierte Entwicklungsaufgaben sowie flexibel und professionell erhobenes Film-, Ton-, Text- (Transkriptionen) und anderes digitales Datenmaterial es möglich machen, in Hochschulseminaren solche Herausforderungen gezielt zu bearbeiten, die sich jeweils aktuell in Unterrichts- und Schulsituationen stellen, und diese hochschuldidaktisch gerahmt wissenschaftlich zu reflektieren. Das heißt konkret, dass Studierenden im Seminar Datenmaterial aus der Schule (Filmmaterial, Dokumente, Positionspapiere etc.) und bearbeitbare, an der Schule sich stellende Entwicklungsaufgaben (dies können pädagogische Intentionen sein, Kompetenzziele etc.) vorgelegt werden. Sie erhalten das Material via E-Plattform von der

Schule: Die Akteure in der Schule werden von der Koordinationsstelle in Bezug auf die Generierung von Daten beraten, die von der Koordinationsstelle für die wissenschaftliche Analyse aufgearbeitet (Transkriptionen, Filmschnitt, Formatierungen, Anonymisierung) und auf die E-Plattform eingestellt werden. Außerdem befinden sich auf dieser Plattform Hinweise und Anleitungen sowie ein Pool wissenschaftlicher Methoden, theoretischer Texte und Beispielanalysen. Dieser Pool wird von der wissenschaftlichen Leitung des Projekts (Seminarleitung an der Universität) im Rahmen ihrer Seminarvor- und -nachbereitungen ständig ergänzt und anderswie bearbeitet. Die Koordinationsstelle arbeitet ihr zu. Der digitale Pool soll den Studierenden (und anderen Projektbeteiligten) die eigenständige Erstellung einer an wissenschaftlichem Arbeiten orientierten empirischen Studie zu einer von der Schule gestellten Entwicklungsaufgabe ermöglichen. Ferner entwickeln die Studierenden multimodal, also analytisch-textlich, filmisch, bildlich, auditiv, mögliche Alternativverläufe zu den dokumentierten Praktiken oder Sachverhalten in Schule und Unterricht, genauso Lösungsstrategien, kontrastierende Szenen, mögliche Parallelgeschehen, „Hinterbühnen"[214] und zeichnen sie auf bzw. dokumentieren sie. Erwartet wird, dass sich aus den von ihnen generierten Materialien wieder vielfältige Lernanlässe ergeben. Einzelne Arbeiten aus den von den Studierenden erstellten digitalen Portfolios werden in der Seminargruppe besprochen, ggf. auch als Modulprüfungen bewertet. Ausgewählte, dafür freigegebene Ergebnisse (Analysen, Filme von Alternativverläufen) werden passwortgeschützt an die Kooperationsschule weitergeleitet, die damit, vermittelt über die Koordinationsstelle, weiterarbeitet. Bei Bedarf kann die Koordinationsstelle die studentischen Ergebnisse kommentieren, erklären. Es kann auch zu einem Rücklauf weiterbearbeiteter Dokumente an die Hochschule kommen. Für die Grundstruktur der E-Plattform siehe Abbildung 4.

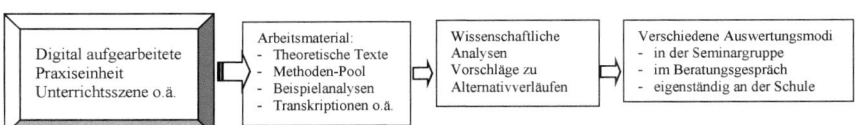

Abbildung 4:   Modell der Information und Kommunikation über die E-Plattform

Mit dem digitalen Setting für Information, Kommunikation und Lernen wird auf die überdisziplinär diskutierten Vorteile multimodaler Anwendungen digitaler Medien Bezug genommen. Die E-Plattform kann nicht nur für Präsentationen, Diskussionen, Fortbildungen etc. genutzt werden. Als multimodale Lernsetting

---

214 ZINNECKER 1978

wird sie auch für die Unterstützung von Großveranstaltungen wie auch von kleineren Seminaren an der Universität für geeignet gehalten. Das Arbeiten mit der E-Plattform lässt sich als DCBL (Design Challenge Based Learning) nach Eli BLEVIS und Shunying BLEVIS (2010) verstehen, mit dem eine explorative und kreative Auseinandersetzung mit diversen Lernthemen, individuelle wie auch kooperative Aktivitäten sowie die öffentliche Präsentation der Ergebnisse und das Einholen von Kritik intendiert sind. Die multimodale Präsentation und Bearbeitung von Prozessen und Praxiswissen soll der Auslegung der professionellen Reflexivität anhand von für die Schul- und Unterrichtsentwicklung relevanten, viel eher impliziten als expliziten Wissensformen möglichst gerecht werden. Die E-Plattform kann in Anlehnung an das „open architecture learning model" von Terry WRIGLEY (2007) auch als ein offenes Setting für Forschendes Lernen verstanden werden, das sich durch immer neue Komponenten erweitern lässt. Denkbar ist die Entwicklung auch solcher Anwendungen auf der E-Plattform, durch die schulische Geschehen sich auf interaktive Weise mit an der Hochschule stattfindenden Geschehen verbinden lassen.

An die theoretischen Ausgangspunkte der Pädagogischen Anthropologie anschlussfähig, werden bei Entwicklungsprojekten vor allem die vielfältigen Wissensformen in den Fokus der Aufmerksamkeit und damit der Kompetenzentwicklung im Rahmen der Lehrer(innen)bildung gerückt.

Nachdem es zunächst um konzeptuelle und organisatorische Rahmen und um operative Lernsettings für die Lehrer(innen)bildung ging, soll im Folgenden ein Prinzip erarbeitet werden, das den oben entfalteten pädagogischen Wissensformen und ihrer Herausbildung am ehesten gerecht wird. Notwendig für eine Propädeutik der Anwendung von Theorie im pädagogischen Berufsfeld erscheint die Modellierung eines generischen Prinzips, auf das der Erwerb pädagogischer Wissensformen als solcher zurückgeführt werden kann. Dieses Prinzip ist bereits bestimmt als die sachdienlichen Umgangsmodi mit dem Unwägbaren, flankiert von fachlichem, methodischem, pädagogischem und didaktischem Wissen.[215] Es steht im Mittelpunkt kompetenten pädagogischen Handelns und ist zugleich dessen Voraussetzung. Dieses Prinzip ist dessen Performativität.

---

215 Ein Unterrichtsbeispiel, bei dem der Lerninhalt von seinen unwägbaren Aspekten her entfaltet wird, wäre die Erklärung verschiedener Formen der Energieerzeugung anhand der unterschiedlichen Formen damit jeweils verbundener Risikobewältigung im naturwissenschaftlichen oder im Technikunterricht. Ein anderes Beispiel ist die Interpretation eines Kunstwerks im Kunstunterricht von dem her, was zwar nicht dargestellt ist, worauf es aber in gewissem Sinne antwortet (vgl. DIDI-HUBERMAN 1999). In beiden Beispielen ergibt sich durch die Erklärung eines Sachverhaltes vor dem Hintergrund des Unwägbaren eine genetische Sicht auf die jeweils verhandelte Sache.

Im Folgenden wird mit Blick auf die Medialität pädagogischer Handlungsgeschehen ein performativer Bildungsbegriff herausgearbeitet, der ins Verhältnis zu einem performativen Spielbegriff gesetzt wird. Dies geschieht mit dem Ziel, die unter den oben genannten Gesichtspunkten beschriebenen erzieherischen Praktiken in ihrem performativen Charakter zu erfassen bzw. abbild- bzw. repräsentierbar und damit der praktischen Lehrer(innen)bildung zugänglich zu machen. Performativität ist ein kontrovers verhandeltes Konzept. Es wird zunächst abgesteckt, indem es ins Verhältnis zu dem der Rationalität gesetzt wird. Danach wird der Kompetenzbegriff zuerst mit einem Performativitätsbegriff in Beziehung gesetzt, der von der in diesem Buch entfalteten handlungstheoretischen Argumentation verschieden ist, um dann unter den bisher erarbeiteten Prämissen ausbuchstabiert zu werden. Dies geschieht vornehmlich mit dem Ziel, der Spezifik pädagogischen Wissens gerecht zu werden. Zugleich soll der Ansatz der Pädagogischen Anthropologie für die Lehrer(innen)bildung fruchtbar gemacht werden, nach dem nicht zuletzt neben einer forschenden, auch (weiterhin) eine generische und eine kritische Auseinandersetzung mit der Wissenschaft vorgesehen ist.[216]

---

216 Das Forschende Lernen war oben vom generischen, also auf den Nachvollzug früherer Forschungsprozesse und -ergebnisse und vom kritischen Lernen als einer Reflexion wissenschaftlicher Grundfragen abgegrenzt worden.

5. Performative Pädagogik

5.1 Performativität und Rationalität

Jede Theoriebildung und jedes Lernen hat (auch) performativen Charakter. Das heißt, Bedeutung oder Bedeutsamkeit wird nicht nur durch zielstrebiges, rational gesteuertes und strategisches Vorgehen *erreicht*, sie *kommt* auch ereignishaft oder in emergenter Weise auf die Akteure *zu*.[217] Nach dem Emergenzkonzept sind Ursachen, Phänomene und ihre Wirkungen nicht klar voneinander zu trennen.[218] Performative Vollzüge und Folgen des eigenen Handelns können daher vom Akteur oder von der Akteurin nicht vollständig rational antizipiert werden. Darum ist eine rationale Lenkung derselben nicht in jeder Hinsicht möglich. Performatives Handeln, Urteilen und Verstehen lassen sich grundsätzlich auch nicht auf einen an Text und Sprache orientierten Verstehensbegriff zurückführen, sondern es wird von einer Komplexität von Wahrnehmungen und Prozessen ausgegangen. Es beruht auf gestischem Nachvollzug, auf deiktischen Handlungen und Strukturen, auf der Erfassung selbstläufiger Entwicklungen und Prozesse und auf nur teilweise geplant herbeigeführten Formationen o. ä. Performatives Verstehen ist mehr oder weniger partikular bzw. auf Singularitäten und auf eine nichteinholbare Alterität bezogen. Unter dem Vorzeichen des Performativen wird Wissen immer nur als vorläufig und prekär konzipiert. Eine performative Theoriebildung entzieht sich der Metrisierung und der Standardisierung.[219]

Die Beforschung performativer Phänomene etwa im Sinne der Praxisforschung steht dennoch keineswegs im Gegensatz zur Wissenschaftlichkeit und zur pädagogischen Theoriebildung, im Gegenteil. Ralf BOHNSACK (2007, S. 201 [Hervorh. i. O.]) schreibt: „[…] der kultur- und sozialwissenschaftliche Beobachter [hat] danach zu fragen: *Wie* wird das, was für wahr und richtig gehalten oder als unwahr und falsch ausgegrenzt wird, in der alltäglichen Praxis und in deren Sozialisationsgeschichte, in deren Soziogenese *hergestellt*?" Ein soziales Geschehen lässt sich demnach durch eine performativitätstheoretisch informierte Analyse ermitteln, die auf das *Wie* eines Geschehens gerichtet ist. Gegenstand „[…] einer validen sozialwissenschaftlichen Beobachtung sind dann […] nicht die Motive und subjektiven Intentionen selbst, sondern lediglich die Prozesse ihrer Kons-

---

217 KERTSCHER & MERSCH 2003
218 *Ein Baum wächst*: Die Ausformung des Stammes, der Äste, Zweige und Blätter, die Höhe und seine Breite sind Ergebnisse des Wachsens und das Phänomen Baum selbst.
219 Zur näheren Bestimmung der Wissenschaftsorientierung der Lehrer(innen)bildung anhand der performativitätstheoretischen Ansattzes siehe KRAUS 2015.

truktion, also ihre interpretatorische und definitorische Performativität."[220] Eine adäquate Beschreibungssprache für die innere Regelhaftigkeit und Eigendynamik performativer sozialer Phänomene und ihrer Interpretation, insbesondere im Zusammenhang von Wissensformen in der Pädagogik, wurde allerdings bisher nur sehr bedingt erarbeitet.[221] Eine solche wäre aber für die Hochschuldidaktik im Zusammenhang der Lehrer(innen)bildung ganz besonders wichtig.

„Eine performative Sichtweise verwirft eine allgemeine und totale Methode und Lesart von Realität zugunsten einer relativierenden, den Kontexten angepassten Interpretation, die eine Pluralität von idiomatischen Gesten und kontextuierenden Phänomenologien zeitigt."[222] Werden unter dem Gesichtspunkt der Performativität die Genese, der Prozesscharakter und die Folgewirkungen von (sichtbaren) Geschehen im Sinne von Phänomenologien[223] in den Blick genommen, so geschieht dies unter der Prämisse, dass performative Handlungen genau und nur das bedeuten, was sie vollziehen. Diese Bedeutung kommt wie ein Ereignis

---

220 BOHNSACK 2007, S. 202
221 BOHNSACK 2007, S. 208; zahlreiche Unternehmungen – und hier nicht zuletzt empirische –, eine solche Beschreibungssprache vor allem im Feld der Kulturwissenschaften, aber auch in der Erziehungswissenschaft zu entwickeln, sind im Rahmen des Sonderforschungsbereichs 447 der DFG: Kulturen des Performativen – Performative Turns im Mittelalter, in der Frühen Neuzeit und in der Moderne (siehe: http://gepris.dfg.de/gepris/projekt/5482988) unternommen worden.
222 WULF & ZIRFAS 2007, S. 9
223 In der Phänomenologie wird der Begriff „Phänomen" sowohl als ein Terminus ad quo als auch als ein Terminus ad quem verwendet (BLANKENBURG 1991): Auf der einen Seite ist ein Phänomen das von sich her Offenbare und darum zweifelsfrei Beobachtbare (Terminus ad quo). In diesem Sinne ist die Phänomenologie eine deskriptive Wissenschaft von den Phänomenen. Das Beobachtete wird beforscht, indem genau beschrieben wird, *wie* es sich zeigt: Dies geschieht eben mit dem Ziel, diese *Sache* aus sich heraus zu verstehen. Die Frage, *wie* eine Sache zu der wird, als die sie uns erscheint, richtet sich auf ihr Erscheinen. Das Verständnis der Phänomenologie als eine deskriptive Gegenstandslehre ist in der Pädagogik stark verbreitet. Als deskriptive Gegenstandslehre wird die Phänomenologie in der erziehungswissenschaftlichen Überblicksliteratur in der Regel überhaupt gefasst. Auf der anderen Seite bezeichnet Phänomen als ein Terminus ad quem etwas, das erst noch aufzudecken ist, nicht etwa, weil es verborgen wäre, sondern da es aus seinem jeweiligen Kontext heraus zu bestimmen ist. In eidetischen, konstitutionsphänomenologischen, transzendental- und leibphänomenologischen Ansätzen bezeichnet „Phänomen" kein schlicht gegebenes Ding der tatsächlichen Welt, sondern die *Sache*, die *bestimmten Ordnungsfunktionen folgend in Erscheinung tritt*. Im Begriff „Phänomenologien" geht es um Phänomen als einem Terminus ad quem.

auf die Handelnden zu.[224] Die damit verbundene Zeugenschaft enthält ein mimetisches[225] respektive ein Moment der (Neu-)Auslegung von Handlungsmustern. Zugleich hat performatives Handeln seinen Ort in seinem je spezifischen Kontext, auf den es einwirkt und der auf es wirkt. Performatives Handeln wird einer Sache oder Intention (teilweise) gerecht, etwa kann es mit intersubjektiven Maßgaben abgestimmt und zugleich an die Haltung der handelnden Person zurückgebunden sein. Es beruht auf der individuellen, also mehr oder weniger und in verschiedener Weise ausgeprägten Kontextsensitivität.

Die Modalitäten, Funktionen, Effekte, Kontexte und Kontextualisierungen einer Sache bzw. eines Geschehens, die unter performativitätstheoretischer Perspektive von besonderem Interesse sind, stehen auch im Blickpunkt der Phänomenologie, insbesondere der Leibphänomenologie. Dazu schreibt Käte MEYER-DRAWE (2003, S. 2):

„Das Ich eignet sich seine Welt nicht an, indem es sie mit Konstruktionen überspannt. Es ‚empfängt' sie und bringt sie in einer Art Reprise zum Ausdruck, zur Sprache. Der leiblichen Orientierung in der Welt gehört die sprachliche Organisation zu. Sprache drückt die Spannung zwischen Situiertheit und Objektivierung aus, da sie in der Lage ist, sich auf Anwesendes wie Abwesendes zu beziehen. Sprache ordnet die Situation, während die Wahrnehmung in ihr aufgeht."

Mit WALDENFELS (1994, S. 132) lässt sich dies noch ergänzen:

„Handeln hat stets etwas von einem Aushandeln; denn hier werden Ziele nicht fertig vorgefunden, noch willkürlich gesetzt, sie bilden sich und bestimmen sich im Laufe der Verwirklichung. Die Ziele sind im Gegebenen mehr oder weniger angedeutet, sie sind vorgezeichnet."

Diese Aussage lassen sich dahingehend auslegen, dass jedem Handeln, auch dem zielorientierten, ein performatives Moment innewohnt. „Handlungen sind stets indirekt, gebrochen, vermittelt durch Zwischenfelder, Zwischeninstanzen und Zwischenformen wie Schema, Stil, Ritual, Symbol, Technik, Regel und Normen."[226] Solche Zwischenfelder, -instanzen und -formen sind wir gewohnt, rational zu erfassen zu versuchen bzw. zu beschreiben. Hier wird jedoch deutlich, dass sie eine uns abgewandte Seite haben, sich etwa (eventuell unmerklich) verändern können. Performative Tätigkeiten und Urteile sind von ihrem Kontext mitbestimmt, der

---

224 Vgl. FISCHER-LICHTE 2001, S. 20
225 GEBAUER & WULF 1998
226 WALDENFELS 1994, S. 134

sich einem Akteur nie vollständig erschließt; durch sie werden Bestimmungsgrößen gesetzt, die wiederum neue (eigene) Kontexte herstellen.

Kontexte entstehen und wirken auf performative Art und Weise. Im Schulunterricht kann eine (gelungene) Choreographie die Folge sein; darauf wird unten näher eingegangen.

Da die performative Konstitution von Bedeutungen auf die Akteure für diese selbst insofern unwägbar zukommt, als sowohl ihr korporales Agieren wie auch dessen Kontextualisierung für sie nur teilweise steuer- und antizipierbar ist, ist das Eigene mit Fremdem verwoben.[227] Sybille KRÄMER (2004) schreibt in Bezug auf die Performativität menschlicher Körperlichkeit: „In der Materialität, der Korporalität, der Präsenz und Ereignishaftigkeit von Zeichen wird etwas wirksam, was die Ordnung des Zeichens unterminiert bzw. überschreitet, somit als Repräsentations- oder Ausdrucksgeschehen angemessen nicht mehr zu verstehen und zu beschreiben ist."[228] Erfahrungen von Performanzen sind häufig von Kognitionen mit geprägt; zugleich eignet ihnen diesen gegenüber ein Surplus an Bedeutung und Bedeutungsstiftung.

Eine performative Konstitution von Wirklichkeit kann auf Wirkungen der Sprache, etwa auf diskursiven Effekten beruhen. Sie kann aber auch durch Handeln, und sie kann durch Bilder und Dinge ausgelöst werden. Unter der Perspektive der Performativität treten vielfältige Formen der Konstitution von Wirklichkeit wie Erkennen, Begreifen, Gewahrsein, Rekonstruieren und Wahrnehmen in den Blick. All dies sind zugleich Erkenntnisformen performativer Geschehen, also Rationalitätstypen bzw. Wissensformen (s. o.). Explizites deklaratives Wissen, das im Vordergrund des rationalitätstheoretischen Paradigmas steht, wird hier also, gemäß der Pädagogischen Anthropologie, neben viele andere Wissensformen gestellt.

Nach dem performativen Paradigma ist nicht, wie beim rationalen, davon auszugehen, dass ein (Forschungs-)Gegenstand schlicht gegeben ist. Im Blick stehen vielmehr, wie bereits herausgestellt, die Genese von Phänomenen, die Wechselwirkungen zwischen verschiedenen Themen sowie aktual Gegebenes, das von vereinzelten und von umfassenden Konstitutionsprozessen durchwoben ist. Anhand des performativen Paradigmas lässt sich etwa herausarbeiten, inwiefern aktuelles Handeln und Geschehen in eine Struktur eingebettet ist, die ihm vorgängig ist und der es sich als seiner Alterität und zugleich Herkunft auch gleichsam mimetisch anverwandelt. So kann die Genese von Phänomenen von den Entwicklungsbedingungen, materiellen Voraussetzungen und von den beteiligten

---

227 Vgl. FISCHER-LICHTE 2001, S. 20
228 KRÄMER 2004, S. 20

Akteur(inn)en o. ä. abhängig sein. Umgekehrt werden durch Weiterentwicklung, Veränderung, Emergenz, Selbstidentifizierung und (etwa diskursive) Effekte wieder neue Gegebenheiten, Voraussetzungen und Entwicklungsbedingungen geschaffen. Das Ziel einer performativen Forschung besteht vornehmlich darin, herauszuarbeiten, auf welche Weise performative Momente, Vollzüge und Praxen ein soziales Feld profilieren. Es geht dann etwa darum, zu ermitteln, wie Allgemeingültiges und Spezifisches sowie andere Antinomien in einer sozialen Situation performativ zueinander in Beziehung treten. Unter dem Gesichtspunkt des Performativen stehen der praktische Vollzug und die Gestaltung von Handlungen im Blick, genauso wie Ausdrucksqualitäten, der Handlungsaspekt von Sprache, inkorporierte Stile, Rituale, Habitūs, Schwellen- und Grenzsituationen und mimetische Zirkulationen;[229] Handlungsmöglichkeiten, soziale Dimensionierungen eines Geschehens, die Abhängigkeit jeweiliger Gegebenheiten von Instanzen mit Definitions-, Entscheidungs- und/oder Gestaltungsmacht, die Gewaltförmigkeit bestimmter Phänomene sind performativ. Zudem kennzeichnen situational sich auftuende individuelle, ereignishafte, räumlich-mediale, soziale, materielle, formal-dramaturgische, symbolische, personale Szenarien sowie deren Autonomie und externen Einflussfaktoren wie Requisiten, Spielräume, Praktiken die performative Seite eines Sachverhalts.[230] All dies sind Faktoren und Phänomene, die sich nicht auf intentionales, bewusstes und zielgerichtetes Handeln reduzieren lassen; intentionales Handeln flicht sich vielmehr gewissermaßen in sie ein.

Ein Beispiel für einen emergenten performativen Prozess ist der Händedruck, der zur Begrüßung durch die Druckstärke, in seinem Umgang mit Zeit und Umraum sowie durch die Wärme- und Kälteregelung eine bestimmte Bedeutung (etwa Selbstsicherheit, Souveränität oder Nervosität, Unsicherheit) erhält. Eine solche Bedeutung wird vom Akteur/von der Akteurin nicht unbedingt gewollt herbeigeführt. Eventuell wird sie ihm/ihr nicht einmal bewusst. Dem Gegenüber mag sie sich aber nichtsdestoweniger aufdrängen und für ihn/sie – für eine sicher kurze Zeit – als eine unikale, da vom expliziten Kontext (zunächst) abgetrennte nonverbale *Aussage* im Raum stehen. Die in bestimmter Weise gefühlte Begrüßung durch Händedruck kann eine bestimmte Beziehungsqualität (mit-)erzeugen, die vielleicht wenig mit dem expliziten Geschehen zu tun hat, aber die Beziehung der miteinander Interagierenden dennoch stark beeinflusst. Bspw. könnte ein feucht-starker Händedruck des Geschäftspartners/der Geschäftspartnerin als ein Zeichen für latente Aufregung ausgelegt werden und Misstrauen wecken. Es könnte sein, dass daher im nachfolgenden, vielleicht von Höflichkeit

---

229 WULF & ZIRFAS 2007, S. 8 ff.
230 WULF & ZIRFAS 2007

und Freundlichkeit bestimmten Gesprächsverlauf nach Spuren des Betrugs, nach List und Verschlagenheit gesucht und vielleicht sogar eigene (augenscheinlich freundliche) Äußerungen daraufhin angelegt werden, das Gegenüber zu überführen. In das Misstrauen können sich noch andere Empfindungen, Einstellungen und unbewusste Intentionen einmengen. Beim Gegenüber spielen sich eventuell damit korrespondierende Prozesse ab. Unterhalb der Oberfläche des expliziten vollzieht sich dann ein implizites Geschehen, durch das für das Gespräch und sein Ergebnis unter Umständen relevante kommunikative Weichen gestellt werden. Der implizite Tenor eines Gesprächs kann dem offenkundigen auch diametral widersprechen. Die multimodale Fähigkeit, das explizite und das implizite Geschehen zugleich zu verfolgen und zu beiden Stellung zu nehmen, ist überhaupt ausschlaggebend für das Gelingen des Gesprächs im Sinne einer Einlösung der Intentionen der Akteure oder ihrer Einigung.

An diesem Beispiel wird deutlich, dass Performativität Handeln in verschiedener Hinsicht beschreibt,

- was eine Handlung verursacht, bedingt und begleitet. Es geht dann um ein Handlungsgeschehen, das insgesamt performativ ist;
- die Wirkungen von Handeln können performativ sein;
- Handlungsformen können einen mehr oder weniger ausgeprägten performativen Charakter haben;
- „theoretical sensitivity"[231] (s. o.) hat performativen Charakter.

Der Vollzugscharakter performativer sozialer Geschehen kann anhand folgender Fragen ermittelt werden:

- Was wird jeweils als das Eigene vertreten?
- In welcher Hinsicht wird Fremdes aus dem Eigenen ausgegrenzt?
- Was für Zwiste treten auf und wie werden sie aufgelöst?

In den Blick werden damit nicht zuletzt soziale In- und Exklusionen genommen, wie detaillierte Selbst- und Fremdbilder, die in sozialen Aushandlungsprozessen generiert werden.

In einer am performativen Paradigma ausgerichteten Forschung oder Exploration können Diskrepanzen und Widersprüche eines Phänomens in sich und zu anderen, die in Handlungs- wie im Sprachgeschehen auftreten, in ihrer Gleichzeitigkeit und in Hinblick auf Interdependenzen ermittelt werden. In dieser

---

[231] GLASER 1978

Beziehung können auch solche Faktoren eruiert werden, die zum Gelingen eines performativen Vollzugs beitragen oder solche, die zu dessen Scheitern führen.

In Hinblick auf die Erforschung performativ sich (weiter aus-)bildender Erfahrungsprofile ist die Erkenntnis forschungsleitend, dass im Zuge performativer Praktiken und Vorgänge jeweils einige Gegenstände und Sachverhalte in den Vordergrund und andere in den Hintergrund treten. Performative Effekte generieren diverse Schauplätze.[232] Unter performativitätstheoretischer Perspektive treten die Tatsachen in den Blick, die durch Praktiken erzeugt werden, und das Wissen, das durch sie erworben wird.

Dabei kann allerdings nur der Ausschnitt einer Erfahrungsbildung erfasst werden. Die Erfahrungstiefe oder bereits bestehende Erfahrungsprofile sind kaum oder nur in Ansätzen erkennbar.

Umstritten ist, inwieweit in den eben beschriebenen performativen Dynamiken eine stabile Referenz, etwa ein Handlungssubjekt, ausfindig gemacht werden kann. Performative Prozesse vollziehen sich nach bestimmten Modi. Dies sind Handeln (1), Sprachwirkung und Erkennen (2), Diskurs (3), Aisthesis (4), Bilder (5) und Wiederholung (6). Diese Modi, in denen sich performative Prozesse vollziehen, sind zugleich gewissermaßen neuralgische Punkte, an denen sich die Übersetzung von pädagogischer Theorie in die pädagogische Praxis und damit der pädagogische Takt, ein Umgang mit pädagogischen Spannungsfeldern und der polymorphen Normativität wie auch die Veränderung von Habitūs und Vetrtrautheitsfallen vollzieht.

(1) Handeln: Unser Handeln strebt auf explizite oder auf implizite Art *von sich aus* danach, einer Sache gerecht zu werden – oder dies zu vermeiden. Von daher ist Handeln (sozial) verhandelbar.[233] Ferner eignet dem Handeln eine eigene Symbolizität und ein gewisses Konstitutionsvermögen. Um zwei Beispiele zu geben:
Verhält sich ein Kind in einer durch Erwachsenen vorinterpretierten Situation nicht den Erwartungen entsprechend, so kann die erwachsene Situationsdeutung etwa angesichts des eventuell offen und funktional ungebundenen kindlichen Ordnungsmusters, zumindest kurzzeitig, ausgehebelt werden; eine Rationalität ganz eigener Art kommt auf, deren Symbolizität eventuell die soziale Situation verändert.
Ein(e) Schwimmanfänger(in) erfährt in eigenen ersten Schwimmbewegungen, dass sich diese zwar in einzelne Sequenzen aufteilen respektive analysieren

---

232 Vgl. WALDENFELS 2004a, S. 198
233 Vgl. MAROTZKI 2007, S. 178

lassen; daher können sie im Trockenen auch antizipiert werden und sie lassen sich vor- und nachmachen. Ein(e) Nichtschwimmer(in) kann aber sicherlich den Kopf noch nicht allein deswegen über Wasser halten und sich ohne Bodenkontakt im Wasser fortbewegen, weil er/sie die Schwimmbewegungen im Trockenen eingeübt hat. Die Schwimmbewegungen müssen vielmehr im Wasser auf ihn/sie noch einmal gleichsam als Ereignis zukommen, damit das Schwimmen letztlich beherrscht werden kann.

Mit WALDENFELS[234] sind die mimetischen Momente in beiden Beispielen auf Responsivität zurückzuführen. Responsivität meint, dass wir in jeder unserer Wahrnehmungen (auch in unseren wissenschaftlichen Beobachtungen) auf etwas, das uns angeht, anregt, anspricht, anruft, antworten.[235] WALDENFELS (1994, S. 133 [Hervorh. i. O.]) schreibt: „Handlungen lassen sich [...] danach bewerten, ob sie den *Anforderungen einer Person oder Sache gerecht werden,* ob sie etwas aus dem Gegebenen machen." Vor dem Hintergrund seiner Theorie der Responsivität entwickelt WALDENFELS die Vorstellung, dass der menschliche Körper in seiner Responsivität auch sämtliche symbolische Medien ablösen und zum alleinigen Medium werden kann.[236] Dabei bezieht er sich auf Edmund HUSSERLs Gedanken, dass wir unser Handeln nicht eigentlich zum Einsatz bringen, sondern dass es inszeniert wird bzw. dass sich im Handeln etwas in Szene setzt.[237] Handeln ist nicht nur intentional oder spontan, es gibt,

---

234 Zur Auseinandersetzung von Bernhard WALDENFELS mit der Sprechakttheorie (s. o., Anm. 21) siehe WALDENFELS 1994, S. 82 f. und S. 447 f.

235 Der Anspruch, der hier ins Spiel kommt, ist auf der einen Seite im Sinne eines Appells zu verstehen, der sich von einer in irgendeiner Weise wahrgenommenen Instanz *an jemanden* (nämlich an uns) richtet. Auf der anderen Seite ist dies eine Prätention im Sinne eines (nämlich unseres) Anspruches *auf etwas,* der im Akt der Zuwendung gegeben ist. Da unser Behaupten, Meinen, Glauben im Sinne eines Antwortens so gesehen *anderswo* beginnt und es sich nicht auf die Ausführung eigener Entwürfe oder Intentionen beschränkt, geht damit immer auch eine Veränderung bestehender Strukturen einher (bspw. WALDENFELS 1998, S. 44 und 81 ff.).

236 WALDENFELS 1994, S. 467. Diese These führt er in 1994, S. 467 f. folgendermaßen aus: Intralinguistisch setzt der Leib mit Stimme und Hand Markierungen, die als Phoneme und Grapheme zur sprachlichen Sinnbildung beitragen. Semilinguistisch geht das symbolische Sprechen in eine sprachliche Zeigegeste über, mit der der Mensch seinen Körper spürt und zeigend einsetzt. Paralinguistisch sind Phänomene wie Tonfall, Sprechgeschwindigkeit, Sprechrhythmus und Gebärden beim Sprechen, beim Schreiben, Schreibweise, Schriftbild und Schriftduktus an der Sinnbildung beteiligt. In extralinguistischen Phänomenen wie Gesichtsausdruck, Blickkontakt, Gestik, Mimik, Gang, Körperhaltung, Maske spricht der Körper selbst.

237 HUSSERL 1950, S. 98, S. 259

wie oben bereits herausgestellt, auch Zeugnis über seine Kontexte, etwa über den es mitbestimmenden und evaluierenden Blick. KRÄMER (2004) entwickelt ihr Performativitätskonzept gerade von solchen Prozessen her. Genauer nimmt sie theatrale Handlungs- und Darstellungsformen in den Blick, die eine Beteiligung der Zuschauer(innen) an einer Aufführung vorsehen. Sie zeigt, dass sich im performativen Handeln eine „schöpferische Metamorphose" der wahrgenommenen Welt vollzieht. Im Begriff einer „korporalisierenden Performativität"[238] verschiebt sie die (Über-)Betonung des kognitiven Untergrunds von Handeln und Urteilen in die Richtung von Gestaltung, Einmaligkeit, Emergenz und Kreativität. Damit löst sie den Begriff des Performativen aus der Klammer der Kognitionen gleichsam heraus und ordnet ihn noch anderen Modi der Konstitution zu. Wir kommen darauf zurück.

(2) Sprachwirkung und Erkennen: Handeln kann, wie gerade herausgestellt wurde, erkenntnisleitend sein. Umgekehrt kann unser Erkennen unser Handeln beeinflussen, das sich neuen Erkenntnissen entsprechend verändert; „Erkenntnisstile prägen den Handlungsstil von Subjekten im sozialen Kontext"[239]. Durch bewusst getroffene Entscheidungen und durch Einsichten wird Handeln und Verhalten modifiziert. Die kognitivistischen Ansätze basieren auf dieser (hypothetischen) Evidenz und erklären sie. Nach dem performativitätstheoretischen Ansatz eignet der Sprache selbst Entdeckung, Erfindung und Darstellung. Denn sie erschafft Szenarien respektive Textgewebe, durch die bestimmte Subjekt- und Objektpositionen, Optionen, Wissens- und Handlungsformen vorgegeben werden. Wir bewegen uns quasi in Sprachwirkungen und in sprachlich verfassten Erkenntnissen, wir kontrollieren und steuern sie aber nicht vollständig.

(3) Diskurs: Die Bedeutung des Wortes, und in der Folge des Begriffes Diskurs variiert in den verschiedenen Sprachen.[240] Im Deutschen wird der Begriff Diskurs vornehmlich im Sinne eines strukturierten Ensembles von Sprechhandlungen verstanden, in denen sprachliche Handlungsmuster in kommunikative Einheiten umgesetzt werden. Michel FOUCAULT (1976) bestimmt all das als Diskurs, was wir (aus bestimmten Gründen) für vernünftig, gegeben und für

---

238 KRÄMER 2004
239 MAROTZKI 2007, S. 178
240 In Wörterbüchern finden sich die folgenden Umschreibungen des Begriffs: Engl. *discourse*: „written or spoken communication or debate"; franz. *discours*: „un développement oral fait devant une audience, le plus souvent à l'occasion d'un événement particulier".

wahr halten. Ein Diskurs ist das Ergebnis eines (nicht unbedingt personengebunden initiierten und strukturierten) Meinungsbildungsprozesses. Sprechen und Zweck im Sinne von (Macht-) Effekten werden hier also eng miteinander verknüpft. Die Diskursanalyse in Anlehnung an FOUCAULT untersucht sprachliche (im Sinne von sozialen) Handlungen in Hinblick auf deren Regeln und Regelmäßigkeiten, die Aspekte von Wirklichkeitskonstruktion, die gesellschaftliche Verankerung dessen, was für wahr gehalten wird, und historische Veränderungen. Da sich solche Zusammenhänge besonders in Hinblick auf (Sprech-)Handeln in Institutionen gut nachvollziehen bzw. erforschen lassen, stellt die institutionell gerahmte Kommunikation im Allgemeinen das Hauptuntersuchungsfeld der Diskursanalyse dar. Denken und Handeln sind in diskursive[241] Wirkungszusammenhänge eingebunden, die auf unpersönliche Machtmechanismen (wie etwa die öffentliche Meinungsbildung oder gängige soziale Interpretations- und Handlungsmuster) zurückzuführen sind.

(4) Aisthesis: KRÄMER (2004) bestimmt die Aisthesis als einen Vollzug näher, bei dem ein Ereignis und Wahrnehmungsakte, Prozesse der Aktion und der Kontemplation oder Rezeption noch vor jeder Symbolisierung in ein Wechselverhältnis zueinander treten und bewertet werden. Sie beschreibt die Aisthesis als „[…] der bipolar strukturierte Vollzug eines Ereignisses und seiner Wahrnehmung, das auf ein symbolisches Ausdrucksgeschehen gerade nicht reduziert ist"[242]. Gemeint ist eine intuitive Sittlichkeit oder auch Ethik, die sich noch vor jedem rationalen Urteil einstellt.[243] Die Aisthesis ist als die Materialität der (Sprach-)Zeichen und als die Sinnlichkeit der Wahrnehmung (etwa die Taktilität) die *andere* Seite des Logos. In dieser Wahrnehmung wird eine Sache auch ethisch dimensioniert. So verändert sich im oben gegebenen Beispiel das Gespräch unter Geschäftspartner(inne)n aufgrund des sinnlich aktualen Spannungsverhältnisses zwischen Akteur(in) und Betrachter(in). Der Prototyp des Geschäftsgesprächs wird hier implizit von aisthetischen Differenzerfahrungen unterlaufen. Aufgrund der Symbolizität und Wirkungsmacht solcher Erfahrungen werden für den Gesprächsverlauf und für die Sichtweisen der Beteiligten neue Weichen gestellt.

---

241 Die Frage, wie diskursive Hervorbringungen auf der Mikroebene mit Diskursen in ein Verhältnis zueinander gesetzt werden können, die auf der Makro- und Mesoebene geführt werden oder wirksam sind, wird in BÜHRMANN et al. (2007) diskutiert.
242 KRÄMER 2004, S. 14
243 Vgl. SEEL 1993

(5) Bilder: Auch die spontane Hervorbringung äußerer und innerer Bilder als die metaphorische Basis für rationale Erkenntnisformen vollzieht sich performativ.[244] Dies hat seinen Grund darin, so stellt es Gottfried Böhm (1978, S. 447) heraus, dass „[...] Bild und Sprache an einer gemeinsamen Ebene der Bildlichkeit partizipieren." Auf das oben gegebene Beispiel der vom Kind in ihrer Symbolizität veränderten sozialen Situation bezogen ist denkbar, dass sich hier das Bild von der sozialen Situation mit hoher Suggestivkraft verändert (Erinnerungen der Erwachsenen an die eigene Kindheit o. ä.). In der Kunst, bspw. im Film, wird für solche Entwicklungen, respektive für unterschwellig sich vollziehende Veränderungen gängiger Orientierungen, eine adäquate Bildsprache gesucht und gefunden. Damit werden solche Prozesse plastisch und sichtbar gemacht. Böhm (1978) zeigt, wie Bilder respektive künstlerische Arbeiten das veränderte Empfinden einer Sache und sogar deren komplette (implizite oder explizite) Umdeutung herbeiführen.

(6) Wiederholung: Gilles Deleuze (1992) arbeitet „Differenz" und „Wiederholung" als Oppositionsstruktur der Sprache heraus, nach der jedes Zeichen seinen Wert aufgrund seiner Unterscheidbarkeit von anderen Zeichen erhält. Die Wiederholung wird nicht als Einheit und Gleichheit-in-sich-selbst, also nicht als die Herstellung ein-und-desselben ausgelegt. Sie führt vielmehr eine fundamentale Differenz herbei. Eine solche Differenz lässt sich „[...] nicht auf den Widerspruch reduzieren"[245]. Durch Verschiebung bzw. Wiederholung ohne Erstverschobenes und Ursprungsgröße nimmt eine Sache vielmehr eine (hier als Differenz bezeichnete) Valenz an, die für sich steht. Durch Prozesse der Rekursion üben politische, soziokulturelle, dingliche und natürliche Umwelten auf performative Art und Weise Einfluss auf Lebenswelten und Orientierungen aus. Durch Wiederholungen entstehen soziale Strukturen (wie Habitūs, Konventionen, Rituale und Institutionen) und sie werden durch sie in ihrem Bestand gesichert. Zugleich wird einem in einen anderen Kontext eingesetzten Zeichen durch die neuen Zusammenhänge (eine neue) Bedeutung zugespielt. Auf diese Weise kann eine bestehende Struktur durch Wiederholungen unterminiert und verändert werden.

Eine prägnante Form der Modifikation durch Wiederholung, ein Modus der Veränderung gängiger Orientierungen entlang von Bildern und ein Beispiel für intuitive Sittlichkeit sowie für aisthetische oder diskursive Erkenntnisstile oder

---

244 Vgl. Wulf & Zirfas 2005
245 Deleuze 1992, S. 78

solche, die sich im Handeln zeigen, ist das performative Spiel. Unten wird gezeigt, dass jeweils in einer sozialen Situation geltenden Leitdifferenzen und das in diesen Ausgeblendete oder Negierte im performativen Spiel optional werden.

An verschiedenen Stellen ist bereits angeklungen, dass die menschlichen Möglichkeiten nach dem performativen Paradigma, wenn auch nicht als steuerbar, so doch über diverse Wege der Beeinflussung als disponibel, veränderbar und prinzipiell sogar als beliebig erweiterbar erscheinen. Gerade in dieser Hinsicht wird aber auch Kritik am performativen Paradigma geübt. Diese kann, wie alle Kritik, positiv in ihrem kritisch-analytischen Potential aufgefasst werden, das sowohl an performativen Phänomenen wie auch unter performativitätstheoretischer Perspektive deutlich wird.

Dem performativen Paradigma wird erstens vorgeworfen, dass es von der „[…] Idee der permanenten Identitätsrevolution, die eine Identitätsmimikry ist"[246], getragen ist. Veränderung kennt nach dem performativen Paradigma also prinzipiell keine (etwa natürlichen) Grenzen. Alles scheint stets veränderlich und gestaltbar. In dieser Hinsicht wird der am performativen Paradigma orientierten Forschung auch der Vorwurf einer Überschätzung der Formbarkeit gegebener sozialer Verhältnisse entgegengebracht.

An performativen Prozessen findet zweitens bedeutungsvoller Tiefgang, wie ethisch-philosophische Implikationen und die Substantialität einer Sache, keine Beachtung, da diese weder als performative Prozesse noch als Wirkungen, Emergenzen oder Interdependenzen ausgemacht werden können. Bedeutsamkeiten, Bedeutungen und Relevanzen können also nur in ihrem sichtbaren Vollzug, nicht aber als solche näher bestimmt werden. Ethisch-moralische, existentiale, soziale, religiöse Dimensionen einer Sache werden auf situierte Phänomene verkürzt, die oberflächlich-sichtbare performative Prozesse in Gang halten. Purer Pragmatismus im Sinne eines „the show must go on" kann dann gleichwertig neben einem sorgfältigen Agieren auf verschiedenen Sinnebenen und neben einer Berücksichtigung vielfältiger Aufgaben, etwa von Bildungsaufgaben stehen, die mit vielfältiger Verantwortung verbunden sind.

Kurz, performative Prozesse lassen sich auch als beliebige signifizieren. Eine gültige moralisch-ethische Höherbewertung einer bestimmten Einstellung gegenüber einer anderen kann allein mit Blick auf deren performative Effekte kaum vorgenommen werden, sie kann nur argumentativ und nicht evident erreicht werden. Denn sie entzieht sich der Sichtbarkeit.

In kritisch-analytischer Weise lässt sich das Performativitätsparadigma an diverse gesellschaftliche Phänomene anlegen, die für unseren Kontext von Be-

---

246 WULF & ZIRFAS 2007, S. 30

lang sind: Rein an Performanz orientiert sind heute sehr viele gesellschaftliche Felder und Phänomene, wie etwa ein ausschließlich an Umsatz, Effektivität, Einschaltquoten und an Performance-Indices orientiertes Profitstreben. Performativ sind rein am quantitativen Output orientierte Bewertungen. Hohe menschliche Werte, die nicht evident, messbar und somit auch nicht nachweisbar und nicht marktgängig sind, können gegenüber rein quantitativen Maßstäben immer weniger oder auch nur eine schwache öffentliche Sichtbarkeit beanspruchen. Dies gilt für zentrale humane Werte wie Menschenwürde, Persönlichkeit, Hochherzigkeit, Selbstlosigkeit, Milde, Solidarität, Gemeinsinn, Mitmenschlichkeit, innere Größe, für eine grundsätzlich analytische Haltung, für Respekt und Freundschaft, für die Orientierung an Entwicklung im gesamten Lebenslauf. Das sind Werte, die für die Pädagogik ganz zentral sind bzw. die sie überhaupt begründen, da in der pädagogischen Abstimmungs- und Überzeugungsarbeit hauptsächlich auf sie referiert wird. Auch die ständig existentiell (etwa durch die Negativität von Bildungsprozessen) auf die Probe gestellte Bereitschaft zur Selbsterziehung und zu Erziehung ist nicht messbar. Im Vergleich zu plakativeren und stärker in Zahlen abbildbaren Orientierungen besteht bei humanen Werten die Gefahr gesellschaftlicher Minderbewertung.

Wenn es Begriffe wie Signifikanz, Objektivität, Evidenz auch verdecken, so ist eine auf Evidenz ausgerichtete empirische Forschung im Übrigen auf Performanzen bzw. auf sichtbare oder sichtbar gemachte Daten bezogen. Damit korrespondiert die (vermeintliche) Wertungsfreiheit der Wissenschaft als besondere analytische Qualität. Die Ergebnisse einer evidenzbasierten empirischen Forschung, so wie sie heute hauptsächlich verstanden wird, beziehen sich ebenfalls nur auf die sichtbare bzw. sichtbar gemachte Oberfläche und lassen kulturellen, philosophischen und ethischen Tiefgang vermissen. Ferner lässt sich das Fehlen eines tragfähigen ethischen, philosophischen und für diverse Kulturen sensiblen Reflexionsrahmens auch der heute prävalenten Orientierung am Bildungsziel einer Kompetenzentwicklung attestieren.

Anhand des performativitätstheoretischen Paradigmas kann also schwerlich die Arbeit an einer inneren Haltung eingefordert werden. Eine am performativen Paradigma orientierte Forschung ist daher auch kaum dazu geeignet, auf fundierte Weise (Selbst-)Erziehung zu begründen oder alternative Gesellschaftsmodelle im Sinne einer – im Extremfall – „Umwertung aller Werte" zu entwickeln. Tiefgreifende zeit- und denkgeschichtliche Impulse wie diejenigen, die von der Aufklärung und von anderen gesellschaftskritischen Bewegungen ausgegangen sind, sind hier nicht zu erwarten. Da sich das performative schlicht nicht in derselben Weise wie das rationale Paradigma zu philosophischen, juristischen, literarischen oder anderen kulturell bedeutsamen Grundsatzentwürfen eignet, kann es der in die gesellschaftlichen Phänomene heute eingeschriebenen Inhumanität (s. o.) keine Ideale und Leitsterne entgegensetzen. Die Implikationen, die dies für eine performativitätstheoretisch gedachte Pädagogik mit sich bringt, konnten hier nur angedeutet werden.

Daher stellen nach wie vor rationale Entwürfe den notwendigen und unabdingbaren Rahmen auch für eine am performativen Paradigma orientierte Wissenschaft dar. Wie oben bereits angedeutet, wird also die rationalistische, auch die metrische Auslegung von Konzepten wie Bildung, Kompetenzen, Planung und Steuerung keinesfalls ad acta gelegt. Es gibt rationale Maßstäbe für die Bewertung von Lernergebnissen, für die Einschätzung der Schwere von Regel- und Grenzüberschreitungen (Betrug, Gewalt o. ä.) und für den Grad ihrer Aufklärung. Materielle und zeitliche Ressourcen sind rational greifbar. Statistische, metrische und rationale Mittel sind eine wichtige Handhabe bei der Qualitätssicherung in vielen Bereichen.

Wir begeben uns dann jedoch an die Ränder pädagogischer Wissens- und Handlungsformen, die selbst nicht metrisierbar sind.

Als ein alternatives hat das performative gegenüber dem rationalen Paradigma den Vorteil, dass mit seiner Hilfe praktische Vollzüge (auch gedankliche) *analysiert* werden können. Theoretische Erklärungen, Werte und Wertigkeiten werden nach diesem Paradigma von den Praktiken her verstanden, an denen sie – allerdings niemals vollständig – sichtbar werden. So können anhand des performativen Paradigmas etwa solche Phänomene ausfindig gemacht werden, deren Sichtbarkeit heute einen gesellschaftlich untergeordneten Status hat, wie es bei den oben genannten humanen Werten der Fall ist. Das rationale Paradigma bietet auch die Möglichkeit, die (eher unscheinbaren) sozialen und kulturellen Werte, die in Praktiken sichtbar werden, in ihrem kontextbezogenen und lokalen Eigenwert zu erfassen. Genauso lassen sich Ideologien, unerwünschte Nebeneffekte von Handeln oder Prozessen, Scheitern, handlungsleitende Erfolgsrezepte, Habitūs usw. unter performativitätstheoretischen Vorzeichen herausarbeiten. Phänomene lassen sich in Hinblick auf Aspekte ihrer Genese, in ihrem Vollzugscharakter und in Bezug auf ihre Wirkungen im Feld beforschen. Zudem kann herausgearbeitet werden, was in einer konkreten Situation als möglich im Sinne von durchführbar, erreichbar und prinzipiell denkbar gilt, oder gelten kann, und was in ihr ausgeschlossen ist oder wird.

Performative sind sogenannte multimodale Geschehen (wie sie oben im Zusammenhang mit der E-Plattform als der Schnittstelle eines Kooperationsprojekts von Universität und Schule bereits erwähnt wurden).

Multimodale Geschehen werden auf der einen Seite als theorieferne Techniken bezeichnet.[247] Auf der anderen Seite wird auf ihre große epistemologische Bedeutung abgehoben, wenn etwa digitale Ausdrucksmöglichkeiten mit verbalsprachlichen und körperlichen Möglichkeiten des Ausdrucks und mit dem Bedeutungscharakter von Gegenständen in der realen Welt in Beziehung gesetzt werden.[248] Kay O'HALLORAN (2005, S. 16) konstatiert, dass

„[…] die Potentiale der Sprache, des Symbolischen und der visuellen Darstellung derart genutzt und kombiniert werden können, dass die semiotische Expansion größer ist als die Summe der Bedeutungen, die von jeder einzelnen dieser Ressourcen abgeleitet werden kann."

Zu multimodalen Wirkungszusammenhängen werden derzeit in diversen wissenschaftlichen Disziplinen Forschungsfelder aufgetan; wie die Sprachen der Kunst,[249] die Grammatik des Designs,[250] mathematische Diskurse,[251] die Semiotik menschlicher Interaktion,[252] der Zusammenhang von Gestik und Phonetik,[253] Ansätze zur Beforschung der Ikonologie des Performativen,[254] Sound Studies[255] etc. Von all diesen Forschungszusammenhängen gehen theoretisch-analytische wie methodische und methodologische Impulse für eine performativitätstheoretische Forschung aus, von denen die Erziehungswissenschaft respektive die Pädagogische Anthropologie, die Schulpädagogik und die Professionsforschung profitieren können.

Was die Lehrer(innen)bildung angeht, so erschließt sich das für den Lehrberuf notwendige implizite Wissen und „knowing how" mit Rekurs auf MEYER-DRAWES (2008) phänomenologischen Ansatz einer „obliquen Beobachtung"[256]: Eine „oblique Beobachtung" versucht, das Vorrationale, Vorprädikative und Präreflexive als das Unreflektierte durch die Reflexion zu verstehen und zu erringen.[257] Eine solche Wahrnehmung richtet sich nicht direkt auf eine Sache, sondern sie gilt der

---

247 Vgl. JEWITT 2009
248 Vgl. BALDRY & THIBAULT 2006
249 O'TOOLE 1994
250 KRESS & VAN LEUWEN 2006
251 O'HALLORAN 2005
252 MARTINEC 2005
253 ZAPPAVIGNA et al. 2010
254 WULF & ZIRFAS 2005
255 SCHULZE 2008
256 MEYER-DRAWE 2008, S. 2
257 MEYER-DRAWE 2008, S. 118

in eine bestimmte Situation eingebetteten „Vorspiegelung" von Wahrnehmungen. Sie ist also nicht auf ein *Was* gerichtet, sondern sie erfasst einen Gegenstand in der Art und Weise, *wie oder als was er sich zeigt,* bzw. als die „[…] Art und Weise, wie jeweils etwas in Sicht, zur Ausführung oder zur Sprache kommt"[258]. Es handelt es sich dabei um das in einem Bewusstsein Unthematische, nach Iso KERN (1975, S. 76 f. [Hervorh. i. O.]), um eine „oblique" Wiederholung von Bewusstsein: Während in der direkten Reflexion das vergegenwärtigte Bewusstsein sozusagen geradewegs wiederholt wird (z. B. in der Erinnerung sehe ich nochmals die Gemse auf einer Bergkuppe),

> „[…] spiegelt eine komplexere Grundform der Vergegenwärtigung, die Reflexion im prägnanteren Sinn, das wiederholte Bewusstsein nicht mehr *gleichsinnig*, nicht mehr in gleicher Interessenrichtung, sondern in einer Umwendung oder *Umorientierung*, indem sie ihr Interesse nicht mehr auf das richtet, worauf das vergegenwärtigte Bewusstsein bzw. dessen bloße Reproduktion, thematisch achtet, sondern ihre Intention auf irgendein im vergegenwärtigten Bewußtsein unthematisches Moment desselben zurückbiegt. Sie erfasst irgendein Moment im vergegenwärtigten Bewußtsein, das zwar in dieses Bewußtsein gehört, aber in ihm selbst nicht gegenständlich ist".

Die oblique Betrachtungsweise ist im Rahmen der Lehrer(innen)bildung einzuüben. Zur Ausarbeitung einer performativitätstheoretisch sich begründenden Didaktik werden im Folgenden das Verhältnis von Performanz und Kompetenz bzw. Kompetenzentwicklung näher bestimmt. Das Ergebnis wird dann ins Verhältnis zur Choreographie des Unterrichts, zur Theatralität von Unterrichtshandeln sowie zur Persönlichkeitsentwicklung gesetzt.

5.2 Performativität und Kompetenz

Noam CHOMSKY (1969) unterscheidet eine universale kognitive Tiefenstruktur, die Kompetenz, von der Performanz als dem empirisch wahrnehmbaren und dem historischen Wandel unterworfenen Erscheinungsmodus menschlichen Handelns. Beide sieht er in einem Interdependenzverhältnis zueinander. Nach CHOMSKY kann die Tiefenstruktur der Kompetenz über eine Strukturanalyse der Performanz rekonstruiert werden.[259]

---

258 WALDENFELS 1998, S. 22
259 CHOMSKY 1969

Diese Denkstruktur ist mit der aktuell geführten, von der kognitivistischen Lerntheorie geprägten Kompetenzdebatte insofern kompatibel als hier hypothetisch von sichtbarem Handeln auf Kompetenzen, also auf ein bestimmtes feststellbares Können geschlossen wird. Dasselbe gilt vice versa. Wenn man dem folgt, dann lassen sich Performanzen wie Output, Umsatz, Effektivität, Einschaltquoten, Performance-Indices, Bewertungen auf Kompetenzen schließen (siehe die Qualitätsdebatte, oben). Es zeigen sich nach diesem Modell sogar solche Kompetenzen, die mit humanen Werten wie Menschenwürde, Persönlichkeit, Uneigennützigkeit, Solidarität, Gemeinsinn, Mitmenschlichkeit, innere Größe, kritische Haltung, Respekt und Freundschaft sowie mit der Orientierung an sich im Lebenslauf verändernden Herausforderungen, Motivationen, Einstellungen in Verbindung gebracht werden, an ihrer Performanz. Von Performanzen kann auf kognitive Kompetenzen geschlossen werden.

CHOMSKYS Ansatz hat aber mit dem bisher entwickelten Performativitätsbegriff kaum etwas zu tun. Durch KRÄMER (2004) erfährt das Begriffspaar Kompetenz und Performanz die für unseren theoretischen Kontext zentrale Wendung.

In Anschluss an das in der Sprechakttheorie von John L. AUSTIN zentrale Konzept der Performativität begreift KRÄMER (2004) das Performative als ein Paradigma der Wissensrepräsentation. Sie beschreibt damit, in Abweichung zur gängigen Denkart, nach der Bildungswissen kognitiv verfasst ist, einen korporalen Modus der Wissensrepräsentation. Dabei referiert sie auf das Faktum der Medialität unseres Zugangs zur Welt, die sie, wie oben bereits herausgestellt, als „korporalisierende Performativität"[260] bezeichnet. Dreh- und Angelpunkt dieses

---

260 KRÄMER & STAHLHUT 2001, S. 17. Performativität wird in der Sprechakttheorie zunächst als die Dimension des Handelns im Sprechen herausgestellt, gedacht ist hier an mündliche Vertragsschließungen, Kündigungen o. ä., die zugleich Handlungsvollzüge sind (vgl. AUSTIN 1979). Mit der Sprache, so die These AUSTINS (1979), beschreiben wir „Welt" nicht nur. Wir können in unserem Sprechhandeln auch gewisse Sachlagen erst hervorbringen. Dies bezieht sich allerdings nur auf soziale Tatsachen, auf solche Fakten also, die durch Anerkenntnis aufrechterhalten werden. In diesen Fakten wiederum wurzelt unser soziales Handeln. Performative Äußerungen folgen demnach solchen Regeln des Handelns, die Erfolg im intersubjektiven Bereich gewährleisten (KRÄMER & STAHLHUT 2001, S. 95ff.). Da Regeln hier als universale gedacht sind, bezeichnet KRÄMER die hier beschriebene Performativität als „Universalisierende Performativität" (KRÄMER 2004, S. 14) Sie kritisiert, dass AUSTIN die räumlich-zeitliche Instantiierung des Sprechens ausblende und Asymmetrien der Macht genauso wenig in Betracht ziehe wie die Grundverschiedenheit von Sprechakten im Medium der face-to-face-Interaktion, des Fernsehens o. ä. Als „Iterabilisierende Performativität" stellt KRÄMER (2004) die Kontextgebundenheit von Bedeutungen (DERRIDA) und die gesellschaftsgestaltende Kraft von Sprechhandlungen (BUTLER) dar (ebd., S. 15).

Verständnisses von Wissen als einem korporalen ist, wie oben bereits angedeutet, dessen Kopplung an ein „Sich-Zeigen". Im Blick stehen also insbesondere solche körperlichen Aktionen, die vor einem Publikum aufgeführt werden.[261] Indem das Handeln einer Person von anderen beobachtet wird, werden nicht nur diese anderen zu Zeug(inn)en der Handlungsvollzüge aus der zweiten Beobachterperspektive. Auch der/die Handelnde selbst nimmt die durch die anderen beobachteten Handlungsvollzüge wahr und richtet sein/ihr eigenes Handeln an dem der anderen und an dem von ihnen Beobachteten aus und lässt sich davon leiten. Die wahrgenommenem Handlungen und die Reaktionen darauf konstituieren eine eigene (bspw. soziale) Wirklichkeit. Allein die Handlungen lassen aber in den Blick treten, wodurch sich die Situation, also auch, wodurch sich die Sichtweise einer solchen verändert. Die Entfaltung der „korporalisierenden Performativität" im sinnlich aktualen Spannungsverhältnis zwischen dem Akteur und der (Fremd- und Selbst-)Wahrnehmung seiner/ihrer Handlungen ist nicht vorab normiert und reguliert und/oder Zeichen für einen hinter dem Sichtbaren liegenden Sinn. Damit ist sie auch nicht repräsentativ (wie bei CHOMSKY), sondern sie konstituiert vielmehr die Situation und deren Bedeutung mit.

Einer Zeugenschaft und Mitwirkung an multimodalen performativen Geschehen kann dann das Attribut „kompetent" gegeben werden, wenn sie aktiv und sachadäquat werthaft vollzogen werden (vgl. LÖWISCH 2000), wobei werthaftes Handeln im Kontext der Lehrer(innen)bildung als Choreographie gefasst wird.

Kompetentes Handeln ist demnach nicht wie eine Art Automatismus zu verstehen, der darauf beruht, dass erfolgreich auf ein bestehendes Handlungsschema zugegriffen wird, wie dies etwa CHOMSKY annimmt. In das (vermeintlich gekonnte) Handeln schreibt sich vielmehr eine Art Verwandlung desselben, eine Alterität ein, auf die im Handeln geantwortet wird. Um das oben gegebene Beispiel noch einmal zu bemühen: Wird das erwartete Geschäftsgespräch durch ein unterschwelliges Parallelgeschehen modifiziert, dann kann man eine(n) Gesprächspartner(in)

Jacques DERRIDA (1976 [1967]) arbeitet heraus, dass performative Sprechakte dadurch funktionieren, dass sie eine Konvention zitieren, also Wiederholungen sind. Judith BUTLER (1995 [1993]) zeigt, dass Geschlechtsidentitäten (gender) durch die Wiederholung von Praxen historisch etabliert werden und dass die Macht von Konventionen, Institutionen und Gebräuchen durch Begriffsprägungen unterwandert werden kann. Denn in der Wiederholung liegen ein Handlungsspielraum des Subjekts und die Möglichkeit zur Subversion begründet. So ist es möglich, etwas nicht exakt zu wiederholen und dadurch Verschiebungen herbeizuführen. KRÄMER (2004) merkt kritisch an, dass DERRIDAS Ansatz wie auch der von BUTLER die Gleichsetzung von Kultur und Text voraussetzen.

261 KRÄMER 2004, S. 17

als kompetent bezeichnen, wenn er/sie neben den expliziten Vorgängen vermittels seines/ihres körperlich vermittelten Einfühlungs- und Urteilsvermögens auch die impliziten erfasst. Das explizite Geschehen wird von dieser Person dann mit dem impliziten so vermittelt, dass das Geschäftsgespräch als geschäftsmäßig bezeichnet werden kann. Dazu muss sie beide Prozesse voneinander unterscheiden und zugleich auf beide sinnvoll eingehen können.[262]

Im performativen Paradigma werden, wie gesagt, Phänomene grundsätzlich mit ihrer Genese zusammengedacht. Streng genommen profiliert sich eine Kompetenz daher im Vollzug und besteht nicht etwa als ein von vornherein (gewissermaßen gegebener und) anwendbarer Katalog von Merkmalen oder Fähigkeiten.

Ein Kompetenzbegriff, der gekonntes Handeln im Modus des Performativen erfasst, ist an die Definition des Kompetenzbegriffs von Andreas FREY (2006) anschlussfähig, nach dem Kompetenzen, wie es üblich ist, von den Erfordernissen einer Situation her definiert werden. Diese Erfordernisse haben aber eine etwas andere Konnotation als im oben referierten gängigen Kompetenzbegriff. FREY (2006, S. 31 [Hervorh. i. O.]) schreibt: „Wenn die Erfordernisse der Situation mit dem individuellen Konglomerat von Fähigkeiten einer Person *zusammentreffen*, so besitzt die Person die *Kompetenz* zur Bewältigung einer Aufgabe oder eines Problems." Man kann dies dahingehend auslegen, dass hier auf ein Zugleich von Können und Anforderung, Output und Prozess, Sache und Genese, Disposition und Entwicklung abgehoben wird. Der springende Punkt in Hinblick auf kompetentes Handeln besteht nach dieser Interpretation nicht (etwa im Sinne von CHOMSKY sowie gemäß der gängigen Kompetenzmodelle) darin, dass eine Person über die Fähigkeiten *schlicht verfügt*, die sie benötigt, um auf gegebene Anforderungen adäquat zu reagieren. Der Ansatz von FREY (2006) lässt sich vielmehr dahingehend auslegen, dass im kompetenten Handeln eine Instantiierung von Wirklichkeit zugleich mit ihrer Konstituierung erfolgt. Eine in diesem Sinne immer emergente Wirklichkeit und die zugehörigen Könnensprofile lassen sich nur zu einem gewissen Grade antizipieren und steuern; metrisieren lassen sie sich nicht.

Die performative Instantiierung und Konstituierung von Wirklichkeit zeichnet sich bekanntlich durch Emergenz, Wiederholung, durch den Rekurs auf eine komplexe vorgängige Struktur, durch Differenz- und Synthesegeschehen und durch Aisthesis aus. Erfolgreiches Handeln bzw. Kompetenz lassen sich als eine

---

262 Die Werthaftigkeit solchen Handelns könnte man analog zum pädagogischen als geschäftlichen Takt bezeichnen. Es lässt sich von den Beispielen her also eine Kompetenzdefinition ableiten, die auf verschiedene Berufsfelder, bzw. mindestens auf zwei Felder, zutrifft. Dies wird hier aber hier nicht weiter vertieft.

situationsadäquate Vergegenwärtigung solcher Aspekte im Sinne von Resonanz und Responsivität näher bestimmen. Dabei kommen die Wirkung und der Erfolg von Kompetenz auf den/die Handelnde(n) weitgehend zu. Sie liegen nicht allein in seinen/ihren Intentionen, und auch nicht in nachträglichen Rationalisierungen.

Im Unterschied zur pädagogischen Handlungskompetenz, die in der Regel als Entscheidungs- und Durchsetzungsvermögen sowie Koordinations-, Kooperations-, Problemlöse- und Transferfähigkeit gefasst wird,[263] ist die performative Pädagogik als ein implizites Wissen um Bedeutungen und (Eigen-)Dynamiken von Körperpraktiken wie auch als die Fähigkeit näher bestimmt, dieses Wissen kontextsensitiv anzuwenden. Besondere Berücksichtigung findet hier die Tatsache, dass unsere Erfahrungsvollzüge primär sinnlich-leiblich und damit medial, sozial und geschichtlich vermittelt sind.[264] Nach dem performativen Paradigma werden Handlungs-, Erkenntnis-, Diskurs-, Aisthesis-, Bild- und materiale Geschehen im Sinne von Emergenzen, als Synthese- und Differenzgeschehen und als die Profilierungen eines Vordergrunds gegenüber einem Hintergrund wie auch als Wiederholungen bedeutsam. Für den pädagogischen Takt ist der Topos einer im Zeichen pädagogischer Abstimmungs- und Überzeugungsarbeit herzustellenden „heilen Welt" und lernförderlicher Erfahrungsprofile sowie eine gelingende Choreographie des Unterrichts als Zielkategorien angesetzt worden.

Einer unterrichtlichen Choreographie werden diese Praxisformen und Handlungsmodi also zugrunde gelegt und sind somit der zentrale Gegenstand der Lehrer(innen)bildung.

Ehe auf die performative Hochschuldidaktik näher eingegangen wird, werden ein pädagogischer Lern- und ein Bildungsbegriff unter performativitätstheoretischen Vorzeichen herausgearbeitet.

Deutlich mag geworden sein, dass konventionelle Wirklichkeitsauffassungen anhand des Performativitätsparadigmas als veränderbar und in Lerngeschehen als neu disponierbar verstanden werden und dass sie sich zugunsten der Potentialität der Lebenswelt in Bewegung bringen lassen. Mit der Fokussierung auf die Performanz des Lernens werden daher prinzipiell „[…] die Grundlagen geschaffen, um Räume offen, dynamisch und durch Handlungen erst hergestellt denken zu können."[265] Nach diesem Paradigma ist stets mit Unvorhersehbarem zu rechnen.

---

263 LÖWISCH 2000
264 HORKHEIMER & ADORNO (1971) vertreten ein Gegenkonzept dazu, wenn sie herausstellen, dass die vergegenständlichte, dinghafte Bezugnahme auf die eigene und fremde Natur eine selbstverständliche, alltägliche Bedingung des modernen Lebens geworden ist: „Der Körper ist nicht wieder zurückzuverwandeln in den Leib." (HORKHEIMER & ADORNO 1971, S. 209).
265 HUBIN 2010, S. 2

Ein performatives Lern- und Bildungsgeschehen ist nicht vollständig planbar, kontrollierbar und messbar.

5.3 Lernen und Performativität

Allgemein gesehen wohnt dem Lernbegriff, so stellt es MEYER-DRAWE (2005) heraus, eine unreflektierte Evidenz inne: Lernen meint erwünschtes Lernen.

Unter dem Blickwinkel des Performativen betrachtet wird nicht nur die Negativität von Lernprozessen (s. o.), sondern auch deren Komplexität deutlich: Zunächst werden Lernprozesse als ein Modus der Instantiierung von Wirklichkeit ausgelegt. Eine solche Instantiierung besteht darin, dass ein(e) Lernende(r) durch die Lerngegenstände *angesprochen* wird, auf die er/sie *antwortet*. Zugleich ist ein Lernprozess eine Modifizierung. Denn der/die Lernende beeinflusst eine bestimmte Praxis bzw. eine konkrete Lernsituation durch seine/ihre Art und Weise, etwas aufzufassen, aktiv mit (wie Formen der Aneignung, individuelle Schwerpunktsetzungen und Interpretationen).[266] Ein Lerngeschehen enthält also performative Prozesse der passiven Affizierung wie auch solche der aktiven Einflussnahme. Beidesmal wird im Lernen Wirklichkeit hergestellt.

In ihrem an das Performativitätsparadigma gut anschlussfähigen Konzept der Mimesis verschränken Gunter GEBAUER & Christoph WULF (1992) die passive, resonante Seite und die aktive, responsive Seite des Lernens miteinander: Mimesis beschreibt eine individuell jeweils sehr unterschiedlich geartete Übernahme von Gegebenem oder auch Vorgeführtem im Modus eines Handelns, das wie ein *Zitieren* fungiert. Eine Person greift an sie Herangetragenes auf, sie zitiert es gleichsam. In ein solches Zitieren gehen stets auch Abweichungen vom Zitierten ein. Mimetisches Handeln, im Spezialfall: mimetisches Lernen, ist ein situiertes, einmaliges und soziales Geschehen. Durch die mimetische Zitation können Einvernehmen oder Konflikte herbeigeführt werden oder eintreten. GEBAUER & WULF (2003) schreiben: „Mimetische Prozesse initiieren Bewegungen mit gebrochenen Intentionen, bieten Raum für das Nicht-Identische, schaffen Möglichkeiten zu einem nicht instrumentellen Umgang mit der Welt, in dem das Partikulare gegenüber dem Universellen geschützt und Dingen und Menschen Schonung gewährt wird."[267] Kurz, mimetisches Lernen ist ein interpretatives Aneignen, das sich zum Interpretierten hin offen hält.

---

266 GÖHLICH 2007, S. 137
267 GEBAUER & WULF 2003, S. 77

In den Vordergrund der performativitätstheoretisch informierten Aufmerksamkeit rückt in diesem Sinne das Verhältnis eines/einer Lernenden zu sich selbst, zu anderen und zu den Lerngegenständen, kurz, der Beziehungscharakter des Lernens, der in der Didaktik schon immer akzentuiert wird. Es handelt sich bei diesem Beziehungscharakter um ein pädagogisches Verhältnis. Auf mimetische Weise gestalten sich hier aber auch die für Lernprozesse bestimmenden Selbst-Welt-Bezüge. Die Bedeutungstiefe, die in einen Selbst-Welt-Bezug eingeschrieben ist, kann für Lernprozesse in vielfältigen Varianten relevant sein.

Zieht man auch die performative Auslegung der menschlichen Körperlichkeit als „korporalisierende Performativität" und die phänomenologische Auslegung des Leibes als Organ des Denkens in Betracht, das auch zum „alleinigen Medium" werden kann, dann wird die körperliche Dimension am Lernen akzentuiert: Denkbar ist etwa, dass ein vielfach erfahrenes Einmaleins des Glückens von Lernanstrengungen auf der einen, oder ein solches des wiederholten oder auch nur tief eindrücklichen Scheiterns auf der anderen Seite körperlich Wirkung zeitigen können. Eine solche Wirkung ist unter Umständen vom Bewusstsein abgetrennt. Dann reproduzieren (wiederholen, s. o.) sich die Effekte der gelungenen oder der misslungenen Lernanstrengungen ganz oder jedenfalls teilweise unabhängig von vernünftigen Appellen. Im Falle des Glückens von Lernanstrengungen kann es zu einem vom Bewusstsein abgelösten Flow kommen; im Falle des Scheiterns kann eine Lernblockade eintreten. Der Ermöglichungsgrund von (erfolgreichem) Lernen genauso wie die Möglichkeit des Misserfolgs oder sogar der Lernblockade sind weitenteils implizit und damit teilweise oder weitgehend bewusstseinsfern dimensioniert. Oben war bereits herausgestellt worden, dass wir im Lernen stets mit dem eigenen Nichtwissen, Nichtkönnen, Nichtsehen(-wollen) konfrontiert sind (s. o.). Formales Lernen schließt zumeist, wie selbstverständlich, die Überwindung dieser integralen Momente von Versagen ein, die der gezielten Beeinflussung in weiten Teilen gar nicht zugänglich sind. Gerät aber letztes aus dem Blick, dann kann eine formell gerahmte pädagogische Situation eine inhumane Signatur bekommen.

Der Lehr-Lernforschung stellt sich hier die sehr wichtige, erstaunlicherweise aber kaum thematisierte Frage, wie ein(e) Lernende(r) auch auf der über das Bewusstsein nicht oder kaum steuerbaren Aktionsebene Unterstützung bekommen kann.[268] Es ist in Anbetracht der großen praktischen Bedeutung der nicht-rationalen, impliziten Erfahrungsqualitäten in der Pädagogik eigentlich unstatthaft, dass sie insbesondere in der Lehr-Lernforschung noch weitgehend unterbelichtet

---

268 Vgl. Kraus 2002

geblieben sind. In der Subjektorientierten Lerntheorie[269] und in der Kommunikativen Didaktik[270] spielen sie zwar eine gewisse Rolle, werden aber dort nicht systematisiert. Performativitätstheoretisch betrachtet kann der prekäre Charakter eines Gelingens von Lernen und das es immer bedrohende Ungenügen an gewissen Notationen abgelesen werden. Lernverdruss, (vorübergehend) unzureichende Lernergebnisse, gemachte Fehler o. ä. werden als ein integrales Moment des Beginns des Lernens, sie werden überhaupt für die Basis und zugleich für einen Begleitaspekt von Lernen erachtet; MEYER-DRAWE (2008, S. 90) schreibt: „Das Wie des Lernens zieht sich in die Dunkelheit zurück." Performativitätstheoretisch ist Lernen als die Überwindung eines Zustands des Unwissens und seines sofortigen Vergessens sowie als Verlernen (s. o.) bestimmt und wird auch so analysiert. Gegebenenfalls werden erfahrene Widerständigkeiten erinnert. Für das Gelingen von Lernprozessen ist zentral, so wurde oben herausgestellt, dass Lerngegenstände noch vor jedem antizipierten Lernerfolg oder -misserfolg im Sinne von Resonanzen oder Responsen wahrgenommen werden. Zu eben solchen Erfahrungen soll gemäß der Fachliteratur pädagogisch-didaktisch vor allem mittels erfahrungsgestützter und an den Schüler(inne)n orientierter Lernsettings hingeleitet werden. Eine performativitätstheoretische Untersuchung solcher Settings in Hinblick auf die an ihnen feststellbaren Notationen steht noch aus.

Die Möglichkeiten, die Resonanzen und Responsen wahrzunehmen, die einen Lernprozess zentral kennzeichnen, sind, wie oben herausgestellt wurde, sozial gerahmt. Während dem Lernen dieses Moment implizit ist, soll es in Bildungsprozessen explizit werden.

5.4 Bildungsprozesse[271] und Performativität

Nach Wilhelm von HUMBOLDT (1767–1835) wird das, was im allgemeinen Interesse liegt, dann erreicht, wenn der Mensch „frei", also als Individuum Endzweck ist, und somit keinen Zwecken unterworfen ist, die außerhalb von ihm liegen. Bei der Persönlichkeitsbildung stehen demnach in erster Instanz das Individuum; als Voraussetzung und in der Folge von Bildungsprozessen dann sozial und kulturell gestaltete Zusammenhänge im Vordergrund.

---

269 Vgl. HOLZKAMP 1995
270 WINKEL 2007
271 Vgl. dazu auch WULF & ZIRFAS 2007 und andere Werke dieser Autoren; KOCH 1999 sowie KRAUS 2008–2012.

Pädagogik beruht demnach nicht schlicht auf einer asymmetrischen Beziehung, bei der die Verantwortungslast auf nur einer Seite liegt. Sie ist auch auf ein Einüben von Augenhöhe und auf die zunehmende Verantwortungsübernahme der anderen Seite (Stichworte wie: Emanzipation, lebenslanges Lernen) hin angelegt und dadurch charakterisiert. Sie schließt Momente der Bevormundung bzw. Fremdbestimmung genauso ein wie solche der Selbstverantwortung bzw. Mitbestimmung. Deskriptiv oder phänomenologisch gesehen umfasst Pädagogik „gebildete" wie „ungebildete" Prozesse; es findet Lernen und Nicht-Lernen statt. Auch Erziehen und Nicht-Erziehen[272] treten gleichermaßen auf; pädagogisches Handeln ist nicht nur inklusiv, sondern auch exklusiv; Aspekte von Demokratie finden sich in pädagogischen Verhältnissen genauso wie ihre Gegenteile. Da das Ziel pädagogischer Intentionen die Entwicklung und Veränderung ist, beides aber nicht einfach erwirkt werden kann, können sie im Grunde nicht anders als partiell verfehlt werden; Jörg ZIRFAS (2001a, S. 58) schreibt: „[…] die pädagogische Intentionalität muss die Identität des anderen als Ziel von Erziehung notwendigerweise verfehlen."

Im Zusammenhang von Schule und Universität kann der humanistische Bildungsbegriff nicht ohne Abstriche verhandelt werden. Denn hier sind Bildungsprozesse immer asymmetrisch gerahmt, da sie gesellschaftlichen Zwecken unterworfen werden. Schüler(innen) werden seit jeher zum Lernen im Sinne eines Einprägens fremdinduzierter Inhalte genötigt. Zugleich fordert aber eine Bildungseinrichtung, so ist einschränkend zu sagen, keine Totalidentifikation emotionaler Art mit Gesellschaft, Institution und Staat von ihnen ein.[273] Individualität und Persönlichkeit ist in Bildungseinrichtungen Respekt entgegenzubringen und das eigenständige Denken und Handeln sowie die Entwicklung von Gemeinsinn und Demokratiefähigkeit sind zu fördern.

Nie kann mit Sicherheit festgestellt werden, ob ein Individuum die fremdinduzierten Inhalte tatsächlich für sich selbst übernimmt oder nicht.

Ein Bildungserwerb ist also keinesfalls mit einem Schul- oder Universitätsbesuch gleichzusetzen. Ein solcher macht Bildungserwerb nur wahrscheinlich, denn es ist anzunehmen, dass individuelle Bildungsprozesse in diesen Einrichtungen, die darauf abzielen, tatsächlich stattfinden und in diesen auch unterstützt werden.

---

272 Erziehung, so Helmut HEID (1994, S. 59), „[…] existiert nicht als eigene, von Nicht-Erziehung abgrenzbare Substanz", sondern „[…] vollzieht sich immer im Medium von ‚Nicht-Erziehung'".
273 FEND 2008, S. 95 zur Schule. Dasselbe gilt in vielleicht sogar noch ausgeprägter Weise auch für die Universität.

Die Frage, *wie* der Erwerb von Bildung pädagogisch gerahmt zu denken ist, ist das Thema dieses Buches.

Performativ gesehen lässt sich der Bildungsbegriff anhand einer Pragmatik der Rekursion explizieren: Eine neue Situation wird bewältigt, indem sich die Akteure auf von ihnen zuvor gemachte Erfahrungen und Einsichten beziehen, diese in eine Lernsituation einbringen und sie ihr anpassen. Dafür greifen sie auf diverse Wissensformen zurück, die ihnen explizit oder implizit zur Verfügung stehen oder zur Verfügung gestellt werden. Beim Rechnen und Messen etwa wird Bezug auf das Rechnen und das Messen in all den Dimensionierungen genommen, die eine Person ausloten kann. Dies ist fachdidaktisch von großer Relevanz. Eine Person, die spricht, rekurriert auf das Kommunizieren in all seinen Facetten. Bei den Geschäftspartner(inne)n im obigen Beispiel passieren sicherlich verschiedene andere als die gegebenen Situationen und Modi sozialer, beruflicher und eventuell auch privater Interaktion implizit Revue. An diesen orientieren sich die Gesprächspartner(innen) im Gesprächsverlauf eher intuitiv denn bewusst und sie richten ihr eigenes Agieren dementsprechend aus. Im oben gegebenen Beispiel des Verstehens der durch ein Kind in eine Situation eingebrachten Rationalität eigener Art, rekurrieren die Erwachsenen auf eigene Vorerfahrungen. Beim Schwimmen lernen werden passend erscheinende Bewegungsrepertoires aktiviert. Bereits gemachte Erfahrungen sind also die Voraussetzung für situationsadäquates neues Handeln. Als Wissensformen liegen sie in einer aktuellen Situation zumeist nicht explizit vor und sie sind auch dem kausallogisch-linearen Zugriff nicht unmittelbar zugänglich. Auf die zu Gebote stehenden Optionen zur Bewältigung der gegebenen Herausforderungen wird vornehmlich auf vorprädikative Art und Weise zurückgegriffen. Zur Lösung des Problems können in der Rekursion auch solche Vorstellungen assoziiert und konstruktiv herangezogen werden, die auf den ersten Blick als abwegig erscheinen.

Bildungsprozesse zeichnen sich demnach dadurch aus, dass in ihnen auf ein nicht rein kognitiv verfasstes, sondern auf ein multimodales, breit angelegtes und vielseitiges Erfahrungsrelief Bezug genommen wird, das die intellektuellen, motivationalen, volitionalen und sozialen Dispositionen bestimmt, über die ein(e) Lernende(r) verfügt. Ein solches Erfahrungsrelief wird unter performativitätstheoretischer Perspektive betrachtet niemals abschließend erworben und es ist auch nicht statisch, sondern es verändert sich in Abhängigkeit von Erfahrungen, Erlebnissen, Widerfahrnissen, Einsichtnahmen und neuen Einsichten, Handlungsweisen. Dabei bleibt es von den Umständen seiner ersten Aneignung geprägt (s. o.).

Ein Rekurs auf das eigene Erfahrungsrelief setzt die Erwartung der Selbstwirksamkeit (s. o.) voraus; zugleich wird Selbstwirksamkeit in Rekursionen erzeugt. Selbstwirksamkeit kann sich auf der einen Seite durch erfolgreiche Anpassungsleistungen an gegebene Normen und kraft einer messbaren Erfüllung bestimmter Leistungssolls einstellen.[274] Auf der anderen Seite basiert sie darauf, dass ein Individuum eine Sache, Haltung, Auffassung zur eigenen macht, Bedeutungsspielräume eigenständig und eventuell auf divergente Weise auslotet und seine Möglichkeiten der Rekursion erweitert. Anzunehmen ist, dass mit einem zunehmend breiten Wissensfundus und immer flexibleren Zugriff auf diverse Optionen die Wahrscheinlichkeit wächst, dass sich beim Akteur Selbstwirksamkeit einstellt.

Eine These, die performativitätstheoretisch noch zu beforschen wäre, ist, dass sich damit zugleich eine auf die jeweils in Frage stehende Sache ausgerichtete, motivationale Grundlage für das Handeln herstellt, wie es etwa Matthias JERUSALEM und Diether HOPF (2002) herausstellen.

Das Individuum gibt dann jeweils zur Disposition stehenden Sachen, Haltungen und Auffassungen eine eigene Prägung, die zugleich an gegebene Strukturen angepasst ist. Als Basis, Medium und Bearbeitungsfläche fungiert sein/ihr Erfahrungsrelief.

Aus einer solchen Performanz kann, wie folgt, auf Bildung geschlossen werden: Kann sich ein Individuum in seinen gelingenden Rekursionen auf sein Erfahrungsrelief selbst als Endzweck erleben, seine Selbstwirksamkeit in eine Gemeinschaft oder in die Gesellschaft einbringen und auf das dort Geltende konstruktiv Einfluss nehmen, dann kann das Ziel, das von HUMBOLDT in seinem Bildungsbegriff anvisierte, (temporär) erreicht werden: Der/die sich Bildende erlebt sich als Teil eines unter Freien geschlossenen Sozialkontrakts. Das heißt, er/sie bewegt sich aktiv in einem sozialen Bedingungsfeld und übt sich in der versierten Bewältigung jeweils sich stellender oder gestellter Herausforderungen.

Jan MASSCHELEIN & Norbert RICKEN (2003) indes stellen am humanistischen Ziel einer (Selbst-)Bildung, und damit auch seiner performativitätstheoretischen Adaptierung, kritisch heraus, dass es heute vorwiegend in die Richtung einseitig eigennütziger sowie effizienz- und konkurrenzorientierter (Selbst-)Präparierung für den Arbeitsmarkt ausgelegt wird. Ein solches Streben schließt ihrer Auffassung nach eine Selbstimmunisierung gegen solche Erfahrungen ein, die einen Affront gegen bestimmte bestehende Machtkonstellationen und -positionen und eine Bedrohung für eben solche darstellen. Die unterbelichtete gemeinschaftlich-soziale Dimension von Bildung, so die Autoren, kann nur über eine Rehabilitierung gemeinschaftlich gemachter Erfahrungen wieder eingeholt werden. Damit stellen sie die kommunikative Rahmung für Bildung in den Vordergrund. Vor dem Hintergrund des performativen Paradigmas sind dies nicht nur explizite,

---

274 Eine an Bildungsstandards orientierte Kompetenzentwicklung suggeriert diesen Modus sehr deutlich (s. o.).

sondern auch implizite körpersprachliche Interaktionen, Milieus, Praktiken und ihre Räume und Zeiten, materielle Faktoren, habituelle Strukturen, rituelle Praktiken.[275] Eine empirische Beforschung dieser These steht noch aus.

Es ist damit zu rechnen, dass performative Faktoren das Anstoßen von Bildungsprozessen Unterrichtsgeschehen im Sinne einer intentionalen Steuerung beeinflussen, aber auch umlenken und unterwandern können. Gesteuerte, gelenkte und kontrollierte Verfahren verstärken die subversive Wirkung performativer Faktoren insbesondere dann, wenn Kontrolle in sozialen Beziehungen nicht einfach zu haben ist bzw. dort Widerstand und Widersacher(innen) aktiviert.

Es stellt sich daher die Frage nach einem Handlungsmodus, der es ermöglicht, die Schüler(innen) anders als nur über Kontrolle und Lenkung dazu zu bringen, die erwünschten Rekursionen zu vollziehen.

HACKL (2008) zeigt, dass bereits im Geltungsanspruch von Deutungsmustern (in Gang gehalten etwa von einer mangelhaften Stringenz von Argumenten) subjektive Anliegen enthalten sind; er schreibt: Das

„[…] Bedürfnis und Streben nach einer vernünftigen (also: bedürfnisgerecht handlungsermöglichenden) Gestaltung der Welt verweist schon aus sich heraus auf mögliche, notwendige und latent bereits intendierte rationale Klärung und lebenspraktische Bearbeitung der Widersprüche durch Bildungsprozesse."[276]

Das für nativ gehaltene Bedürfnis, eine Sache (für sich selbst) zu klären, um eine eigene Haltung zu dieser einnehmen zu können, ist eine gängige Referenz für die Definition von Bildung; nach HACKL (2008) stellt sich eine solche Bildungsaspiration sogar noch vor jedem rationalen Zugriff auf Wirklichkeit ein. Die Fähigkeit, diversen Unstimmigkeiten und Unzulänglichkeiten aktiv zu begegnen, verbindet sich hier präreflexiv mit der Fähigkeit und Bereitschaft zur Übernahme von Verantwortung. Beide basieren, so die bisher entwickelte Argumentation, auf der Fähigkeit zu vielfältiger Rekursion, sie werden also durch die Möglichkeit vorstrukturiert, vorobjektiv eine Haltung zu den Dingen und zu sich selbst zu entwickeln. Eine Antwort auf die Frage, worin die Bildungsaspiration als eine Veranlagung des Menschen positiv gesehen besteht, ist in einem Zitat von GEBAUER & WULF (2003) angelegt:

„Mit Hilfe der Sinne und der Bewegungen werden Räume inkorporiert. Sie sind Medium sozialer Beziehungen und individueller Erfahrungen und verbinden den Einzelnen und die Dinge und tragen zur Vergesellschaftung von Kindern und

---

275 Zum performativen Bildungsbegriff vgl. auch WULF & ZIRFAS 2006
276 HACKL 2008, S. 233

Jugendlichen bei. Soziale Räume und soziale Prozesse konstituieren sich wechselseitig, real und imaginär."[277]

Auch hier wird von einer basalen Bereitschaft und Fähigkeit zur Aufnahme von Beziehungen mit der Umgebung ausgegangen, die WULF und ZIRFAS (2007, S. 29) zur Übernahme von sozialer und von (Selbst-)Verantwortung hin noch vertiefen; sie schreiben:

„Bildung ist die performative und reflexive Verknüpfung von Kultur und Individualität, die es dem Menschen möglich macht, dass sie an ihren Erziehungs- und Bildungsbedingungen, mithin auch an ihren Selbst- und Weltverhältnissen *selbst* [Hervorh. i. O.] mitwirken – d.h. in der Lage sind, sich selbst eine Form geben zu können. Bildungsprozesse sind demnach soziale Lern-, Handlungs- und auch Veränderungsprozesse, die mit den sich Bildenden geschehen und zu denen sie zugleich aktiv beitragen."

Lernprozesse werden hier in Bildungsprozessen gegründet. Allerdings gehen die zitierten Ansätze beide von der Annahme aus, dass sich die für das Lernen notwendigen Rahmenbedingungen (Bereitschaft und Fähigkeit zur Aufnahme von sozialen Beziehungen, Motivation) schlicht voraussetzen lassen (etwa im Sinne von *jedes Kind will lernen* bzw. *es lässt sich dazu motivieren*). Diese Annahme ist nicht nur ungeprüft, sie lässt sich auch nicht belegen und ist eine bloße normative Setzung bzw. Zielvorstellung, die über den Weg der Zielerreichung nichts aussagt.

Oben war herausgestellt worden, dass die für die Erfahrung von (auch sozialer) Selbstwirksamkeit erforderlichen Kontextuierungen und der dazu notwendige breite Erfahrungs- und Wissensfundus durch die pädagogische Abstimmungs- und Überzeugungsarbeit, durch Praktiken, die Bildung und Lernen anzielen, und durch Emergenzen überhaupt erst geschaffen werden. Die Voraussetzung dafür ist eine prägnante und sozial verbindliche Ordnung, also wiedererkennbare und sozial tragfähige Strukturen. Pädagog(inn)en stehen für die Heranwachsenden stellvertretend Unverfügbares (ohne große Desaster) durch bzw. sie wissen die damit verbundenen Herausforderungen zu bewältigen („heile Welt", s.o.). Dies allein gibt jedoch noch keine Gewähr für ein Gelingen der Überzeugungsarbeit.

Die Gründe für bildungsferne Einstellungen (und damit auch für die Behinderung von Lernen) können Deprivationen sein, die etwa durch Lernblockaden, aber auch durch Flows ausgelöst werden können. Eine andere Möglichkeit ist ein (noch) nicht hinreichend ausdifferenzierter Erfahrungs- und Wissensfundus oder eine wie auch immer geartete Behinderung an der Übernahme sozialer Verant-

---

277 GEBAUER & WULF 2003, S. 82

wortung. Nicht zuletzt kann auch eine bereits lückenlos erklärte Welt Bildungsaspirationen im Wege stehen.

Die Frage, wie sich dagegen eine bildungsförderliche Situation auszeichnet, lässt sich vor dem bisher entwickelten Hintergrund dahingehend beantworten, dass eine solche vom differenzierten Erleben gelingender Rekursionen (auf das eigene Erfahrungsrelief) und von der Erfahrung von Selbstwirksamkeit in einer sozialen Gemeinschaft oder sogar in der Gesellschaft sowie von einer Entschiedenheit pädagogischer Überzeugungsarbeit bei gleichzeitiger Offenheit für Emergenzen und für die Übernahme von Verantwortung der Educandi geprägt ist. Performativ lässt sich eine Rekursion durch diverse daran beteiligten Modi des Handelns und Wissensformen näher bestimmen.

Die Palette der möglichen Antworten auf die Frage, wie sich eine bildungsförderliche Situation und ihre Herstellung unter performativen Vorzeichen noch konkretisieren lässt, ist zu groß, um hier im Detail dargestellt werden zu können. Im Großen und Ganzen geht es hier um die verschiedenen Inszenierungsformen von Wissen (didaktische Settings, Museen, Bildungs- und Sprachreisen, Bücher).

Das Moment aktiver (responsiver) Aneignung von Wissen steht auch hier einem passiven (und resonanten) Motiviert- und Inspiriert-Werden gegenüber. In performativen Bildungsprozessen vollzieht sich keine bloße Affirmation von (vermeintlich) Gegebenem, sondern es wird auf ein durch eine Person oder Sache gegebenes Anforderungsprofil so *geantwortet*, dass *etwas aus dem Gegebenen gemacht wird*.[278] Im Bildungshandeln, wie in jedem anderen Handeln auch, sind Anforderungsprofile nicht nur pragmatisch-funktionale Zusammenhänge, sondern auch kulturelle Umstände, mit Inklusion verbundene Herausforderungen. Ein Kontext kann im Handeln dadurch *zur Aufführung gebracht* werden, dass er im Handeln widergespiegelt, in möglichen Varianten durchgespielt und zudem Veränderungen in das Zitierte eingebracht werden. Die Gestaltung eines Kontexts erfolgt also aus diesem selbst heraus; WULF & ZIRFAS (2007) schreiben dazu: „Das Bildungsprofil performativer Prozesse liegt in ihren kreativen und wirklichkeitserzeugenden Momenten, die Dispositionen und Disponibilitäten der Beteiligten hervorbringen kann [können?]."[279] Mit Bezug auf HACKL (2009, S. 76 [Hervorh. i. O.]) spielt in dieser Beziehung auch das emotionale Austarieren einer Situation eine wichtige Rolle. „Die *faktische* Unfähigkeit, eine Handlungsproblematik durch bloßes Handeln zu bewältigen, kann also nur erfasst werden, indem sie durch *emotionales* Erleben lokalisiert und präzisiert wird."

---

278 Vgl. WALDENFELS 1994, S. 133 f.
279 WULF & ZIRFAS 2007, S. 29

Ein Modus der performativen und reflexiven Verknüpfung von Anforderung, Interpretation und Emotion kann die „korporalisierende Performativität" sein, mit der bekanntlich die Annahme eines rein kognitiven Untergrunds der Kompetenz in die Richtung einer sich im Handeln vollziehenden „schöpferischen Metamorphose" der wahrgenommenen Welt revidiert wird. Ein solches Handlungsgeschehen legt WALDENFELS als Responsivitätsgeschehen aus.

Beide Theoreme lassen sich in Bezug auf den Zusammenhang des Professionswissens von Lehrer(inne)n und ihrer pädagogischen Arbeit folgendermaßen in einem gemeinsamen Schnittpunkt zusammenführen: Ein Verhalten, das eine zuverlässige pädagogische Abstimmungs- und Überzeugungsarbeit leistet, über vielfältige Wissensformen verfügt und auf performative Weise Schauplätze herstellt, Wege bahnt, Plätze vergibt, möglichen Responsen verbahnt und interaktiven Muster, Normen, Stilen Ausdruck verleiht und zudem Bewegungen initiiert und Rhythmen einübt, scheint geradezu dazu prädestiniert zu sein, den Bildungserwerb und das Lernen anzustoßen.

Das performativitätstheoretische Paradigma ermöglicht es, solche Prozesse zu analysieren. Dabei stehen für die Seite der Pädagog(inn)en die speziellen Charakteristika von Pädagogik, wie ihre Spannungsfelder, die polymorphe Normativität, die pädagogische Relevanz von Habitūs und der pädagogische Takt, im Vordergrund.

Genauso kann die oben dargelegte Performativitätstheorie dazu herangezogen werden, Dynamiken in einer Gruppe, Unterrichtsgeschehen, Prozesse einer Unterrichts- und Schulentwicklung, Aspekte der Kultur einer Schule und die historisch gewachsene „Corporal Identity" einer Bildungsinstitution, Veränderungen in einer Bildungslandschaft herauszuarbeiten.

Indem die Performativität in der Pädagogik als ein generisches Prinzip angesehen wird, wird es möglich, die Lehrer(innen)bildung trotz der komplexen pädagogischen Herausforderungen zu modellieren, auf die sie vorbereiten soll, und auf ihrer Grundlage. In Bezug auf den performativen Bildungs- und Lernbegriff war auf diverse Enkulturationsprozesse und auf das multimodale Austesten verschiedener Selbst- und Weltverhältnisse (etwa auf deren emotionale Färbung, sozialräumlichen Koordinaten, Wissensformen und auf reale, imaginäre und virtuelle Figurationen) abgehoben worden. Performative Bildungsprozesse sind emergent, sie vollziehen sich als pädagogisch motivierte Rekursionen und sie sind emotional grundiert.

Sein unterrichtstheoretisches Pendant findet der performative Bildungsbegriff in der Auffassung des Unterrichts als Inszenierung und Choreographie.[280]

5.5 Performativität, Inszenierung und Choreographie

In einer Praktik oder durch ein Urteil rücken bestimmte Gegenstände in den Vorder- und andere in den Hintergrund. Damit werden diverse Schauplätze[281] generiert bzw. inszeniert; WALDENFELS (2004, S. 217) schreibt: „In der Inszenierung werden Bewegungen initiiert, Rhythmen eingeübt, Kräfte mobilisiert, Wege gebahnt, Plätze vergeben und nicht bloß geeignete Mittel auf ein Ziel hin eingesetzt." Die Metaphorik im Zitat korrespondiert mit der Bildsprache, die der Philosoph auch für die Entstehung von Erfahrungsprofilen heranzieht (s. o.).

An eine durch bestimmte Schauplätze strukturierte Inszenierung lassen sich Aufmerksamkeitsgeschehen binden, die als solche zwar verborgen bleiben, aber die Grundlage von Lernen bilden. Genauer können an bestimmten Inszenierungen Vorschläge zur Lenkung der Aufmerksamkeit abgelesen werden. Ein integrales Moment der Aufmerksamkeit ist das Mediale.

Das in konventionellen Unterrichtsplanungen linear konzipierte Lernen in einer Unterrichtssituation kann mit Bezug auf das performative Paradigma durch ein „Hyperlearning" in Netzwerken, Lernumwelten und Lerngesellschaften ergänzt, oder sogar ersetzt werden.[282] Die Choreographie des Unterrichts hat also mit realen, topologischen Räumen der unmittelbaren Anschauung, mit imaginären Assoziationen und mit Parallelräumen und (stärker oder weniger stark ausgeprägt auch) digitalen Räumen zu tun. Es stellt sich hier insbesondere die Frage nach einer das Lernen in virtuellen Räumen rahmenden Pädagogik bzw. nach den für die digitalen Lehr-und Lernkulturen bestimmenden pädagogischen Wissensformen.

WALDENFELS (2004a) verortet das Mediale in der menschlichen Aufmerksamkeit. Er spricht von einem „funktionalen Logos"[283] und bezieht sich dabei auf den Gedanken Edmund HUSSERLS (1950), dass wir unser Handeln nicht zum Einsatz bringen, sondern dass *sich* vielmehr *in unserem Handeln etwas in Szene setzt*,[284]

---

280 Weitere affine Konzepte sind „Lernen durch Lehren" (LdL) vgl. KRÜGER 1975 und die Weiterentwicklung des Konzepts durch Jean Pol MARTIN oder die Lehrerforschung (vgl. DANN 2000).
281 Vgl. WALDENFELS 2004a, S. 198
282 DOHMEN 2001, Anm. 47
283 WALDENFELS 2004a, S. 120
284 HUSSERL 1950, S. 98, S. 259

das nur partiell vom Akteur ausgeht. Oben war in diesem Sinne herausgestellt worden, dass eine Unterrichtschoreographie an Notationen (wie Planungen, Materialien, normativen Ansprüchen, Interaktionen, an den diversen Modi der Deutung einer Situation, an Fähigkeitsprofilen, situationalen Komponenten und Zwischenfällen, an Aspekten der Logistik, an räumlichen und zeitlichen Aspekten, an aktivierten Erfahrungsprofilen und konjunktiven Erfahrungsräumen) gleichsam *abgelesen* werden kann.

Wenn in Hinblick auf die Notationen davon ausgegangen wird, dass sie größtenteils auf die Handelnden zukommen, dann bedeutet dies für die Lehrkraft, dass das, was sich in ihrem Handeln in Szene setzt, von ihrer Person teilweise abgelöst ist. Es stellt sich dann natürlich die Frage, wie ein(e) Lehrer(in) die radikale pädagogische Verantwortung für die Schüler(innen) (s. o.) überhaupt übernehmen und ihr nachkommen kann. Oben wurde als Kritik am Performativitätsparadigma dessen Oberflächlichkeit und die Gefahr der (Identitäts-)Mimikry angeführt. Das Phänomen der Verselbstständigung performativer Geschehen in der (quasi-)theatralen Situation des Schulunterrichts bedarf also weiterer Ausführungen. Im Folgenden soll dies in zwei Schritten geschehen, zuerst wird das Verhältnis des Praxiswissens von Lehrer(inne)n zu banaler Show und sinnleeren Praktiken ausgelotet. Danach wird die Persönlichkeitsentwicklung unter dem Gesichtspunkt der Performativität beleuchtet.

5.6 Medialität und Performativität des professionellen Handelns von Lehrer(inne)n

Heute wird in der Medienpädagogik verstärkt ein Lernen in Funktionsfeldern und in funktionsfeldähnlichen Lernumgebungen diskutiert. Damit einher geht die Herausforderung durch eine ständig weiter wachsende Informations- und Datenflut.[285] Das Moment des Unbekannten wird hier mit einer zunehmenden Dynamisierung der täglichen Konfrontation mit unvorhersehbaren äußeren wie auch inneren Bildfolgen, angerissenen Themen („zapping") und unwägbaren Kapitalismen in Verbindung gebracht.[286] Insbesondere stellt sich die Medienpädagogik der Frage, welche Formen und Inhalte im Umgang mit Wissen bei dieser Konfrontation eine Rolle spielen.

---

285 Vgl. DICHANZ 2001
286 Vgl. WIRTH 2001, S. 34. Die Analyse KOLESCHS (1999) gibt einen Überblick über die Begriffsgeschichte der Performativität seit den 50er Jahren.

Im Zusammenhang der rasanten Technologieentwicklung ist vor allem die Tatsache augenfällig, dass die Unterschiede distinkter Praktiken in Anbetracht eines (Über-)Angebots an Vorbildern, Vorlagen, Handlungsmodellen und -normen etc. verwischt und in Abhängigkeit vom jeweiligen (digitalen, analogen oder körperlichen) Medium neu bestimmt werden. Wir *surfen* im Internet und können per Mausklick virtuelle Landschaften *erwerben*, wir können als Avatare *virtuell agieren* etc. – der jeweils angewandte Aktionsmodus (Mausklick) ist jeweils derselbe. In der realen Welt hingegen verlangen die verschiedenen Wirkungen ein und desselben Aktionsmodus unterschiedliche Praktiken. Zugleich wird aber derselbe Wirkungstyp (bspw. ein „kill") in der virtuellen grundlegend anders als in der realen Welt bewertet. Bei der Bewertung spielen in der virtuellen Welt auch ganz andere kulturelle Faktoren (bspw. verschiedene „Gamer"-Gruppen) eine Rolle als in der realen.

Praktiken, so wird auch in kulturwissenschaftlichen Analysen vielfach herausgestellt, können also in einer „augmented reality"[287] oder „mixed reality" gar nicht mehr per se, sondern nurmehr in Abhängigkeit vom jeweiligen Medium und dessen jeweiliger kultureller Bedeutung näher bestimmt werden. Diese (Neu-)Bestimmung folgt weniger einem definitorischen, diskursiven oder anderswie im weitesten Sinne textlich fassbarem Verstehen. Die digital kodierte Realität stellt vielmehr eine virtuelle, sensible Fläche, also gleichsam ein Erfahrungsprofil für Sekundärerlebnisse dar; die digitale fasst die natürliche Existenz und Lebenswelt wie eine künstliche auf. Insofern ist die digital kodierte Realität gewissermaßen eine *zweite Haut*. Die damit einhergehende Neubestimmung oder auch -kodierung menschlichen Tätigseins durch die Technik kommt auf das Individuum von außen zu. Sie wird unserem Handeln gleichsam aufgeprägt.

Winfried MAROTZKI (2007) argumentiert, dass sich solche und andere, sich unter dem Einfluss der neuen Technologien vollziehenden ontologischen Veränderungen kaum auf die gesellschaftliche und kulturelle Wirklichkeit auswirken. Die Erfahrungen, die ein Akteur mit virtuellen Szenarien macht, sind seiner Auffassung nach historisch gesehen gar nicht so neu. Er nimmt an, dass sie durch die Ziel- und Zweckgerichtetheit des Alltagshandelns nur verdeckt werden. MEYER-DRAWE (1996) spricht vom menschlichen Körper als einem „transfigurativen", d.h. die Differenz zwischen Leben und Künstlichkeit ist ihrer Auffassung nach nicht klar bestimmt.[288] Durch virtuelle Szenarien werden die menschlichen Existenzen,

---

287 Unter einer „augmented reality" oder „mixed reality" versteht man eine mit virtuellen Elementen angereicherte Realität, wobei die Virtualität als ein Erkenntnisstil gelten kann (vgl. MAROTZKI 2007, S. 182 f.).
288 MEYER-DRAWE 1996, S. 89

folgt man MAROTZKI (2007) und MEYER-DRAWE (1996), also nicht grundsätzlich in Frage gestellt, sondern neu bestimmt, inszeniert und variiert; allenfalls werden performative Strategien und Handlungsformen durch sie affiziert, wie etwa Modi des Motivierens, Irritierens, Pointierens oder Unterstützens, Formen des Kommentierens, Thematisierens, Modifizierens, des Präsentierens, Interpretierens, Inszenierens und des Arrangierens sowie Ritualisierungen.

Hier wird im Gegensatz dazu davon ausgegangen, dass per Mausklick initiierte Tätigkeiten definitiv einen anderen Charakter haben als reale. Wenn also der Begriff des Handelns auch selbst zunächst nicht von dem mit der Virtualisierung verbundenen Wandel tangiert wird, so bewegt sich im Virtuellen doch kein Akteur, der springt, auf andere Menschen trifft, schießt etc., sondern, mit der Maus hervorgerufen, ein Avatar oder ähnliches. Darüber hinaus bestehen auch zwischen realen und virtuellen Handlungs- und Wissensformen entscheidende Unterschiede, die an deren performativen Vollzügen deutlich werden. Überhaupt das gesamte Handlungsgeschehen, die performativen Wirkungen von Handeln, der mehr oder weniger ausgeprägte performative Charakter von Handlungsformen und die performative „theoretical sensitivity"[289] im virtuellen Raum sind andere als im realen. Die Unterschiede sind pädagogisch von großem Interesse, nicht nur, weil es um Wissen geht, sondern auch, weil sich hier ethische Fragen anders stellen; was an dieser Stelle aber nicht vertieft wird. Hier wird darauf fokussiert, dass sich der Umgang mit den neuen Informations- und Kommunikationstechnologien im Sinne einer Kontrastierung analysieren lässt, wie Praktiken in verschiedenen Tätigkeitsbereichen angewandt und zu verschiedenen Zwecken und mit unterschiedlichen Zielen, sachadäquat oder weniger angemessen eingesetzt werden, und wie sie sich jeweils auf reale Praktiken und Weltverhältnisse auswirken. Wenn verschiedene Handlungs- und Wissensformen in unterrichtlichen Inszenierungen performativ zur Aufführung kommen oder gebracht werden, werden sie, so ermöglicht es die am performativen Paradigma orientierte Perspektive, verhandelbar. Dann können sie nicht zuletzt auch ihrer potentiellen sozialen und kulturellen Seichtheit entledigt werden.

Dennoch gibt es in der realen Welt ein „Als-ob-Handeln", das Handlungen der virtuellen Welt nahe kommt. So können etwa im virtuellen Raum stattfindende Handlungen simuliert werden oder die reale Welt wird wie die virtuelle als artifizielle wahrgenommen.

Im Zusammenhang des phänomenologischen Untergrunds des Performativitätsparadigmas war oben darauf hingewiesen worden, dass der menschliche Körper sämtliche symbolische Medien ablösen und zum alleinigen Medium werden

---

[289] GLASER 1978

kann, sich also quasi verselbstständigen und damit in gewissem Sinne artifiziell werden kann. In Bezug auf eine solche Performativität, die in der realen Welt ihren Ort hat, war kritisch auf Identitätsmimikry und auf die Überschätzung der Formbarkeit gegebener sozialer Verhältnisse hingewiesen worden. Bezogen auf das Unterrichtshandeln einer Lehrperson kann man hier auch von Theatralität sprechen, die WULF & ZIRFAS (2007, S. 24) durch folgende Elemente bestimmen:[290]

1. Theatralität ist die Darstellung eines tatsächlichen oder imaginierten Handlungsvollzugs (Performanz) vor Zuschauer(inne)n;
2. der semiotische Charakter einer theatralen Darstellung ist durch Momente der Spannungssteigerung (Inszenierung) gekennzeichnet;
3. die Korporalität fungiert im Zusammenhang theatraler Darstellungen als eine material- und darstellungsästhetische Kategorie.
4. im Zusammenhang theatraler Darstellungen erfolgt eine aisthetische Rezeption und damit ist eine Interpretation der (notwendig sozialen) Situation verbunden.

Theatralität beschreibt demnach Darstellungsqualitäten, Spannungssteigerungen, Körperlichkeit und Interpretationsgeschehen. Bereits lange vor dem Medienboom gelang und bis heute gelingt es Lehrer(inne)n, ihr Wissen zur Aufführung zu bringen. Indem sie etwa schulische Lerninhalte in Szene setzen, knüpfen sie an eine bestimmte außerschulische Lebenswelt an. Sie schaffen damit nicht nur die Voraussetzung für verschiedene Lernzugänge. In ihrem szenischen Handeln können sie auch sachgerechte (oder sozial adäquate) „modi operandi" und „Habitūs" (s. o.) markieren. Sie führen bestimmte Arbeitstechniken ein und Handlungssequenzen vor, sie legen Argumentationen vor, nehmen Interpretationen vor etc., und spielen auf diese Weise vor den Schüler(inne)n Wahrnehmungs-, Entscheidungs- und Handlungsformen beispielhaft durch, die auf fachlichen oder auf alltagspraktisch relevanten Habitūs basieren. Dabei kommt es seit jeher zu einer teilweisen Überlappung der allerdings in dieser Hinsicht bislang eher intuitiv und autodidaktisch angeeigneten, nichtsdestotrotz aber im oben mit WULF & ZIRFAS (2007) definierten Sinne professionellen Theatralität von Lehrer(inne)n mit dem Wissen professioneller Schauspieler(innen).

Neben den Gemeinsamkeiten von Schauspiel und (Schul-)Unterricht bestehen zwischen beiden aber auch Unterschiede: So geht es bei einer künstlerischen oder auch ästhetischen theatralen Inszenierung um die planmäßig ausgearbeitete und systematische Erzeugung von Effekten wie Katharsis, Aufführung, Unterhal-

---

290 WULF & ZIRFAS (2007) beziehen sich dabei auf FISCHER-LICHTE 1998.

tung; im Theater geht es um ein kunstvolles Manipulieren des Publikums mittels fiktiver Identitäten (Rollen), Narrationen und Enthaltungen, der sich ein(e) Theaterbesucher(in) aus eigenen Stücken aussetzt. Auf der Bühne werden fingierte Identifikationen, Ausschlüsse und Legitimierungen o. ä. inszeniert. Bei pädagogischen Inszenierungen hingegen stehen Lehr- und Lernprozesse und Prozesse des Erziehens, wie auch solche des (sich) Bildens im Mittelpunkt,[291] die sich als eine pädagogisch verantwortete bzw. sukzessive und auf möglichst taktvolle Weise an die Adressat(inn)en delegierte Abstimmungs- und Überzeugungstätigkeit ganz dezidiert gerade von Verführung, Betörung und Manipulation abgrenzen müssen.

Lehrer(innen), die ihr explizites und ihr implizites pädagogisches Wissen (ungelernt oder auch „wild") auf darstellerische bzw. performative Art und Weise explizit machen, können aber dennoch, gewollt oder ungewollt, auf dieselbe Augenhöhe mit Medienstars geraten, deren öffentliche Auftritte schauspielerisch professionell durchdacht und *durchgestylt* sind. Es kann dazu kommen, dass das (junge) Publikum im Klassenzimmer dann fast ausschließlich darauf achtet, ob es einer Lehrerin/einem Lehrer gelingt, nach massenmedial vorgegebenen Maßstäben eine *coole Show abzuziehen* oder ihr/sein Auftritt solchen Maßstäben nicht entspricht. Derart exponierte Lehrer(innen) können in eine Repräsentationsfalle geraten.[292] Pierangelo MASET (1999) führt dies auf eine in unserem Kulturkreis tief verwurzelte Desavouierung von Show, Spektakel und Inszenierung zurück, die sich auch an Redeweisen zeigt, die überspanntes, exzentrisches Verhalten bezeichnen, wie *Mach nicht so ein Theater!, Markiere nicht den Helden!, Zieh keine Show ab!, Er setzt sich voll in Szene!* usw. Gestattet wird ein solches Verhalten im Rahmen der Schule zwar seit jeher im Zusammenhang von Festivitäten und Bühnendarstellungen. Der alltägliche Schulunterricht aber wird vorrangig mit gelenkten Unterrichts- und Erziehungsprozessen konnotiert. Die Charakterisierung einer Unterrichtssituation als Theater und des Klassenzimmers als Bühne fungiert nicht zuletzt darum als ein Schreckbild, weil sie mit der Gefahr des Kontrollverlusts der Lehrer(innen) und der Institution in Verbindung gebracht wird.[293] Abgesehen von der kulturell bedingten Desavouierung von Theatralität im (Schul-)Alltag erscheint ein mehr oder weniger ungewollter schauspielerischer Wettbewerb von Lehrer(inne)n mit Medienstars im Lichte der Medienkritik von Norbert BOLZ (1997) auch noch in anderer Weise als fragwürdig. Denn nach BOLZ (1997, S. 666) schließt der Medienverbund als ein System betrachtet die „Welt als Umwelt" aus. Die neuen Informations- und Kommunikationstechnologien stellen eine zwar

---

291 WULF & ZIRFAS 2007, S. 24
292 MASET 1999, S. 104
293 Vgl. den Projektbericht „Schule als Raumbühne" (BRINKMANN & WIESAND 2006).

emotional unter Umständen stark besetzte virtuelle Parallelwelt, aber keine für den Menschen lebenswichtige Umgebung her. Zudem transportieren die Medien ohne Unterschied Sinn, Unsinn und Gegensinn.[294] Solche Assoziationen können mit dem Eindruck einer Affinität des Verhaltens von Lehrer(inne)n mit dem von Medienstars mit aufgerufen werden.

Das Zeigen, die Repräsentation, das vorbildliche Verhalten und die Emphase auf Theatralität im Schulunterricht können also durchaus Probleme in der Art mit sich bringen, wie sie oben im Zuge der Kritik am performativen Paradigma aufgeführt worden sind. So beschreibt etwa Anna HERBERT (2014) eine von Lehrpersonen (in ihrem Fall an der Universität) nicht bemerkte Performanz Studierender, die darin besteht, in einer mündlichen Prüfung *gute Student(inn)en* zu markieren, ohne das erforderliche Wissen zu besitzen und es anzubringen. Lehrpersonen, so die Autorin, schließen allein aus der in der Form vollendeten Performanz, dass die geforderten Leistungen erbracht werden. Sie führt dieses Phänomen auf die Testregimes der Universitäten zurück, das die Bildungsideale der Institution und ihrer Mitglieder desavouiert. Manipulative Strategien, fiktive Identitäten und fingierte Zuschreibungen und Legitimierungen o. ä. ersetzen hier das universitäre Wissen und die Bildung.

Die also fraglos bestehende Gefahr oberflächlicher *Show* kann jedoch nicht davon abhalten, theatrale Momente der Erziehungs- und Unterrichtspraxis anzuerkennen und sie zu modellieren, auch im Rahmen der Lehrer(innen)bildung (und der Professionalisierungsforschung). In Anbetracht ihres ambivalenten Charakters (Show und Vermittlungsgeschehen) sollen dabei aber die analytischen Potentiale des Performativitätsparadigmas im Vordergrund stehen. Wie ist dies denkbar?

1. HERZOG und VON FELTEN (2001) zeigen, dass die Infragestellung eines emphatischen Begriffs von Wirklichkeit einer differenzierten Analyse heutiger Erziehungswirklichkeit zuträglich sein kann; sie schreiben: „Ein emphatischer Begriff von Wirklichkeit dient als Rechtfertigung für die Zurückweisung mediatisierter Erfahrungen. Dass dies eine überholte Art didaktischen Denkens sein könnte, machen uns die neuen Informationstechnologien nur zögerlich bewusst."[295]
2. Anstelle der *einen* Wirklichkeit können in einer Inszenierung die vielen nebeneinander bestehenden Lebenswirklichkeiten Berücksichtigung finden, in denen wir uns heute bewegen. MASET (1999) weist in Hinblick auf

---

294 BOLZ 1997, S. 669
295 HERZOG & VON FELTEN 2001, S. 22

die experimentellen Potentiale der verschiedenen Medien darauf hin, die Subjektivitätspotentiale in einem nicht repräsentativen Sinne zum Ausdruck zu bringen.[296] Lebenswirklichkeiten werden vorgeführt und damit verhandelbar, eine Lebenswelt wird neben eine andere gestellt. Es ist anzunehmen, dass gerade begnadete *Schauspieler(innen)*, geschickte und sachgerechte *Bühnenbildner(innen)* und scharfsinnige *Regisseure* unter den Lehrer(inne)n der virtuellen und auch mutuellen (Bühnen- und Show-)Welt ihre Subjektivitätspotentiale entgegen setzen können.

3. Gegenüber den repräsentativen und im Problemfall oberflächlich manipulativen Aspekten ihres professionellen Handelns haben Lehrer(innen) vor allem die Aufgabe, eine humane, sachlich-fundierte und persönlich-werthafte Auseinandersetzung mit Themen des Unterrichts vorbildlich anzuleiten.[297] Ihre Vorbildhaftigkeit entwickelt sich vor allem in impliziten Interaktionsgeschehen, die auf theatrale Weise visualisiert und damit verhandelbar werden. Ein Ziel der Lehrer(innen)bildung besteht darin, professionelles Handeln auf der impliziten Interaktionsebene einzuüben.

4. Die Basis des im Modus des Theatralen ermöglichten geschulten Einsatzes von Subjektivitätspotentialen ist, wie oben herausgestellt, die über eigenkörperliche Bewegungen vermittelte Kontextsensitivität. Diese schließt „pädagogischen Takt", also die Gestaltung pädagogischer Nähe und Distanz ein. Unter dem Gesichtspunkt der – für pädagogisches Handeln zentralen – Kontextsensitivität wird deutlich, dass eine unterrichtliche Choreographie und Inszenierung über bloße Manieriertheit[298] weit hinausgeht. Dieses Surplus kann unter performativitätstheoretischen Vorzeichen herausgearbeitet werden.

Kristin WESTPHAL (1997) zeigt, dass und inwiefern das körperliche Ausdrucksverhalten im Modus des Theatralen vielfältige, auch didaktisier- bzw. instrumentalisierbare Wirkungen zeitigen kann. Sie beruft sich auf MEYER-DRAWE, die (in WESTPHAL 2002, S. 99) schreibt: „Wissen von Welt geht im Denken nicht auf, sondern es wird von unseren leiblichen Erfahrungen in Gang gehalten." Theatrale Ausdrucksweisen im Unterricht können, so WESTPHAL (1997), *motivieren*, *irritieren*, es kann damit auf Gewohnheiten und Routinen *angespielt* werden. Dadurch werden Aussagen oder Handlungen eventuell *unterstützt* oder ein Ge-

---

296 MASET 1999, S. 104
297 Oben wurde in dieser Hinsicht mit Bezug auf HERZOG & VON FELTEN (2001) auch bereits auf die Notwendigkeit abgehoben, sich mit der eigenen Lernbiographie dahingehend auseinander zu setzen, dass vorgeführte, aber wissenschaftlich gesehen überkommene Handlungsschemata nicht einfach unreflektiert übernommen werden.
298 Vgl. PRANGE 2005

schehen wird – etwa im Sinne eines Nachklangs, einer Veranschaulichung oder einer Reflexion – *kommentiert*.[299] Die didaktischen Funktionen unterrichtlicher Inszenierungen lassen sich prinzipiell auf jede pädagogische Situation beziehen, in der ein bestimmter Inhalt zu Lernzwecken thematisiert und dabei modifiziert, präsentiert, interpretiert, inszeniert, arrangiert oder in vielfältige rituelle Rahmen eingespannt wird. Das Theatrale wird dann in den Dienst des Lernens und der Bildung gestellt.

Betrachtet man die bisherigen Überlegungen zum Zusammenhang des Professionswissens von Lehrer(inne)n und der (Selbst-)Erziehung der Schüler(innen) in deren gemeinsamem Schnittpunkt einer „korporalisierender Performativität" und von WALDENFELS' Auslegung des Handelns als Inszenieren her, so ergibt sich daraus einmal mehr, dass ein Handeln, das Schauplätze herstellt, dazu geeignet ist, Wissensformen und Wissensformate zur Disposition zu stellen und Strukturen für diverse Aufmerksamkeitsgeschehen auszuformen. Damit eine Lehrperson an die lebensweltlichen Erfahrungen und perspektivischen Interessen der Schüler(innen) anknüpfen kann, braucht sie ein breit gefächertes Orientierungs-, Handlungs- und Weltwissen und sie muss dazu fähig sein oder befähigt werden, es mit pädagogischem Takt an die Schüler(innen) zu vermitteln.

Vor dem hier entwickelten theoretischen Hintergrund ergeben sich für die Lehrer(innen)bildung die folgenden grundlegenden Aufgabenbereiche:

1. Eine Kompetenzentwicklung besteht in der Sensibilisierung für diverse Denkansätze und Handlungsformen, respektive für explizite wie implizite Wissensformen und -formate.
2. Die von den Lehrer(inne)n zu leistenden Transformationen wissenschaftlicher Theorie in die pädagogische Praxis und vice versa werden immer wieder anders vollzogen, reflektiert und erprobt. Dabei steht das pädagogische Herausforderungsprofil einer Überbrückung der Lücke zwischen Theorie und Praxis im Feld (Stichworte: pädagogischer Takt, pädagogische Spannungsfelder, polymorphe Normativität, Habitūs und ihre Veränderung) im Vordergrund.

Die Aufmerksamkeit der Lehrer(innen)bildung wird hier auf die Schulung von Körperpraktiken und deren Reflexion gelenkt. Eine am Performativitätsparadigma orientierte Forschung fokussiert die Theorieanteile an Praktiken bzw. die Momente eines *Wie* des Einfließens von Theorie, Normen, Verblendungen, Befangenheiten, Rationalität in diese Praktiken und vice versa, sowie die diversen Möglichkeiten der wechselseitigen Beeinflussung von Theorie und Praxis.

---

299 MEYER-DRAWE 2001, S. 13

Die These, dass sich sämtliche pädagogische Prozesse als performative beschreiben lassen, wird im Folgenden für die Identitäts- und Persönlichkeitsentwicklung weiter ausgeführt. Damit wird die oben angesprochene Herausforderung der Wirkungen des Virtuellen und des Imaginären aufgegriffen. Davon ausgehend wird ein performativer Lern- und Bildungsbegriff dargelegt und in seiner Praxisrelevanz für die Lehrer(innen)bildung ausgelotet. Auf dieser Grundlage wird ein didaktisches Prinzip, das „performative Spiel", entwickelt, das zugleich ein Forschungssetting ist und für dazu geeignet befunden wird, die Genese von Handlungs- und Orientierungswissen für den Lehrberuf zu didaktisieren.

5.7 Performativität und die Persönlichkeitsentwicklung

Im oben angeführten Beispiel eines durch Händedruck eingeleiteten und damit partiell vorherbestimmten geschäftlichen Gesprächs stellt sich die Integrität, die Professionalität, die sozialen Beziehungen und damit auch die soziale Identität des Geschäftspartners/der Geschäftspartnerin wesentlich über ihr nicht-intentionales im Verhältnis zu ihrem intentionalen Agieren her. Angedeutet worden war, dass dies auch für die soziale Identität von Gruppen bzw. für ihre „konjunktiven Erfahrungsräume" gilt.

Anhand des Performativitätsparadigmas lässt sich herausarbeiten, *wie* sich soziale Identitäten in sozialen Zusammenhängen vortheoretisch und implizit formieren und bewähren.

In der Schulpädagogik und in der Professionsforschung sind die nicht intentionalen Aspekte der Persönlichkeitsentwicklung, die sich unter phänomenologischen und performativitätstheoretischen Vorzeichen näher bestimmen lassen, tendenziell noch unterbewertet. Die Argumentation ist die folgende: Während sich die Tatsache, dass sich die frühkindliche Entwicklung zu einem großen Teil nicht-intentional vollzieht, noch von selbst versteht,[300] wird dies für ältere Kinder häufig nicht mehr so gedacht. Der nicht intentionale und zudem sozial gerahmte Entwicklungsmodus trifft aber nachweislich auf alle Altersgruppen zu, was in theoretischer Hinsicht allerdings noch kaum Berücksichtigung findet.[301] Entwicklung und Lernen werden vor allem durch eine über den Körper vermittelte Veränderung und ebensolche Ausdrucks-, Erfahrungs-, Repräsentations-, Handlungs- und Wissensformen initiiert und sie vollziehen sich weitgehend unabhängig von Steuerung und Kontrolle. Die Bezugnahme auf die eigene Körperlichkeit und auf

---

300 Vgl. DORNES 1992
301 Vgl. KRAUS 2008–2012

die anderer in der gestalteten oder natürlichen Umwelt im Laufe eines Lebens lässt sich performativ gesehen als ein teilweise aktives, teilweise passives, zudem habituell bestimmtes *doing age* auslegen. Identitäten werden also gestiftet, indem sich Einstellungen, Gesten, Praktiken in großen Teilen noch vor aller bewussten Reflexivität ausbilden bzw. einstellen. Explizites Wissen tritt hinzu und kann die Veränderung eines Erfahrungsprofils auslösen, wenn auch nicht gezielt herbeiführen. Die Bezugnahme auf die eigene Körperlichkeit und auf die anderer ist in ihrem performativen Vollzug von Merkmalen der Herkunftskultur eines Akteurs/einer Akteurin sowie von den Momenten der gegenwärtig für ihn/sie relevanten sozialen Milieus und von schweigenden Dimensionen der (Selbst-)Erziehung geprägt.

Ursula STENGER (2007) beschreibt die nicht intentionale Persönlichkeitsbildung wie folgt: „Das Ich konstituiert sich erst mit der Handlung als jeweiliges."[302] Mit Blick auf die oben dargelegten Zusammenhänge zu ergänzen wäre, dass neben dem Handeln auch das Erkennen, der Diskurs, die Aisthesis, die Wirkung von Bildern sowie materiale Geschehen Modi einer performativen Konstitution von Wirklichkeit sind. Nicht zuletzt sind sie auch Aspekte der Persönlichkeitsentwicklung. Zugleich sind diese Entwicklungsmodi, wie wir gesehen haben, Formen des Erkennens. Die Entwicklung einer Persönlichkeit kann folglich dadurch näher bestimmt werden, dass eine Person mit vielfältigen Formen des Handelns und des Erkennens, mit Diskursen, Bildern, und mit deren performativen Wirkungen multimodal und in Abhängigkeit von ihrem Alter jeweils anders umzugehen lernt.[303] Nach dem Performativitätsparadigma steht bei der pädagogischen Begleitung und Unterstützung einer Persönlichkeitsentwicklung also nicht nur das explizite Wissen im Blick; dafür maßgeblich sind auch das Gespür für Momente äußerer und innerer Veränderung, für Dynamiken und Beweglichkeit, Lebendigkeit und vor allem ein Verfügen über verschiedene Wissensformen.

Wird dem performativen Denkmodell oben Beliebigkeit und die Tendenz zur ethisch-moralischen Libertinage vorgeworfen, so gilt diese Kritik im Besonderen auch der performativen Auslegung der Persönlichkeitsentwicklung. – Für WULF & ZIRFAS (2007, S. 15 [Hervorh. i. O.]) besteht die Stärke des performativen Paradigmas in erster Linie darin, dass es „[...] eine *praktische Wahrnehmung* dessen herstellt, was der Körper ist und darüber hinaus, *wie er seinen Ort in den herrschenden kulturellen Koordinaten einnimmt.*"[304] Unter dem Vorzeichen des Performativen wird auf Aufführungs- und Inszenierungspraktiken abgehoben, die

---

302 STENGER 2007, S. 67
303 Vgl. die oben dargelegten verschiedenen Wissensarten.
304 Zitiert wird hier BUTLER 1998 [1997], S. 225

sich auch als „leiblicher Stil"[305] beschreiben lassen. Anja TERVOOREN (2007, S. 98) schreibt:

> *„Körperstil* [Hervorh. i. O.] meint die Aktivitäten des Körpers, in welche dieser als Ganzes einbezogen ist, die Haltungen der Körper; seine Größe, Kraft und Ausdauer, die Kleidung und die Frisuren […]. Darüber hinaus konstituiert sich dieser Stil durch die Bewegung des Körpers und einzelner Körperteile: die Stimme, der Gang, die Körperspannung, die Beherrschung von Körpertechniken, die Formen der Gestaltung des Blickkontakts mit Personen gleichen und anderen Geschlechts und die Art und Weise, ähnliche Bewegungen zu teilen, sowie das Verhältnis des Körpers zum Raum."

Anhand von Körperstilen können bspw. die Etablierung von gender-Konstrukten, die performative Herstellung einer Peergroup, das die Mitglieder einer Familie oder eine Schulklasse verbindende Wir-Gefühl erklärt werden.[306]

In diesem Sinne waren oben bereits die zentralen selbst- und weltstrukturierenden Leitdifferenzen mit Bezug auf die von AUDEHM (2008) in Anschluss an Pierre BOURDIEU skizzierte Fundierung der Persönlichkeitsstruktur in „Habitūs"[307] an ein gewohnheitsmäßig verfestigtes Vokabular, an Körperhaltungen, Geschmacksurteile, Ausdrucksweisen, Weltsichten und an konjunktive Erfahrungsräume geknüpft worden.[308] In diesem Zusammenhang war auch auf die habituelle Verankerung sozialer Integrations-, Exklusions- und Selektionsprozesse hingewiesen worden.

Die Frage, inwieweit besagte symbolische Ordnungen in ihrem performativen Vollzug sichtbar und inwieweit sie formbar sind, lässt sich, so hatten wir gesehen, nicht rein theoretisch, sondern nur für konkrete Zusammenhänge beantworten.

Unter phänomenologischem Gesichtspunkt indes sind habituelle Strukturen in eine ihnen vorgängige und sie zugleich begleitende, sie auch aussetzende oder sie manchmal sogar (partiell) überwindende gelebte Körperlichkeit eingebunden. Eine Konzeptualisierung der gelebten Körperlichkeit bewegt sich allerdings an der Grenze des Sagbaren. Denn sie schließt ein nicht konstruierbares Unmittelbares, eine unaussprechliche Authentizität und ein *Jenseits* aller Sichtbarkeit ein. So enthält etwa der Verweisungscharakter des Leiblichen viel mehr Optionen als nur die sichtbaren (dies zeigt sich nicht zuletzt an den Grenzen der physiologischen

---

305 BUTLER 2003 [1990], S. 205
306 Vgl. GÖHLICH, WULF & ZIRFAS 2001; WULF & ZIRFAS 2007 u. a.
307 Unter Habitus versteht man ein in sich relativ geschlossenes und zugleich dynamisches System von Urteils- und Verhaltensdispositionen (vgl. BOURDIEU 1993).
308 Vgl. BOURDIEU 1993

Forschung, bspw. der Gehirnforschung). Dies erschließt sich uns in körperlichen Vollzügen, die sich nur rudimentär beschreiben lassen. Wir können hinter unsere eigene Körperlichkeit als die spontane Grundlage unseres Wahrnehmens, Gewahrens, Begreifens, und hinter die anderer nicht zurückgehen. Denn korporal nehmen wir uns selbst, andere Menschen, Dinge, Zeichen primär als konkreten *Bestand* wahr. Erst in einem zweiten Schritt erfassen wir sie begrifflich und in ihren sinnhaften oder konzeptuellen Bezügen. Primär hat etwas also für uns als eine *Konsistenz* Realität, die für jede Sache jeweils typisch ist. MERLEAU-PONTY (1986 [1964]) spricht hier vom „Fleisch der Dinge" (frz. „chair") als die „Generalität des Empfindbaren an sich" und als „das uns eingeborene Anonyme".[309] Als Körper spüren wir andere Körper und Dinge und sind mit ihnen verbunden. MEYER-DRAWE (2003) schreibt in Anlehnung an MERLEAU-PONTY: „Unsere sinnliche Komplizenschaft mit den Dingen bringt uns auf den Weg des Erkennens, garantiert es aber nicht."[310] Uns sind die Dinge niemals als solche *gegeben*, wir *erfahren* sie vielmehr im Sinne von „Widerständigkeiten"[311]. Gemeint ist damit der Modus, wie wir die Wirklichkeit und uns selbst als gegenständliche wahrnehmen und wie wir handelnd mit äußeren und inneren Wirklichkeiten umgehen. Wir verleihen solchen „Widerständigkeiten" Sinn, wir sprechen über sie und wir inszenieren sie; wir geben in unserem Agieren von der für uns gültigen Wirklichkeit auf multimodale Art und Weise Zeugnis ab, wenn sie sich uns auch nie vollständig erschließt. Wir okkupieren, vereinnahmen, assimilieren die Wirklichkeit als eine je *eigene*, die sich an einer jeweils *anderen* bricht, indem sie diese zum Gegenstand hat. Edgar FORSTER (2004) schreibt dementsprechend: „Die Kulturen des Performativen funktionieren nach einer Logik, die das Unverfügbare stets mitaufruft."[312] Die gelebte Körperlichkeit bindet unsere Wahrnehmung, Sprache, unser Denken, auch unser Handeln in vielfältiger Weise an das für uns jeweils Unverfügbare (an das nicht Beachtete, Abwesende, Ersehnte, Ungetane). Das Unverfügbare wird durch Sprache, in der Wahrnehmung, im Denken, Handeln immer mit aufgerufen. Unsere nur scheinbar in sich gefügte Existenz ist auf An- und auf Abwesendes im Sinne von Präsenz und Absenz, Manifestation und Latenz zugleich bezogen. ZIRFAS (2001a, S. 58) drückt dies so aus, [...] dass man von einer irreduziblen Abwesenheit der Intention im *performativen* [Hervorh. i. O.] Akt des Erziehens,

---

309 MERLEAU-PONTY 1986 [1964], S. 183
310 MEYER-DRAWE 2003, S. 8
311 WEISCHEDEL 1962, S. 244; MEYER-DRAWE 1999. Widerständigkeit ist hier nicht als Handlungsform (wie etwa Protest), und auch nicht als ein Wirkungsmodus (wie etwa die psychodynamisch verstandene Abwehr) gemeint, sondern im Sinne von Gegenständlichkeit.
312 Zitiert nach BRAMBERGER 2007, S. 104

im pädagogischen Akt, selbst ausgehen muss." Pädagogische Intentionen sind nicht nur ständig damit konfrontiert, dass sie ihr Ziel auch verfehlen können. Sie sind sich auch nicht gänzlich selbst transparent. Dasselbe gilt für die (Selbst-)Erziehung und, wie oben herausgestellt, für das Lernen und für Bildungsprozesse.

Wenn das Medium, in dem sich eine Persönlichkeits- und Identitätsentwicklung vollzieht, die Körperlichkeit ist, dann kann sie sich gar nicht nur als eine pure (Selbst-)Erfindung im Medium exzentrischer Begeisterung oder Maskerade vollziehen. Denn der Körper fungiert auch als eine nicht überwindendbare Grenze für interpretatorische Übergriffe.

Wird die Persönlichkeitsentwicklung letztlich auf das Körperliche und damit auf das Unverfügbare zurückgeführt, so werden damit, wie oben bereits herausgestellt, neben konstruktiven auch destruktive Momente vor und unterhalb des Bewusstseins angesiedelt. Unter den Vorzeichen des Performativen wird darum verständlich, dass Verletzungen, Deprivationen wie Entbehrungen, Isolation, der Wegfall von Vertrautem, Formen der (sozialen) Benachteiligung o. ä. tiefgreifende Risikofaktoren für eine Persönlichkeitsentwicklung darstellen, indem sie körperlich wirken (s. o.).

Ein wichtiges Ziel von Pädagogik ist daher die Vermeidung der Risikofaktoren und einer Bedrohung der persönlichen Integrität und die Stärkung des Körperselbst, das oben mit VON WEIZSÄCKER (1940) als ein Selbsterfahrung näher bestimmt wurde, die zur Gestaltung abstrakter Bewegungen führt.

In Bezug auf die pädagogische Situation war oben die Herstellung einer sogenannten „heilen Welt" und die gelingende Choreographie des Schulunterrichts für zentral befunden worden. Die mit pädagogischem Takt zu generierende „heile Welt" ist durch das Bemühen um eine prägnante und sozial verbindliche Ordnung, also einfach wiedererkennbare sozial tragfähige Strukturen, bestimmt, in denen jedem Kind und jedem Jugendlichen ein von Potentialität und zugleich von realer Anerkennung bestimmter Platz gegeben ist.

Wird die Persönlichkeitsentwicklung dadurch näher bestimmt, dass in vornehmlich resonanter und responsiver Art und Weise (erfolgreich) auf Widerständiges im oben beschriebenen Sinne eingegangen werden kann, dann spielt in Bezug auf die Art und Weise, *wie* etwas als widerständig erlebt wird, das Moment der Wiederholung eine zentrale Rolle:[313] Vormals in bestimmter Weise Erfahrenes wird in der Regel erneut so wahrgenommen wie zuvor, und auf aktuale (Gegen-)Wirkungen wird ähnlich wie auf früher erfahrene reagiert. Gehen in ein solches Wiederholungsgeschehen und die dazugehörigen Wissensformen auf performative Art und Weise Abweichungen und Prägungen durch Eigenes oder Fremdes,

---

313 Vgl. DELEUZE 1992, s. o.

differente Interaktionsprozesse, diverse Inszenierungen ein, dann kann sich deren Signatur verändern.

Auf der einen Seite besteht die große Herausforderung an Pädagog(inn)en darin, die eine Praktik bestimmenden Leitdifferenzen in ihrem performativen Vollzug und in ihrer Kontextabhängigkeit zu erkennen. Auf der anderen Seite ist professionelles Handeln in diesem Feld zentral davon abhängig, dass die Leitdifferenzen, denen pädagogische Geltung zugesprochen wird, auf stringente, kontextsensitive, subjektorientierte und performative Weise in die pädagogische Abstimmungs- und Überzeugungsarbeit eingehen.

In einer performativen Sinnstiftung treten Aspekte der Emergenz, des Neuen, der Veränderung und der Gestaltung zur rein über Rationalität und Regel vermittelten Sinnstiftung hinzu.

Das Thema einer Analyse der performativen Aspekte der Persönlichkeits- und der Identitätsentwicklung sind vornehmlich der spontane Umgang der Akteure mit konkreten Herausforderungen, der instantiierende Charakter von Situationsdeutungen, Selbstidentifizierungen und -exemplifizierungen, Aspekte und Wirkungen menschlicher Körperlichkeit, Sprachgeschehen, die konstitutive Kraft von Bildern, Ereignishaftes, situierte Effekte sowie diverse explizit oder implizit wirkende Spannungsfelder. All diese Aspekte lassen sich in der Art pädagogischer Wissensformen ausbuchstabieren, die grundlegend für pädagogisches Handeln und zugleich ein integrales Moment pädagogischer Abstimmungs- und Überzeugungsarbeit sind.

Werden die Beweggründe, Legitimationen und die Kontextabhängigkeit von Handeln thematisiert, dann lassen sich performativer Oberflächlichkeit, Show und Mimikry auf der Handlungsebene – jedenfalls auf der Seite des Pädagogen oder der Pädagogin – realistische Grenzen setzen, ohne die Möglichkeit zu verstellen, dass in ihnen Habitūs inszeniert und bearbeitet werden können. Das Prinzip dieser didaktischen Konzeption ist das performative Spiel.[314]

5.8 Das performative Spiel als didaktisches Prinzip

Erziehungs- und Unterrichtsprozesse sind nach dem performativen Paradigma die Folge wie auch die Tatsache mehrdimensionaler Instantiierungen, ergebnisoffener Inszenierungen und nicht zuletzt emergenter materialer und/oder aktionaler Darstellungsformen. Pädagogische und didaktische Prinzipien und

---

314 Während Performativität einen handlungstheoretischen Ansatz bezeichnet, wird mit „Spiel" ein bestimmtes Spektrum von Handlungsformen bezeichnet.

praktische Vorgehen, gültige Bestimmungen und einer Situation angemessene Anwendungen treten performativ in vielfältige Verhältnisse (Interdependenzen, Kontroversen, gegenseitige Verstärkung) zueinander. Relationen zwischen einem bestimmten Sagen und einem bestimmten Tun, die performative Konstituierung der Subjekte und der Objekte eines Geschehens, die Bestimmung einer Sache durch die Annahmen über sie, Ansprüche und Widersprüche, Thesen und Gegenthesen, Prozess- und Entscheidungsstrukturen und andere Ungleichartigkeiten und Antinomien, die sich performativ aktualisieren, sind Größen, durch die pädagogische Situationen zentral bestimmt sind. Anhand des Paradigmas der Performativität lässt sich ermitteln, *wie* ein soziales Feld über solche Instanzen profiliert wird. Die Gegenstände performativer Forschung sind genauso alltagspraktische Phänomene und Vollzüge wie professionelle Praktiken und Emergenzen, Wachstumsprozesse, Technologien, wissenschaftliche Vorgehen[315], und ihre Interdependenzen und gegenseitigen Beeinflussungen.

Performativität wurde oben als eine Aktivität näher bestimmt, die ihre Sinnhorizonte durch sich selbst hervorbringt und zugleich in eine bestimmte soziale Situation und in den ihr zugehörigen Horizont eingelassen ist. Es handelt sich um materiale, körperliche, aisthetische und darstellerische Vollzüge vor einem Horizont, den performative Vollzüge ausschnitthaft konkretisieren, profilieren und gestalten.

Ein zentrales Moment des Performativen ist das Ludische; das Performative ist umgekehrt immer Aspekt des Ludischen. Im Konzept des performativen Spiels, das den Charakter eines bestimmten Handelns beschreibt, nämlich eines solchen, das die Regeln, denen es folgt, thematisiert und mit herausbildet, wird also das Ludische als Aspekt des Performativen akzentuiert. Im Folgenden wird der performative Spielbegriff anhand der Begriffe „korporalisierende Performativität" (1), „Simulation" (2), „Intermediärer Raum" (3) und „Spielregel" (4) sowie als „Aufmerksamkeit als Responsivitätsgeschehen" (5) und dann allgemeine „erkenntnisbegründende Handlungspraxis"[316] dargelegt:

(1) Im Spiel haben Symbole eine sinnliche Präsenz.[317] Gegenstände symbolisieren im Spiel das, als was sie fungieren bzw. benutzt werden. Auch körperliche Praktiken können im Sinne kommunikativer Aussagen und/oder im Sinne der Konstitution von Sozialität fungieren.[318] Das sich im Modus „korporalisieren-

---

315 Vgl. KRAUS 2015
316 JÖRISSEN 2007, S. 191
317 GEBAUER & WULF 1998
318 GOFFMAN 2005

der Performativität" vollziehende Geschehen lässt sich mit Benjamin JÖRISSEN (2007, S. 189) folgendermaßen beschreiben: Es ist „[…] ein ludisch geprägtes Nachvollziehen der Grenzlinien sozialer Differenzen, indem der mimetisch Handelnde mal auf der einen, mal auf der anderen Seite von Unterscheidungen flaniert, ohne dass diese Grenze für ihn gültig ist, weil sie (noch) gar nicht seine Unterscheidung ist […]. Die Grenze – als Form oder *Einheit einer Differenz* [Hervorh. i. O.] – muss erst noch Gestalt annehmen." Im Spiel werden etwa durch Rollen-, Generationen- und Geschlechterdifferenzen gesetzte Grenzen disponibel und neu definiert. Sie können etwa im Spiel unter Rückgriff auf diverse Symbole und Symbolisierungen probeweise körperlich zur Aufführung gebracht und auf diese Weise ausgetestet werden. Dadurch wird sowohl auf symbolischer Ebene wie auch real eine Gemeinschaft konstituiert. Spielerisch werden verschiedene Möglichkeiten des Körperselbst generiert und geprüft.

(2) Im Spiel wird das Alltagsgeschehen in paradoxaler Weise fiktionalisiert und so erhalten die Alltagserfahrungen den Charakter einer Inszenierung. Nach Natasha ADAMOWSKY (2000) stellt das Spiel die Handlungsdirektive schlechthin dar, sich in Simulationen (lat. simulare etw. zum Schein vorgeben, vortäuschen) zu bewegen. Denn im Spiel findet nicht hauptsächlich eine Verarbeitung von Informationen, sondern vielmehr ihre Verwandlung nach Maßgabe der Wünsche, Interessen, Handlungsmustern und Verhandlungsergebnissen der Spielenden statt. Unter dem Vorzeichen der „Simulation" werden bestimmte Festlegungen mit verschiedenen und potentiell unerschöpflichen Möglichkeiten der Inszenierung verknüpft. Es muss dabei zu keiner expliziten Handlung kommen. Vielmehr fungiert das Phänomen der Suche in der Doppelbedeutung einer Körperbewegung auf der einen Seite, und als ein intentionaler Akt auf der anderen Seite mit ADAMOWSKY (2000) als die implizite Zielorientierung eines Spiels, das Wirklichkeit simuliert. Zwar gilt unter epistemologischer Perspektive: „Im Performativen durchkreuzt das Ludische kausale oder finale reflexive Sinnstiftungen."[319] Zugleich können aber ludische Handlungen auch, mit MAROTZKI (2007, S. 178), „[…] als Aufführungen eines spezifischen Erkenntnisstils, eines verlangten *Realitätsakzents* [Hervorh. i. O.] gelesen werden, welcher das gemeinsame Spiel erst ermöglicht, insofern er den Rahmen dieses Situationstypus kenntlich – und sozial verhandelbar – macht."

---

319 FORSTER 2007, S. 226

(3) Seinen Ort hat das Spiel nach Donald W. WINNICOTT (1987) im intermediären Raum der Übergangsphänomene und Übergangsobjekte.[320] Dort entfaltet sich die symbolische Ordnung zwischen Ich und Nicht-Ich, durch welche Erfahrungen von Welt überhaupt erst möglich werden. WINNICOTT (1987) lokalisiert das kulturelle Erleben im Spielen, wobei er „Kultur" als eine Erweiterung des Spiels und des Spielens im Sinne vergegenständlichter Verbindungen von subjektiven mit gesellschaftlichen Interessen begreift.[321] Grundsätzlich ist das Intermediäre der Übergangsobjekte im Spiel durch Potentialität, durch Unbestimmtheit sowie durch ein „Noch-Nicht"[322] charakterisiert. Im Intermediären ist das Spiel von der Alltagswelt und deren Direktiven abgelöst. Zugleich handelt es sich um einen geschützten Raum. Denn im Spiel können sich, wie Mihaly CSIKSZENTMIHALYI (1975) herausstellt, Augenblicke dahintreibender Gelassenheit eröffnen, in denen Differenzen wie Heute und Morgen, Ernst und Unernst, Konvention und Neuerung, Authentizität und Täuschung, Sinn und Unsinn zunächst suspendiert werden. Im Spiel wird ihnen eine neue, das Spiel strukturierende Gültigkeit zuteil.[323] So werden im Spiel Bezeichnungsfunktionen verschoben und zugleich immer „neue Assoziations- und Beziehungsordnungen" geschaffen.[324] Das Zugleich von Möglichkeit und

---

320 WINNICOTT 1987
321 HACKL (2009, S. 73 [Hervorh. i. O.]) gibt einen wichtigen Hinweis auf die argumentative Grundlage einer solchen Auffassung: „Eine Bedeutung *ist* das Gegebene *in der Form* seiner subjektiven Bewertung. Die Emotionen hören also nicht auf zu wirken, wo die Kognitionen beginnen, noch enden diese, wo jene einsetzen. Sie bilden lediglich in analytischer Abstraktion unterscheidbare Dimensionen eines Gesamtvorgangs und wirken simultan und kontinuierlich, sie existieren in keiner anderen Form als in funktionaler Symbiose."
322 BLOCH 1961
323 BATESON 1994
324 SUTTON-SMITH 1978. Vgl. auch den Spielbegriff, anhand dessen Ludwig WITTGENSTEIN (1995 § 28) seine Sprachtheorie entwickelt. Zu der Definition der Zahl Zwei schreibt er Folgendes: „Das heißt zwei – wobei man auf zwei Nüsse zeigt – ist vollkommen exakt. – Aber wie kann man denn die Zwei so definieren? Der, dem man die Definition gibt, weiß ja dann nicht, was man mit zwei benennen will; er wird annehmen, daß du diese Gruppe von Nüssen zwei nennst! Er kann dies annehmen; vielleicht aber auch, umgekehrt, wenn ich dieser Gruppe von Nüssen einen Namen beilegen will, ihn als Zahlennamen mißverstehen. Und ebensogut, wenn ich einen Personennamen hinweisend erkläre, diesen als Farbnamen, als Bezeichnung der Rasse, ja als Namen einer Himmelsrichtung auffassen. Das heißt, die hinweisende Definition kann in jedem Fall so oder anders gedeutet werden." Herausgestellt wird hier, dass Definitionen nicht gegeben sind, wir bewegen uns vielmehr in den Grenzen bestimmter Systeme der Ver-

Wirklichkeit kann gesteigerte Erfahrungen ermöglichen. Diese werden nach Roger CAILLOIS (1982) als Agon (Wettkampf), Alea (Zufall), Mimikry (Maske), Ilinx (Rausch) und nach Siegmund FREUD (1969) als Tagtraum ausdifferenziert. Monika WAGNER-WILLI (2001) stellt mit Victor TURNER (1989) heraus, dass das Performative im Spiel untrennbar mit dem Agieren in einem liminalen Raum verbunden ist, wobei liminale Situationen nicht als existentielle Grenzerfahrungen, sondern als alltägliche imaginäre wie reale Passagen aufgefasst werden; über die Liminalität schreibt sie: „In ihr kommen betont sinnlich-körperliche Erfahrungs- und Ausdrucksmodi zum Tragen, Elemente des Expressiven und des Ludischen, d.h. des Spielens mit Symbolen und ästhetischen Ausdrucksmitteln. Als weitere Dimensionen des Performativen sind für das Liminale der Verweischarakter von sozialen Interaktionen (auf die Struktur) sowie ihr Aufführungscharakter von Bedeutung."[325] In sozialen Situationen ausgetragen, ist das Liminale der Ort der Einpassung eines Individuums in ein neues soziales Milieu oder in eine kulturelle Formation. Zugleich zeichnen sich Schwellensituationen (bspw. zum ersten Mal zuhause Alleinsein, der Schulanfang) auch durch Unstrukturiertheit aus.[326] Auf spielerische Art und Weise können Verfahren einstudiert werden, die es dem Individuum ermöglichen, sich auf die neue Situation aktiv einzustellen. Aktivitäten wird dann spielerisch Sinn gegeben. Soziale Identitäten werden erstellt; Verfahren werden generalisiert, standardisiert und/oder habitualisiert. Variierende Rollen- und Lebensentwürfe[327] können durchgespielt werden.

(4) Handeln unter den Voraussetzungen des performativen Spiels unterliegt im Prinzip keinen (moralischen oder ethischen) Restriktionen. Vereinbarungen und Regeln strukturieren den Körpergebrauch und die Spielumwelt. Mittels spielerisch angeeigneter Handlungsmuster und durch eine gezielte Einübung von Repräsentationsweisen der Lebenswelt werden Vereinbarungen und Regeln teilweise aktiv hervorgebracht; teilweise ergeben sie sich aus der Situation.[328] Nach Richard SENNETT (1993) kann die erstellte Regelstruktur als

---

ständigung im Rahmen dessen und in Bezug darauf wir sprechend tätig werden. Zum Verhältnis von Spiel und Wirklichkeit siehe GEBAUER & WULF 1998.
325 WAGNER-WILLI 2001, S. 124
326 TURNER 1989, S. 40
327 MOOR 1971
328 Vgl. KRÄMER 2004, S. 17. Insbesondere Jürgen OELKERS (2007) verweist auf die Tatsache, dass eine Welt zum Spielen eingeräumt, zur Verfügung gestellt und im Sinne einer „heilen Welt" auch arrangiert werden muss.

Sicherung individueller Spielräume gelesen werden.[329] Eine Regelstruktur bestimmt, was als möglich gilt, sie kann aber auch über Unmögliches hinwegtäuschen. Im Schnittpunkt von abstrakter Struktur, situationalem bzw. materialem Kontext und einer Prägung durch die beteiligten Individuen entfaltet sich im Spiel eine Eigenlogik von mimetischer Übernahme einerseits und Konstruktion andererseits. Stichworte wie: „perspective taking"[330], „to act in between identities"[331], Projektionen des Ichs auf das Nicht-Ich, auf das „Fremde"[332] verweisen auf mögliche intersubjektive Prozesse im Spiel,[333] die dem performativen Spiel seine Struktur geben.

(5) Im Modus des Spiels kann Orientierung und praktisches Handeln nur dann gelingen, wenn über verschiedene Formen einer Vergegenwärtigung von Welt verfügt wird. Man kann diesbezüglich auch von Aufmerksamkeitstechniken sprechen, die nach WALDENFELS (2004a) mit den Technologien korrespondieren, die dem Menschen äußerlich sind. Techniken sind in die Beziehungen zwischen verschiedenen Personen und von Personen zu Dingen gewissermaßen eingelagert. Perzeptive Akte, (Spiel-)Regeln, mentale Kalküle, Strategien, Entscheidungen, Techniken, reflexhaftes oder routiniertes Verhalten sind genauso wie unikale Akte und Regelbrüche integrale Momente spielerischer Handlungsformen. Sie konstituieren aber das performative Spielgeschehen nicht allein. Es geht bei der Orientierung im Spiel auch um Antwortgeschehen, mediale Akte, Interdependenzen.

Um das performative Spiel zum Ausgangspunkt didaktischer, oder hochschuldidaktischer Überlegungen zu machen, werden didaktische Begriffe in eine Metaphorik der Körperinszenierung übersetzt: Lernen wird so zum performativen Wissenserwerb; die Sicherung von Kenntnissen erfolgt als die Aufführung von Wissen, Lerninhalte werden als Szenerien oder Bühnenbilder und deren Ausstattung verstanden bzw. in solche übersetzt. Die Planung einer Unterrichtsstunde oder Seminarsitzung fungiert als Choreographie, nach der eine Topologie des Klassenzimmers oder Seminarraums sowie Aktionsspielräume zur performativen Erschließung des gemeinsamen Themas festgelegt werden.

---

329 In entwicklungspsychologischer Perspektive nehmen Spielregeln nach Jean PIAGET (2009) als selbst erfundene Riten ihren Anfang und entwickeln sich dann weiter zu Regeln der Selbstbegrenzung und Selbstbestimmung.
330 FLAVELL 1975
331 SCHECHNER 1990
332 WALDENFELS 1990
333 Vgl. BATESON 1994

Beim Konzept des performativen Spiels handelt es sich nicht um ein Unterrichtsmodell, sondern um eine Denkart von Unterricht und, in unserem Fall, der Hochschullehre.

Es sollen damit also auch nicht Unterrichtsmodelle oder Formen der Lehre, wie etwa der fragend-entwickelnde Unterricht, oder die Vorlesung und andere darbietende Lehrformen ad acta gelegt werden. Verschiedene didaktische Modelle werden vielmehr als unterschiedliche Möglichkeiten einer Inszenierung bestimmter Handlungs- und Wissensformen mit dem Ziel einer gelingenden Choreographie angesehen.

Wenn es um die Lehrer(innen)bildung geht, dann steht in Hinblick auf eine Vermittlung pädagogischer Wissensformen der pädagogische Takt im Mittelpunkt, der als eine Kontextsensitivität näher bestimmt ist, die sowohl für die theoretisch vorbereitete und für die spontane Einpassung bestimmter erzieherischer oder didaktischer Maßnahmen in eine konkrete Situation, als auch für die nachgängige rationale oder intuitive Überprüfung der damit bewirkten Effekte notwendig ist. Dem pädagogischen Takt eignen theoretische wie praktische Aspekte; er ist ein Rationalitätsstil und ein mittels sichtbarer Handlungen Theorie generierendes Verfahren, in dessen Mittelpunkt der Körper als Organ des Denkens und des Umgangs mit dem Unverfügbaren steht. Adäquate Übersetzungsleistungen von theoretischen in praktische Zusammenhänge erbringen praktizierende Lehrer(innen) dem Anschein nach von sich aus; die theoretische Modellierung solcher Übersetzungsleistungen wurde als ein Desiderat herausgestellt.

Vorgeschlagen wird, die theoretische und empirische Eruierung solcher Übersetzungsleistungen performativitätstheoretisch anzulegen, was im Folgenden als die Einübung in pädagogische Wissensformen näher expliziert wird.

6. Performativitätstheoretisch informierte Bearbeitung pädagogischer Herausforderungen im Rahmen der universitären Lehrer(innen)bildung

6.1 Das performative Spiel als hochschuldidaktisches Prinzip

Wenn nun ein Seminar an der Universität Spielräume für die Selbsterprobung bieten und zum Bewegungsraum umgestaltet werden soll, so ist dabei prinzipiell zu beachten, dass die Lehrer(innen)bildung thematisch, methodisch und methodologisch wie auch in Hinblick auf ihre (berufs-)praktischen Anwendungen grundsätzlich breit anzulegen ist. In Hinblick auf ihre Themengebiete kann auf bestehende Systematiken zurückgegriffen werden,[334] die auf performative Prozesse hin umformuliert werden. Besonders eignet sich dafür das Professionalisierungsfeld der pädagogischen Wissensformen, das hier Thema ist.

In Hinblick auf die pädagogischen Wissensformen spielen, wie wir gesehen haben, die prozeduralen und die konditionalen Anteile des Handlungs- und Orientierungswissens von Lehrer(inne)n eine besondere Rolle. Um das Orientierungs-, Handlungs- und Weltwissen von Lehrer(inne)n näher zu bestimmen, sind auf der einen Seite die szenischen Bilder und Beispiele zu identifizieren, an denen sich ihr professionelles Handeln im Modus der analogisierenden Übertragung orientiert.[335] Solche Szenerien sind mit Blick auf eine pädagogische Abstimmungs- und Überzeugungsarbeit in praxi immer erst zu modellieren. Dazu sind die handlungsleitenden szenischen Bilder und Beispiele in ihrem jeweiligen Status Quo zu ermitteln.[336]

Vor dem Hintergrund der dargelegten Zusammenhänge und anhand des performativen Paradigmas lässt sich die professionelle Erfahrungsbildung im Rahmen der Lehrer(innen)bildung durch fünf Elemente näher bestimmen: Die Lehramtsstudierenden sollen sich durch eine methodisch angeleitete Erfahrungsgewinnung flexibles Wissen aneignen,[337] um dazu befähigt zu werden,

1. möglichst viele Notationen des Unterrichts zu erarbeiten und auf die Erstellung einer Unterrichtschoreographie hin zu reflektieren;

---

[334] Etwa auf Lenzen 1994 oder Dietrich 1990.
[335] Combe & Kolbe 2004, S. 846
[336] Vgl. die Studie von Althans 2007
[337] Herzog & von Felten 2001, S. 24

2. über implizites Wissen habituell verfestigte Befangenheiten verfügbar zu machen;
3. in praxi auf die Konfrontation mit unerwarteten Ereignissen pädagogisch zu reagieren;
4. in praxi pädagogische Herausforderungen taktvoll, also aktiv wie passiv, zu erfassen;
5. Expertise im Umgang mit pädagogischen Spannungsfeldern und hier insbesondere mit Differenzgeschehen und heteromorpher Normativität entwickeln.

Die fünf Modi einer performativen Ausbildung diverser Wissens-, Denk- und Tätigkeitsformen mit dem Ziel einer Professionalisierung können zugleich als Mittel und Wege wie auch als Ziele ausgelegt werden. Sie ziehen sehr unterschiedliche (Aus-)Bildungsprofile nach sich. Angenommen wird, dass eine performative Wissens- und Erfahrungsbildung im Rahmen der Lehrer(innen)bildung vor allem mittels einer Einweisung und performativen Einübung in die inszenierten Kontexte pädagogischer Praxis und wissenschaftlicher Denkweisen erreicht werden kann.

Bei einer performativitätstheoretisch informierten Analyse wird bekanntlich auf Synthese- und Differenzgeschehen, auf Emergenzen und auf eine Profilbildung im Sinne von Vorder- und Hintergründen sowie auf Wiederholungen und ihre Effekte abgehoben.

Die Empirie performativer Prozesse, etwa solche der (Selbst-)Erziehung, des Lernens und der Bildung wie auch der pädagogische Takt sind, so wurde oben dargelegt, durch Selbstbezüglichkeit bzw. durch eine Pragmatik der Rekursion charakterisiert, in der eine Sache eine eigene Valenz erhält. Das Kommunizieren in all seinen Facetten, auf das eine Person rekurriert, wenn sie spricht oder mit anderen interagiert, ist als solches zwar empirisch nicht feststellbar. Vom Sprechen und Gesprochenen wie auch vom Handeln her kann aber auf jeweils aktuell vollzogene Rekursionen geschlossen werden. In Ansätzen und bruchstückhaft können dann die jeweiligen Erfahrungsmodi rekonstruiert werden, auf die rekurriert wird. Didaktische und pädagogische Settings sind geeignet, darüber noch hinausgehend performativ Möglichkeiten der Herausarbeitung, Erweiterung, Kommentierung und Umdisponierung von Erfahrungsprofilen auszuloten.

Denn nach dem performativen Paradigma werden auch die situierten Effekte diverser Einflussfaktoren auf eine Unterrichtschoreographie in den Blick genommen. Analysiert werden, um es noch einmal zu wiederholen, Handlungsaspekte von Sprache genauso wie inkorporierte Stile, praktische Handlungsvollzüge und Gestaltungen, ritualisierte Geschehen, habitualisierte Verhaltensmuster, liminale Situationen, mimetische Zirkulationen und Praktiken, Aktionsformen einer präzisierenden Selbstdeutung und kommunikatives Wirken, situativ sich auftuende individuelle, ereignishaft zeitliche, räumliche, mediale, soziale, materielle, dramaturgische, symbolische, personale, autonom und heteronom gestaltete Szenarien, Requisiten, Spielräume und Handlungsmöglichkeiten, praktische Ordnungen von Phänomenen. Solche werden, dann allerdings zumeist für nichtschulische Kontexte, im Rahmen kulturwissenschaftlicher Studien herausgearbeitet. Unter performativen Vorzeichen werden sie, etwa im Rahmen einer erziehungswissenschaftlichen Praktikenforschung, in Bezug auf ihre Entwicklungsdynamik und Kontextgebundenheit untersucht. Denn die Transformationsprozesse, die mit einer Anwendung von Theorie auf die Berufspraxis von Lehrer(inne)n einhergehen, sind, wie oben herausgestellt, nicht einsinnig zu verstehen, die Praxis wirkt auf die Theorien, die auf sie angewendet werden, auch zurück.

Von besonderem Interesse ist nach dem performativen Paradigma, wie situative Faktoren durch das professionelle Handeln von Lehrer(inne)n verändert und wie die von ihnen jeweils vertretenen Theorien dadurch transformiert und modifiziert werden. Pädagogische Spannungsfelder, Differenzgeschehen, Aspekte der heteromorphen Normativität, situative Herausforderungen an den pädagogischen Takt, Optionen für eine choreographische Findigkeit[338] lassen sich unter diesen Vorzeichen explorativ wie wissenschaftsgestützt bearbeiten. Etwa lässt sich anhand von theoretisch und/oder praktisch durchgespielten Szenarien pädagogisches Alltagswissen eruieren, hinterfragen und umstrukturieren. Mit einer solchen Analyse kann die Herausbildung eines Berufsethos unterstützt und die Studierenden zur pädagogischen Expertise befähigt werden. Durch die methodengeleitete Analyse von (mittels teilnehmender Beobachtung, Filmaufnahmen und Fotos) erhobenem Material wird ihre an wissenschaftliches Arbeiten angelehnte Erkenntnisgewinnung geschult.

In der Lehrer(innen)bildung zielt das didaktische Prinzip des performativen Spiels vor allem auf eine kasuistische, eventuell wissenschaftsgestützte Einübung einzelfallsensiblen Wahrnehmens und Entscheidens.

Unter dem Gesichtspunkt des performativen Spiels können insbesondere solche Prozesse an Fallbeispielen ermittelt werden, die in der Verknüpfung somatischer, materieller und kultureller Motive Sinn konstituieren;[339] das sind etwa:

1. Sichtbare bzw. evidente Notationen wie Körperbewegungen und -haltungen, Worte, Bilder, Schriftzeichen, mimische Kürzel, Formeln, Melodien und gegenständliche Konstellationen sind Träger von willkürlichen oder unwillkürli-

---

338 Vgl. WALDENFELS 2004b
339 Die folgende Systematisierung ist an HACKL 2006, S. 242 ff. orientiert.

chen Mitteilungen, die mehr oder weniger eindeutig bzw. die bedeutungsoffen sind. Die Rekonstruktion und der Einsatz von Notationen sind das zentrale Thema von Unterricht und Erziehung.
2. Von Körpersprache kann nicht gesagt werden, inwieweit sie spontan oder intentional ist. Nachweisbar ist sie bzw. ihr Vollzugscharakter nur in einem funktionalen Feld. Sie wird also in dem Kontext verständlich, in dem sie Wirkung zeitigt.
3. Somatische Zustände und Situationen (wie Bedrohung, Angst, Beglückung, Freude) werden von innen her, also vom Subjekt her vollzogen.[340] Über Gefühle, Haltungen, Intentionen von anderen lassen sich allenfalls Mutmaßungen anstellen. Nur der performative Charakter der Zuschreibungen und ihrer sichtbaren Effekte kann ermittelt werden.
4. Die nonverbale Rahmung einer Aussage, also Notationen wie Intonationen, mimische und gestische Daten, Körperbewegungen, Relationierungen zu anderen tragen zur sozialen Bedeutung von Geschehen nicht nur bei, sie konstituieren eine solche auch wesentlich mit.[341]
5. Teilbotschaften können eine gewisse Autonomie entfalten. So können bspw. verbale und nonverbale Botschaften (in einem sogenannten double-bind) in Widerspruch zueinander geraten.
6. Mit Verweis auf FOUCAULT sind auch unpersönliche Strukturen und Gebote zu bedenken, die etwa durch funktionale Einpassungen eines bestimmten Handelns in eine Situation entstehen. Diskurse sind in der Formierung des Partialen, Individuellen im Unterschied zum Allgemeinen wirksam, wie etwa in der Organisation von Biographien in bestimmten konsekutiven Entwicklungsreihen, in räumlichen Parzellierungen und zeitlichen Phasierungen, wobei diese im Sinne von mehr oder weniger frei miteinander kombinierbaren Elementen aufgefasst werden.[342]

---

340 Fremdverstehen ist, wie Hans JOAS (1996) herausstellt, nur dann möglich, wenn man von einer „primären Sozialität des Menschen" als primordialem Synkretismus ausgeht, dem die individuelle Subjektivität als ein ontogenetisches Differenzierungsprodukt nachgeordnet ist. Bernd HACKL (2006, S. 246 [Hervorh. i. O.]) radikalisiert diese Auffassung noch, wenn er schreibt: „Gefühle, Betroffenheiten, Ambitionen konstituieren sich als geteilte Zustände, die erst später auf einzelne Individuen *zurückgedrängt* werden." Die Frage, inwieweit Gefühle, Betroffenheiten, Ambitionen intersubjektiv geteilt werden, lässt sich vor dem Hintergrund der Performativitätstheorie nicht abschließend beantworten, aber sehr wohl ansatzweise an Performanzen ablesen.
341 Vgl. BOHNSACK 2003
342 Vgl. HACKL 2006, S. 251

Hackl (2006) stellt heraus, dass der faktische Kern diverser Bedeutungsüberlagerungen aus somatischen, physikalischen und relationalen Momenten zusammengesetzt ist. Diesem faktischen Kern wird in einem konkreten Kontext eine Bedeutung gegeben, die sehr unterschiedlich ausfallen kann. Dadurch werden wieder neue Fakten geschaffen. Fakten bilden die Grundlage situativer und habitueller Ausdrucksformen, indem sie auf der einen Seite den Stil und Darstellungsmodus individueller Wertungen und Akzentuierungen und damit die Typik einer individuellen Persönlichkeit mitkonstituieren. Auf der anderen Seite bestimmen diese Bedeutungskerne die Semantik kollektiv geteilter Kulturen.

Denkbar sind prinzipiell viele Modi, solche Bedeutungskerne im Rahmen eines Hochschulstudiums, respektive im Rahmen der Lehrer(innen)bildung zu erschließen.

Arno Combe (1997) macht auf der Grundlage seiner Vorstellung des Unterrichts als Improvisationstheater, „[…] für das das Drehbuch [prinzipiell] noch nicht geschrieben ist, die Bühne noch nicht aufgebaut ist und die Mitspieler keine fertig vorgegebenen Rollen spielen,"[343] den Vorschlag, angehenden Lehrer(inne)n zunächst Zeiten und Räume für das genaue Beobachten von Lernsituationen zur Verfügung zu stellen. Dies soll unter dem Gesichtspunkt geschehen und reflexiv erfasst werden, dass die Handlungszusammenhänge sowohl auf der Seite der professionell Agierenden wie auch auf der Seite ihrer Beobachter(innen) durch pädagogische Wissensformen bestimmt sind. Praktiken des Wahrnehmens, Beobachtens und Denkens werden dann mit solchen Handlungs- und Wissensformen verkoppelt begriffen, die einen pädagogischen Handlungssinn haben.[344] Die Coping-Strategien der Praktiker(innen) im pädagogischen Feld gründen im pädagogischen Takt. Die Fokussierung auf die Praxis der Theorieentwicklung im Zeichen des Unwägbaren bringt also die Notwendigkeit einer Sensibilisierung für implizite Wissens- und Lernformen mit sich. Untersucht wird etwa, wie die Schüler(innen) auf bestimmte Notationen reagieren. Neben die zentralen Gegenstände von Planung und Kontrolle im Unterricht wie Themen, Methoden, Phasen, Sozialformen, Beurteilungskriterien wird eine Unterrichtssituation durch in ihr nicht-thematische Aspekte wie latente Bedeutungen, Zwischentöne und Körpersprache, Raum- und Zeitstrukturen, materielle Gegebenheiten, unvorhergesehene Ereignisse maßgeblich mitstrukturiert. Im Zentrum performativer Hochschuldidaktik steht vor allem das Anliegen, Wege eines Copings mit dem derartig Unwägbaren aufzuzeigen.

---

343 Combe 1997, S. 13
344 Vgl. Rhein 2010, S. 54

In dieser Abhandlung wurden im Zusammenhang der Konzepte zu den pädagogischen Wissensformen bereits Herausforderungen und Fragen formuliert, die performativ spielerisch als Unterrichtssituationen choreographiert und in ihrer praktischen Relevanz ausgelotet werden können.

Im Folgenden soll an vier Beispielen nur sehr ausschnitthaft angerissen werden, wie dies konkret werden kann. Es handelt sich um sehr knapp gehaltene Anregungen für eine performative Hochschuldidaktik (Themen im Seminar oder Praktikum, beispielhafte Seminarverläufe etc.).[345] Dazu wird auf die in Kapitel 5.6 als für die Lehrer(innen)bildung grundlegend erachteten Aufgaben erstens einer Sensibilisierung für diverse Denkansätze und Handlungsformen, respektive für explizite wie implizite Wissensformen und -formate, und zweitens einer Einübung der von den Lehrer(inne)n zu leistenden Transformationen wissenschaftlicher Theorie in die pädagogische Praxis und vice versa Bezug genommen. Eingangs dieses Kapitels wurden dazu als die fünf zentralen Erfahrungsfelder auseinandergelegt: das Verfügbarmachen von habituell verfestigten Befangenheiten (1); die Expertise im Umgang mit pädagogischen Spannungsfeldern, Differenzgeschehen und heteromorpher Normativität (2); die Notationen des Unterrichts und einer Unterrichtschoreographie (3); der pädagogische Umgang mit unerwarteten Ereignissen (4) und der pädagogisch taktvolle Umgang mit situativen Herausforderungen (5). Diese Ziele einer performativ angelegten Lehrer(innen)bildung werden im Folgenden anhand von Beispielen expliziert und als die Anlage verschiedener fallbasierter Choreographien auf Probe auseinandergelegt.[346]

(1) Der „Schülerjob" als Ansporn zur Reflexion: Bezug genommen wird auf die der professionellen Erfahrungsbildung im Rahmen der Lehrer(innen)bildung gegebene Aufgabe, habituell verfestigte Befangenheiten verfügbar zu machen.

Georg BREIDENSTEIN (2006) stellt in den von ihm empirisch-praxeologisch untersuchten Schulklassen eine sogenannte „Schülerjob"-Mentalität fest, die er hauptsächlich als eine Zurschaustellung von Langeweile und plakativ fehlenden Engagements in Schulsachen beschreibt. Wie bei der Ausübung auch anderer Jobs spielen Pragmatismus, Routinen und eine mit anderen geteilte Selbstverständlichkeit des Tuns dabei die zentrale Rolle.[347] Das Job-Verhalten der Schüler(innen) überbrückt, so stellt er heraus, nicht nur zuverlässig die von den Schüler(inne)n auszutragende Spannung von Konkurrenz und Solidarität. Es macht, obwohl pä-

---

345 Die Beispiele sind als solche weiter auszuarbeiten.
346 Beispiele einer Thematisierung des Performativitätskonzepts im besonderen Kontext des Kunstpädagogikstudiums siehe LANDKAMMER in ERNI et al. 2011.
347 BEREIDENSTEIN 2006, S. 263

dagogisch eigentlich nicht wünschenswert, die Situation in der Schulklasse auch für die Lehrer(innen) berechenbar.

Unter performativitätstheoretischen Vorzeichen betrachtet lässt sich aus diesem Forschungsergebnis noch nicht schließen, dass sich Schüler(innen) generell in der Schule langweilen. Es ist vielmehr davon auszugehen, dass mit der „Schülerjob"-Mentalität vielfältige Ursachen, Begleiterscheinungen und Folgewirkungen verbunden sind (zu beforschen wäre etwa die These, dass das Menschenrecht auf Bildung nicht als vorrangig gegenüber anderen Einstellungen zu Schule wahrgenommen wird).

Der zentrale Gegenstand einer am performativen Paradigma orientierten Sichtweise und Forschung sind, wie gesagt, an Praktiken beobachtbare Genesen. Von Interesse sind also die Ursachen und Begleiterscheinungen des ermittelten Phänomens „Schülerjob" wie auch dessen Folgewirkungen. Das Phänomen kann in einem Seminar, das Unterrichtspraxis einschließt, an der fremden oder (in obliquer Betrachtung, s. o.) an der eigenen Unterrichtspraxis festgestellt und in seinen verschiedenen performativen Aspekten (etwa in seinen Wirkungen, Genesen, Begleiteffekten) analysiert werden.

(2) Die Stimme im Klassenraum: Auch hier geht es um das Ziel performativitätstheoretisch informierter Lehrer(innen)bildung, habituell verfestigte Befangenheiten verfügbar zu machen.

Im Seminar werden die pädagogischen Wissensformen und kommunikativen Wirkungen fokussiert, die mit der menschlichen Stimme bzw. mit der Intonation verbunden sind. Zunächst wird das Phänomen Stimme (etwa anhand kulturwissenschaftlicher Studien) als eine anthropologische Konstante, eventuell auch in Kontrastierung zu synthetischen oder verfremdeten Stimmen herausgearbeitet. Dann wird die Stimme als ein Instrument der Bildung in der Bedeutung von Bildung als Rekursion, das heißt in Hinblick auf die Stimme, als ein Werkzeug zur Benennung, Bearbeitung, zur Ordnung und zur Neukonstruktion von Welt auseinandergelegt. Je besser jemand dieses Instrument kennt und damit umgehen kann, desto leichter fällt es ihm/ihr, die Manipulationen zu analysieren, die mit der Stimme verbunden sein können. Ferner ist die (eigene) Stimme ein Analyseinstrument. Auch als ein solches kann sie im Seminar experimentell ausgelotet werden. Tonhöhe, Lautstärke, Vokal und Timbre der Stimme geben Informationen über die Individualität, Stimmung und Emotionen der sprechenden Person.[348] Empirische Studien[349] zeigen, dass die Modulation der Stimme als bspw.

---

348 ROHMERT 1991, S. 100
349 DIETRICH 2010

einsichtsvoll, expressiv oder sachlich wahrgenommen wird. Insbesondere, wenn eine bestimmte Intonation für spontan gehalten wird, wird ihr ein recht großer Informationswert unterstellt, der bestimmte Reaktionen hervorruft.

Solche Unterstellungen und mögliche oder tatsächliche Reaktionen darauf werden im Seminar zunächst theoretisch verhandelt und dann anhand von Filmbeispielen, eigenen Inszenierungen, Experimenten methodisch gelenkt auch empirisch eruiert.

(3) Die erste Unterrichtsstunde: Die Studierenden sollen Expertise im Umgang mit pädagogischen Spannungsfeldern, Differenzgeschehen und heteromorpher Normativität ausbilden.

Im Seminar wird das Thema der Angst einer Lehrkraft vor und in der ersten Unterrichtsstunde in einer ihm/ihr unbekannten Klasse anhand von Passagen aus „Der Begriff Angst" von Sören KIERKEGAARD (2002 [1844]) eingeführt. Hier wird die existenzielle Angst (unter christlich-theologischen Vorzeichen) für ein Charakteristikum des menschlichen Denkens und der Willensfreiheit erachtet. Im Zustand der (Unschuld bzw.) Unwissenheit ist die Angst nur latent, aber etwas treibt die Person aus dieser Ruhe heraus. Um von der (latenten) Angst frei zu werden, muss sie durch die wahrgenommene eigene Angst hindurchgehen. In einem plötzlichen Sprung, den die Wissenschaft nicht erklären kann, wird eine Qualität gesetzt und das Individuum verändert sich durch das neu gewonnene Bewusstsein von sich selbst.

Anhand dieses Textes werden szenisch-theatral oder auch assoziierend-fiktiv die Möglichkeiten durchgespielt, wie eine Lehrkraft vor der für sie noch unbekannten Klasse auftritt, was bei der Eröffnung der Unterrichtsstunde passieren, und wie die Lehrperson darauf reagieren kann. Im performativen Spiel werden durch kulturelle und soziale Differenzen (s. o.) gesetzte Grenzen disponibel und neu definiert, indem sie etwa unter Rückgriff auf diverse Symbole und Symbolisierungen probeweise zur Aufführung gebracht werden und im Seminar spielerisch auf sie reagiert wird. Auf diese Weise können Verhaltensweisen, die blind und habituell gesteuert sind, und bewusst eingesetzte Handlungsstrategien oder eine Überlebenstaktik in ihren sozialen Effekten wie auch in ihren gemeinschafts- und persönlichkeitsbildenden Aspekten ausgelotet und reflexiv erschlossen werden. Die Analyse zeigt verschiedene Optionen eines professionellen Umgangs mit der eigenen Angst vor einer unbekannten Schulklasse auf.

Anhand der Lektüre und nachfolgend durch eine eigene Konzeption und Durchführung empirischer Studien zum Thema erste Unterrichtsstunde in einer unbekannten Klasse oder einer Inszenierung besagten Unterrichtseinstiegs im Seminar lässt sich das am Text reflexiv erlangtes Wissen performativ komplettieren, vertiefen und weiter herausarbeiten.

(4) Praxisforschung[350], Videographieren unter performativitätstheoretischer Perspektive: In diesem Beispiel geht es darum, eventuell mittels wissenschaftlicher Vorgehen, möglichst viele Notationen des Unterrichts und einer Unterrichtschoreographie herauszuarbeiten.

Projekte der Praxisforschung, so wurde oben herausgestellt, bedienen sich unterschiedlicher wissenschaftlicher Methoden. Zum wissenschaftsgestützten forschenden Lernen in der Lehrer(innen)bildung bietet sich etwa eine Arbeit mit Videoaufnahmen von Unterrichtsszenen an. Die thematische Auswahl kann der Unterrichtseinstieg, die Arbeitsphase, eine Übungssequenz, die Unterrichtsreflexion sein.

In der Untersuchung einer Filmsequenz auf performative Phänomene hin schlagen Iris NENTWIG-GESEMANN & Monika WAGNER-WILLI (2007) folgendes methodische Vorgehen vor: Zunächst erfolgt eine detaillierte formulierende Interpretation im Sinne einer vorikonographischen Deskription, in deren Mittelpunkt die soziale Situation als körperlich-räumlich-szenische Organisation und Interaktion steht: Gebärden und Interaktionselemente werden beschrieben möglichst ohne ihnen Um-zu-Motive zu unterstellen. Die „[…] Koordination der Gebärden und sprachlichen Handlungen [werden] im interaktiven Bezug aufeinander und mit Blick auf ihre Einbettung in langfristige Interaktionsverläufe"[351] detailliert. Die anschließende, auf dieser Beschreibung aufbauende reflektierende Interpretation zielt auf den sogenannten dokumentarischen Sinngehalt der sozialen Situation, die in ihrer Materialität, in Hinblick auf die in ihr stattfindenden Interaktionsverläufe und mit Blick auf das individuelle Agieren Einzelner analysiert wird. Dabei tritt insbesondere die Simultaneität einer situations- und zugleich interaktionsbedingten ikonisch-szenischen Gestaltung, die durch die Situation vorstrukturierte und zugleich in der Interaktion und im individuellen Agieren zur Aufführung gebrachte Körperlichkeit, territoriale Gegebenheiten und diese betreffende soziale Aushandlungsprozesse in den Blick. Verbale und körperliche Ausdrucksformen wie Gestik, Mimik, Körperhaltung, Bewegung im Raum treten simultan auf und werden in ein Verhältnis zueinander gesetzt. Die Autorinnen schreiben:

---

350 Nicht zuletzt ist der Einfluss von Forschungsergebnissen auf die erziehungswissenschaftliche Theoriebildung wichtiger Gegenstand der Erziehungswissenschaft (Vgl. LENZEN 1997). Dieses neue performativitätstheoretische Forschungsfeld (vgl. KRAUS 2015, S. 112 ff.) kann hier nicht weiter ausgeführt werden.

351 NENTWIG-GESEMANN & WAGNER-WILLI 2007, S. 216

„Von Interesse ist also sowohl, wie die Akteure miteinander interagieren, als auch, wie im interaktiven Prozess mit Gegenständen, stilistischen Ausdrucksmitteln und Territorien umgegangen wird, mit welcher Deutung diese belegt werden und auf welche konjunktiven und kommunikativen Sinnzusammenhänge verwiesen wird."[352]

In Hinblick auf den Sinngehalt der sozialen Situation schreibt Françoise HATCHUEL (2007), „[…] dass die Komplexität der Wirklichkeit eine fraktale war[ist?] und dass jeder beobachtete Moment die ganze Komplexität der fraglichen Phänomene enthielt."[353] Insbesondere solche Sequenzen, in denen der Wechsel von sprachlichen Interaktionen und körperlichen Praktiken sehr schnell erfolgt und auch Spielsequenzen sowie szenische Aufführungen mit spontanem Charakter auftreten, lassen sich als Fokussierungsakte bezeichnen, in denen konjunktive Erfahrungsräume offenbar werden. Insbesondere bei Szenen mit großer interaktiver Dichte, erhöhter Konzentration und einer Synchronizität von miteinander in Beziehung tretenden Handlungsverläufen, in denen es eventuell auch zur Entwicklung eines selbstläufigen Abstimmungsgeschehens kommt, kann es sich um Erlebniszentren einer Gruppe handeln, die innovative Kraft entfalten können.

In allen vier hier gegebenen Beispielen steht ein Qualitätsbegriffs im Vordergrund, der auf eine Generierung derjenigen pädagogischen Wissensformen abhebt, durch die die pädagogische Praxis und Praktiken grundiert und hervorgebracht werden. Besonders zu akzentuieren sind dabei der „Eigensinn der Praxis" und die Möglichkeiten, sich „in die Reichweite der konkreten Alltagserfahrungen der Akteure zu bringen" (s. o.). Mit diesen Zielen wird im Rahmen performativ angelegter Lehrer(innen)bildung ein Bewusstsein über die anthropologischen Annahmen und das multimodale Wissen ausgebildet, die eine pädagogische Arbeit anleiten. Mit Qualität ist hier nicht „gute Qualität" oder ein „Gütesiegel", sondern die durchgehaltene Orientierung an pädagogischen Wissensformen und Zielen gemeint, die im Zusammenhang von Schulunterricht als „Choreographie" beschrieben wird.

---

352 NENTWIG-GESEMANN & WAGNER-WILLI 2007, S. 216 [Hervorh. i. O.]
353 HATCHUEL 2007, S. 152 f.

7. Ausblick: Desiderate der Forschung

In erster Linie steht die Ausarbeitung eines performativitätstheoretisch angelegten pädagogischen Qualitätsbegriffs noch aus. Ein solcher erziehungswissenschaftlicher Qualitätsbegriff wurde hier, wie auch ein an pädagogischen und didaktischen Überlegungen orientiertes Konzept zur Evaluation pädagogischer Tätigkeit in der Schule, zwar bereits in groben Zügen zumindest argumentativ vorstrukturiert. Wie der Qualitätsbegriff ist aber auch die Frage nach den Möglichkeiten adäquater Evaluation nicht explizit Thema dieser Untersuchung. Mit der Bearbeitung dieser beiden Desiderate verbunden ist nicht zuletzt die nähere Bestimmung pädagogisch-praktischer Kompetenzen in Hinblick auf die verschiedenen Felder pädagogischer Herausforderung (Konfliktprävention und -arbeit, Motivation, pädagogische Diagnostik, Interaktion etc.)[354] und deren didaktische Erschließung für die Lehrer(innen)bildung. Allerdings kann dieses Aufgabenbündel schwerlich angegangen werden, ehe nicht noch andere Desiderate erörtert und näher beforscht sind. So wurde der zentrale Stellenwert pädagogischer Antinomien und Spannungsfelder für pädagogisches Wissen herausgestellt. Von ihnen wurde gesagt, dass sie unausweichlich, unnötig oder auch irrelevant sein können, wobei die Untersuchung dieses Sachverhalts nur in Aussicht gestellt werden konnte. Näher zu bestimmen sind auch die Konzepte von Lernen und von Bildung, in denen solche schweigenden Momente und Einflüsse mit bedacht sind, die für entsprechende Aufmerksamkeitsgeschehen hochrelevant sind. Zu Konzepten des Lernens und der Bildung, die deren Negativität berücksichtigt, gibt es bereits eine umfangreiche theoretische Forschung, auf die oben hingewiesen wurde. Die empirische Anwendung und Weiterentwicklung solcher Ansätze zur Modellierung der Lehrer(innen)bildung steht aber noch weitgehend aus. Sowohl die pädagogisch wertvollen, unausweichlichen, destruktiven oder unnötigen Antinomien, Widersprüche und Spannungsfelder wie auch die schweigenden Dimensionen der Pädagogik sind sehr umfassende Forschungsdesiderate. Erschwert wird ihre Bearbeitung durch die ungeklärte Theorie-Praxis-Relation in den pädagogischen Feldern, die indes als eine nicht zu schließende Forschungslücke ausgemacht und den pädagogischen Wissensformen wie auch dem pädagogischen Takt als nicht rational auflösbar zugrunde gelegt wird. Hier zeigt sich das Technologiedefizit der Pädagogik, das allerdings unter performativitätstheoretischer Perspektive eine etwas andere Bedeutung und andere Implikationen hat als die bei seiner Entde-

---

354 Diese Felder lassen sich psychologisch näher bestimmen, ihre pädagogische Rahmung sollte aber immer mitbedacht werden.

ckung durch LUHMANN & SCHORR (1982) erkannten. Dem wäre ebenfalls noch weiter nachzugehen.

In dieser Untersuchung wurde auf die Breite und Komplexität des Themenfelds der pädagogischen Wissensformen in der Lehrer(innen)bildung hingewiesen und es wurde ein Vorschlag zu ihrer systematischen erziehungswissenschaftlichen Erfassung gemacht. Generell wird vor allem eine theoretisch wie empirisch angelegte Praktikenforschung mit anthropologischer Signatur für geeignet befunden, die hier teilweise nur aufgeworfenen Fragen weiter zu bearbeiten.

8. Literatur

Ademovsky, N. (2000): Spielfiguren in virtuellen Welten. Frankfurt a. M.: Campus.
Aden, M.; Peters, M. (2011): ‚Standart' – Möglichkeiten, Grenzen und die produktive Erweiterung kompetenzorientierter Standards in performativen Prozessen der Kunstpädagogik. Hamburg, Oldenburg: Repro Lüdke.
Adorno, T.W. (1973): Gesammelte Schriften (Band 6). Negative Dialektik. Jargon der Eigentlichkeit. Frankfurt a. M.: Suhrkamp, 413–526.
Agamben, G. (2001): Mittel ohne Zweck. Noten zur Politik. Berlin: Diaphanes Verlag.
Althans, B. (2007): Verführung zur Überschreitung, der performative Überschuss als movens beim Breakdance. In: Brandstetter, G.; Brandl-Risi, B.; van Eikels, K. (Hrsg): SchwarmEmotion. Bewegung zwischen Affekt und Masse. Freiburg u. a.: Rombach, 237–260.
Altrichter, H.; Feindt, A. (2004): Handlungs- und Aktionsforschung. In: Helsper, W.; Böhme, J. (Hrsg.): Handbuch der Schulforschung. Wiesbaden: VS Verlag für Sozialwissenschaften, 417–435.
Altrichter, H.; Gstettner, P. (1993): Action Research: A Closed Chapter in the History of German Social Science? Educational Action Research, 1 (3), 329–360.
Altrichter, H.; Soukup-Altrichter, K. (2014): Lernen in der Lehrer_innenbildung durch Forschung. In: Feyerer, E.; Hirschenhauser, K.; Soukup-Altrichter, K. (Hrsg.): Last oder Lust? Forschung Lehrer_innenbildung. Münster: Waxmann, 55–76.
Arendt, H. (1981 [1960]): Vita activa oder Vom tätigen Leben. München: Piper Verlag.
Arns, I.; Goller, M.; Strätling, S.; Witte, G. (2004): Kinetographien. Schrift und Bild in Bewegung. Bielefeld: Aisthesis.
Audehm, K. (2008): Performative Logik und soziale Magie des Sprechens. Anmerkungen zur Handlungsmacht sozialer Akteure. In: Poster, M.; Wulf, C. (Hrsg.): Medien – Körper – Imagination, Paragrana, Band 17, Heft 1. Berlin: Akademie Verlag, 131–144.
Austin, J.-L. (1979): Zur Theorie der Sprechakte. Stuttgart: Reclam.
Bachelard, G. (1974): Epistemologie. Ausgewählte Texte. Übersetzt von Henriette Beese. Frankfurt a. M., Berlin, Wien: Ullstein.
Baldry, A.; Thibault, P.J. (2006): Multimodal Transcription and Text Analysis: A Multimedia Toolkit and Coursebook. London, Oakville: Equinox.
Bandura, A. (1997): Self-Efficacy. The Exercise of Control. New York: Freeman.
Barab, S.; Squire, K. (2004): Design-based research: Putting a stake in the ground. The Journal of the Learning Sciences, 13 (1), 1–14.
Bateson, G. (1994): Ökologie des Geistes. Anthropologische, psychologische, biologische und epistemische Perspektiven. Frankfurt a. M.: Suhrkamp.

Bauer, K.O.; Kopka, A.; Brindt, S. (1996): Pädagogische Professionalität und Lehrerarbeit. Eine qualitativ empirische Studie über professionelles Handeln und Bewußtsein. Weinheim, München: Juventa.

Baumert, J.; Kunter, M. (2006): Stichwort: „Professionelle Kompetenz von Lehrkräften". Zeitschrift für Erziehungswissenschaft, 9 (4), 469–520.

Beck, K. (1983): Lehrerausbildung als Verbindung von Theorie und Praxis? Über den Status von Theorien im Kontext der Lehrerrolle. Pädagogische Rundschau 37 (2), 145–169.

Bellmann, J.; Müller, T. (Hrsg.) (2011): Wissen, was wirkt. Kritik evidenzbasierter Pädagogik. Wiesbaden: VS Verlag für Sozialwissenschaften.

Benner, D. (Hrsg.) (2005): Erziehung – Bildung – Negativität. Zeitschrift für Pädagogik. 49. Beiheft. Weinheim, Basel: Beltz.

Benner, D.; Englisch, A. (2005): Einführung. Über pädagogisch relevante und erziehungswissenschaftlich fruchtbare Aspekte der Negativität menschlicher Erfahrung. In: Benner, D. (Hrsg.): Erziehung – Bildung – Negativität. Zeitschrift für Pädagogik. 49. Beiheft. Weinheim, Basel: Beltz, 7–23.

Blankenburg, W. (1991): Phänomenologie als Grunddisziplin der Psychiatrie. In: Fundamenta Psychiatrica, 5, 92–101.

Blevis, E.; Blevis, S. (2010): Hope for the best and prepare for the worst: Interaction design and the tipping point. Interactions 17 (5), 26–30.

Bloch, E. (1961): Philosophische Grundfragen. Band I: Zur Ontologie des Noch-Nicht-Seins. Ein Vortrag und zwei Abhandlungen. Frankfurt a. M.: Suhrkamp.

Bloom, B.S.; Engelhart, M.D.; Furst, E. J.; Hill, W.H. (1973): Taxonomie von Lernzielen im kognitiven Bereich. Weinheim, Basel: Beltz.

Boelhauve, U.; Frigge, R.; Hilligus, A.; von Olberg, H.-J. (2004): Praxisphasen in der Lehrerausbildung. Empfehlungen und Materialien für die Umsetzung. Ministerium für Schule, Jugend und Kinder des Landes Nordrhein-Westfalen. Verfügbar unter: http://zlb.uni-due.de/documents/documents_pfl/PPEmpfehlungenMSJK.pdf [Letzter Zugriff: 19.10.2015].

Böhm, G. (1978): Zu einer Hermeneutik des Bildes. In: Gadamer, H.-G.; Boehm, G. (Hrsg.): Seminar: Die Hermeneutik und die Wissenschaften. Frankfurt a. M., 444–471.

Böhm, W. (2010): Maria Montessori. Einführung mit zentralen Texten. Paderborn: Schöningh.

Bohnsack, R. (2003): Rekonstruktive Sozialforschung. Einführung in qualitative Methoden. Opladen: Verlag Barbara Budrich.

Bohnsack, R. (2007): Performativität, Performanz und dokumentarische Methode. In: Wulf, C.; Zirfas, J. (Hrsg.): Pädagogik des Performativen. Theorien, Methoden, Perspektiven. Weinheim, Basel: Beltz, 200–212.

Bolz, N. (1997): Medien. In: Wulf, C. (Hrsg.): Vom Menschen. Handbuch Historische Anthropologie. Weinheim, Basel: Beltz, 661–678.

Bonß, W. (2003): „Bildung" in der (Arbeits-) und „Wissensgesellschaft". In: Lindner, W.; Thole, W.; Weber, J. (Hrsg.): Kinder- und Jugendarbeit als Bildungsprojekt. Opladen: Leske & Budrich, 11–31.

Bos, W. (2009): Entwicklung von Kompetenzmodellen. Erfahrungen aus Schulleistungsstudien. Vortrag Bundeskongress des BDK e. V. Fachverband für Kunstpädagogik. Verfügbar unter: http://www.moz.ac.at/user/billm/seminare/2010/D%FCsseldorf_2510_Vortragl_WBos_1.pdf [Zugriffsdatum: 09.05.2012].

Bourdieu, P. (1993): Sozialer Sinn. Kritik der theoretischen Vernunft. Frankfurt a. M.: Suhrkamp.

Bourdieu, P. (2001): Meditationen. Zur Kritik der scholastischen Vernunft. Frankfurt a. M.: Suhrkamp.

Bourdieu, P.; Wacquant, L. (1996): Reflexive Anthropologie. Frankfurt a. M.: Suhrkamp.

Bramberger, A. (2007): Identifizierungen. Geschlechtersensible Pädagogik und radikale Performativität. In: Wulf, C.; Zirfas, J. (Hrsg.): Pädagogik des Performativen. Theorien, Methoden, Perspektiven. Weinheim, Basel: Beltz, 101–109.

Breidenstein, G. (2006): Teilnahme am Unterricht. Ethnographische Studien zum Schülerjob. Wiesbaden: VS Verlag für Sozialwissenschaften.

Breidenstein, G. (2008): Allgemeine Didaktik und praxeologische Unterrichtsforschung. In: Meyer, Meinert A.; Prenzel, M.; Hellekamps, S. (Hrsg.): Perspektiven der Didaktik. Zeitschrift für Erziehungswissenschaft, 10. Jg., Sonderheft 9/2008. Wiesbaden, 201–215.

Breidenstein, G. (2012): Ethnographisches Beobachten. In: de Boer, H.; Reh, S. (Hrsg.): Beobachten in der Schule – Beobachten lernen. Wiebaden: VS Verlag für Sozialwissenschaften, 27–44.

Breidenstein, G.; Helsper, W.; Kötters-König, C. (2002): Die Lehrerbildung der Zukunft – eine Streitschrift. Eine Streitschrift. Opladen: Leske & Budrich.

Brinkmann, A.; Wiesand, A. J. (2006): Künste – Medien – Kompetenzen. Abschlussbericht zum BLK-Programm „Kulturelle Bildung im Medienzeitalter". Kubim. Bonn: ARCult Media. Verfügbar unter: http://www.pedocs.de/volltexte/2014/1630/pdf/abschlussbericht_kubim_programmtraeger_D_A.pdf [Letzter Zugriff: 11.10.2015].

Bromme, R. (1992): Der Lehrer als Experte. Zur Psychologie des professionellen Wissens. Bern: Huber.

Budde, J. (in Vorber.): Ethnographische Methoden. In: Kraus, A., Budde, J.; Hietzge, M; Wulf, C. (Hrsg.): „Schweigendes" Wissen in Vermittlung und Aneignung, Lernen und Erziehung, Bildung und Sozialisation. Ein Handbuch. Weinheim, Basel: Beltz.

Bührmann, A.; Diaz-Bone, R.; Gitiérrez-Rodríguez, E.; Schneider, W.; Kendall, G.; Tirado, F. (Hrsg.) (2007): Von Michel Foucaults Diskurstheorie zur empirischen Diskursforschung. Forum Qualitative Sozialforschung/Forum: Qualitative Social Research, 8 (2), http://nbn-resolving.de/urn:nbn:de:0114-fqs0702E10.

Burger, B. (2005): Lernen um anzuwenden: Zur Förderung des Praxistransfers sozialkommunikativer Kompetenzen. Paderborn: Eusl-Verlag.
Butler, J. (1995 [1993]): Körper von Gewicht. Die diskursiven Grenzen des Geschlechts. Berlin: Berlin Verlag.
Butler, J. (1998 [1997]): Haß spricht. Zur Performativität des Politischen. Berlin: Merve.
Butler, J. (2003 [1990]): Das Unbehagen der Geschlechter. Frankfurt a. M.: Suhrkamp.
Caillois, R. (1982): Die Spiele und die Menschen. Maske und Rausch. Frankfurt a. M., Berlin, Wien: Ullstein.
Chomsky, N. (1969): Aspekte der Syntax-Theorie. Frankfurt a. M.: Suhrkamp.
Cloos, P.; Köngeter, P.; Müller, B.; Thole, W. (2009): Die Pädagogik der Kinder- und Jugendarbeit. Wiesbaden: VS Verlag für Sozialwissenschaften.
Cobb, P.; Confrey, J.; diSessa, A.; Lehrer, R.; Schauble, L. (2003): Design experiments in educational research. Educational Researcher, 32 (1), 9–13.
Combe, A. (1997): Der Lehrer als Sisyphus. Zur Theorie einer pädagogischen Handlungslehre – oder: vom hohen Preis der schnellen Sicherheit. Pädagogik, 4, 10–14.
Combe, A. (2001): Fallgeschichten in der universitären Lehrerbildung und die Rolle der Einbildungskraft. In: Hericks, U.; Keuffer, J.; Kräft, C. (Hrsg.): Bildungsgangdidaktik. Opladen: Leske & Budrich, 19–32.
Combe, A.; Kolbe, F.-U. (2004): Lehrerprofessionalität: Wissen, Können, Handeln. In: Helsper, W.; Böhme, J. (Hrsg.): Handbuch der Schulforschung. Wiesbaden: VS Verlag für Sozialwissenschaften, 833–851.
Csikszentmihalyi, M. (2001 [1975]): Das flow-Erlebnis: Jenseits von Angst und Langeweile – im Tun aufgehen. Stuttgart: Klett-Cotta.
Dann, H.D. (2000): Lehrerkognitionen und Handlungsentscheidungen. In: Schweer, M.K. (Hrsg.): Lehrer-Schüler-Interaktion. Opladen: Leske & Budrich, 79–108.
de Boer, H.; Reh, S. (Hrsg.) (2012): Beobachtung in der Schule – Beobachten lernen. Wiesbaden: Springer VS (Online: DOI 10.1007/978-3-531-18938-3).
de Jong, T.; Ferguson-Hessler, M.G.M. (1996): Types and qualities of knowledge. In: Educational psychologist 31 (2), 105–113.
Der Vorstand der Deutsche Gesellschaft für Erziehungswissenschaft DGfE (Hrsg.) (2001): Empfehlungen für ein Kerncurriculum Erziehungswissenschaft. Verfügbar unter: http://www.dgfe.de/fileadmin/OrdnerRedakteure/Stellungnahmen/2001_KC_EW.pdf [Letzter Zugriff: 11.10.2015].
Der Vorstand der Deutsche Gesellschaft für Erziehungswissenschaft DGfE (Hrsg.) (2004): Kerncurriculum für das Hauptfachstudium Erziehungswissenschaft. Verfügbar unter: http://dgfe-aktuell.uni-duisburg.de/bildpol/KC_HF_EW.pdf [Letzter Zugriff: 11.10.2015].
Deleuze, G. (1992): Differenz und Wiederholung. München: Fink.
Derrida, J. (1976 [1967]): Die Schrift und die Differenz. Frankfurt a. M.: Suhrkamp.

Dewe, B. (1997): Grenzen der Didaktik: Über den Hiatus zwischen Lehrerwissen und Lehrerkönnen. In: Keuffer, J.; Meyer, A.M. (Hrsg.): Didaktik und kultureller Wandel. Weinheim, Basel: Beltz, 220–248.

Diaz-Bone, R. (2007): Die französische Epistemologie und ihre Revisionen. Zur Rekonstruktion des methodologischen Standortes der Foucaultschen Diskursanalyse [65 Absätze]. Forum Qualitative Sozialforschung/Forum: Qualitative Social Research, 8 (2), Art. 24. Verfügbar unter: http://nbn-resolving.de/urn:nbn:de:0114-fqs0702241 [Letzter Zugriff: 15.10.2016].

Didi-Huberman, G. (1999): Was wir sehen blickt uns an. Zur Metapsychologie des Bildes. München: Fink.

Diemer, A. (1964): Was heißt Wissenschaft. Meisenheim am Glan: Hain.

Dietrich, C. (2010): Zur Sprache kommen. Sprechgestik in jugendlichen Bildungsprozessen in und außerhalb der Schule. Weinheim: Juventa.

Dietrich, T. (1990): Zeit- und Grundfragen der Pädagogik. Bad Heilbrunn: Klinkhardt.

Dohmen, G. (2001): Das informelle Lernen – Die internationale Erschließung einer bisher vernachlässigten Grundform menschlichen Lernens für das lebenslange Lernen aller. Bonn: Bundesministerium für Bildung und Forschung.

Dornes, M. (1992): Der kompetente Säugling. Die präverbale Entwicklung des Menschen. Frankfurt a. M.: Fischer.

Erni, D.; Landkammer, N.; Schürch, A.; Settele, B. (2011): Materialien zum Selbststudium. Art Education Research No. 3/2011. Verfügbar unter: http://iae-journal.zhdk.ch/files/2011/07/IAE_Materialien-zum-Selbststudium.pdf [Letzter Zugriff: 02.09.2015].

Esslinger-Hinz, I.; Unseld, G.; Reinhard-Hauck, P.; Röbe, E.; Fischer, H.-J.; Kust, T.; Däschler-Seiler, S. (Hrsg.) (2007): Guter Unterricht als Planungsaufgabe: Ein Studien- und Arbeitsbuch zur Grundlegung unterrichtlicher Basiskompetenzen. Bad Heilbrunn: Klinckhardt.

Europäische Kommission Bildung und Kultur (2008): Europäischer Qualifikationsrahmen für lebenslanges Lernen. Luxemburg: Amt für amtliche Veröffentlichungen der Europäischen Gemeinschaften. Verfügbar unter: http://ec.europa.eu/education/pub/pdf/general/eqf/broch_de.pdf [Letzter Zugriff: 02.09.2015].

Fend, H. (2008): Neue Theorie der Schule: Einführung in das Verstehen von Bildungssystemen. 2. Auflage. Wiesbaden: VS Verlag für Sozialwissenschaften.

Fichten, W. (2010): Forschendes Lernen in der Lehrerbildung. In: Eberhardt, U. (Hrsg.): Neue Impulse in der Hochschuldidaktik. Sprach- und Literaturwissenschaften. Wiesbaden: VS Verlag für Sozialwissenschaften, 127–182.

Fichten, W.; Meyer, H. (2014): Skizze einer Theorie forschenden Lernens in der Lehrer_innenbildung. In: Feyerer, E.; Hirschenhauser, K.; Soukup-Altrichter, K. (Hrsg.): Last oder Lust? Forschung und Lehrer_innenbildung. Münster: Waxmann, 11–42.

Fischer-Lichte, E. (1998): Auf dem Wege zu einer performativen Kultur. Paragrana, 7 (1), 19–23.

Fischer-Lichte, E. (2001): Ästhetische Erfahrung: Das Semiotische und das Performative. Tübingen, Basel: Francke.
Flavell, J.H. (1975): Rollenübernahme und Kommunikation bei Kindern. Weinheim, Basel: Beltz.
Forneck, H.J.; Düggeli, A.; Künzli David, C.; Linneweber-Lammerskitten, H.; Messner, H.; Metz, P. (Hg.) (2009): Professionalisierung von Lehrerinnen und Lehrern. Bern: hep Verlag.
Forster, E. (2004): Männlichkeitsrituale als Widerstandsrituale in Erziehung und Bildung. Zur Konstruktion des (kritischen) Subjekts im Männlichkeitsdiskurs. In: Wulf, C.; Zirfas, J. (Hrsg.): Innovation und Ritual. Jugend, Geschlecht und Schule. Zeitschrift für Erziehungswissenschaft. Beiheft 2. Wiesbaden: VS Verlag für Sozialwissenschaften, 161-172.
Forster, E. (2007): Radikale Performativität. In: Wulf, C.; Zirfas, J. (Hrsg.): Pädagogik des Performativen. Theorien, Methoden, Perspektiven. Weinheim, Basel: Beltz, 224-237.
Foucault, M. (1976): Überwachen und Strafen: Die Geburt des Gefängnisses. Suhrkamp: Frankfurt a. M.
Foucault, M. (2005): Analytik der Macht. Frankfurt a. M.: Suhrkamp.
Frank, I.; Gutschow, K.; Munchhausen, G. (2003): Vom Meistern des Lebens: Dokumentation und Anerkennung informell erworbener Kompetenzen. Bielefeld: Bertelsmann Verlag.
Freud, S. (1969): Bildende Kunst und Literatur. Studienausgabe, Band IX. Frankfurt a. M.: Fischer.
Frey, A. (2006): Methoden und Instrumente zur Diagnose beruflicher Kompetenzen von Lehrkräften – eine erste Standortbestimmung zu bereits publizierten Instrumenten. In: Allemann-Ghionda, C.; Terhart, E. (Hrsg.): Kompetenzen und Kompetenzentwicklung von Lehrerinnen und Lehrern. Ausbildung und Beruf. Zeitschrift für Pädagogik. Beiheft 51. Weinheim u. a.: Beltz, 30-46.
Fukuyama, F. (1992): Das Ende der Geschichte. Wo stehen wir? München: Kindler.
Funke-Wieneke, J. (2004): Bewegungs- und Sportpädagogik. Baltmannsweiler: Schneider.
Garlichs, A. (1995): An der Seite der Kinder. Das Kasseler Schülerhilfe-Projekt. In: Hänsel, D.; Huber, L. (Hrsg.): Lehrerfortbildung neu denken und gestalten. Weinheim, Basel: Beltz, 153-164.
Gebauer, G.; Wulf, C. (1992): Mimesis: Kultur – Kunst – Gesellschaft. Reinbeck b. Hamburg: rororo.
Gebauer, G.; Wulf, C. (1998): Spiel – Ritual – Geste. Mimetisches Handeln in der sozialen Welt. Reinbek: Rowohlt.
Gebauer, G.; Wulf, C. (Hrsg.) (2003): Mimetische Weltzugänge. Stuttgart: Kohlhammer.

Gefert, C. (2002): Didaktik theatralen Philosophierens. Untersuchungen zum Zusammenspiel argumentativ-diskursiver und theatral-repräsentativer Verfahren bei der Texteröffnung in philosophischen Bildungsprozessen. Dresden: Thelem.

Giesecke, H. (1996): Das Ende der Erziehung. Neue Chancen für Familie und Schule. Stuttgart: Klett-Cotta.

Glaser, B.G. (1978): Theoretical Sensitivity. Advances in the Methodology of Grounded Theory. Mill Valley, CA: Sociology Press.

Göhlich, M. (2007): Kindliche Mimesis und pädagogische Muster. Zum Performativen als Ebene der Praxis pädagogischer Institutionen. In: Wulf, C.; Zirfas, J. (Hrsg.): Pädagogik des Performativen. Theorien, Methoden, Perspektiven. Weinheim, Basel: Beltz, 137–148.

Göhlich, M.; Wulf, C.; Zirfas, J. (Hrsg.) (2001): Grundlagen des Performativen. Eine Einführung in die Zusammenhänge von Sprache, Macht und Handeln. Weinheim, München: Juventa.

Goeze, A.; Hartz, S. (2010): Lehrende lernen am Fall: Konzepte fallbasierten Lernens von der Weiterbildung bis zur Frühpädagogik. In: Schrader, J.; Hohmann, R.; Hartz, S. (Hrsg.): Mediengestützte Fallarbeit. Konzepte, Erfahrungen und Befunde zur Kompetenzentwicklung von Erwachsenenbildnern. Bielefeld: Bertelsmann, 101–124.

Goffman, E. (2005): Wir alle spielen Theater. Die Selbstdarstellung im Alltag. München: Piper.

Gruber, H.; Harteis, C.; Rehrl, M. (2005): Arbeiten und Lernen zugleich? Die Analyse von Professional Learning. Blick in die Wissenschaft, 14, 18–25.

Gruber, H.; Hawelka, B. (2001): Lerntheoretische Ansätze und ihre Bedeutung für die neuen Medien. Hessische Blätter für Volksbildung, 51, 293–302.

Gruntz-Stoll, J. (1999): Erziehung, Unterricht, Widerspruch. Pädagogische Antinomien und Paradoxe Anthropologie. Bern: Lang.

Gustavsson, B. (2002): Vad räknas som kunskap. En diskussion om praktisk och teoretisk kunskap. Kalmar: Lenanders Grafiska AB.

Häberlin, P. (1952): Philosophia Perennis. Eine Zusammenfassung. Berlin, Göttingen, Heidelberg: Springer.

Hackl, B. (2006): Ohne Worte. Über Sinn, Sprache und Domestizierung des Körpers. In: Heinrich, M.; Greiner, U. (Hrsg.): Schauen was 'rauskommt. Kompetenzführung, Evaluation und Systemsteuerung im Bildungswesen. Münster: LIT-Verlag, 241–266.

Hackl, B. (2008): Va pensiero! Warum die Sache mit der Selbstbestimmung in der Schule nicht so einfach ist. In: Rihm, T. (Hrsg.): Teilhaben an Schule. Zu den Chancen wirksamer Einflussnahme auf Schulentwicklung. Wiesbaden: VS Verlag für Sozialwissenschaften, 219–235.

Hackl, B. (2009): Gefühle der Veränderung. Die Bedeutung der Emotionen in einem nicht-intellektualistischen Lernverständnis. In: Esterbauer, R.; Rinofner, S. (Hrsg.):

Emotionen – Im Spannungsfeld von Phänomenologie und Wissenschaften. Frankfurt a. M.: Peter Lang, 69–91.

Hackl, B.; Pollmanns, M. (2008): Was geschieht in der Schule? Überlegungen zur Erforschung der verborgenen Dimensionen des Unterrichts. In: Eder, F.; Hörl, G. (Hrsg.): Gerechtigkeit und Effizienz im Bildungswesen, Unterricht, Schulentwicklung und LehrerInnenbildung als professionelle Handlungsfelder. Wien: LIT-Verlag, 73–95.

Hatchuel, F. (2007): Die Konstruktion des Selbst in und durch Rituale des Lernens. In: Wulf, C.; Zirfas, J. (Hrsg.): Pädagogik des Performativen. Theorien, Methoden, Perspektiven. Weinheim, Basel: Beltz, 149–160.

Hausmann, G. (1959): Didaktik als Dramaturgie des Unterrichts. Heidelberg: Quelle & Meyer.

Heid, H. (1994): Erziehung. In: Lenzen, D. (Hrsg.): Erziehungswissenschaft. Ein Grundkurs. Reinbek: Rowohlt, 43–68.

Heid, H. (2013): Werteerziehung – ohne Werte!? Beitrag zur Erörterung ihrer Voraussetzungen. Zeitschrift für Pädagogik, 59 (2), 238–257.

Helsper, W. (1996): Antinomien des Lehrerhandelns in modernisierten pädagogischen Kulturen: Paradoxe Verwendungsweisen von Autonomie und Selbstverantwortlichkeit. In: Combe, A.; Helsper, W. (Hrsg.): Pädagogische Professionalität. Frankfurt a. M., 521–569.

Helsper, W. (2001a): Praxis und Reflexion – die Notwendigkeit einer „doppelten Professionalisierung" des Lehrers. Journal für Lehrerinnen- und Lehrerbildung, 1 (1), 7–15.

Helsper, W. (2001b): Antinomien des Lehrerhandelns – Anfragen an die Bildungsgangdidaktik. In: Hericks, U.; Keuffer, J.; Kräft, H. C.; Kunze, I. (Hrsg): Bildungsgangdidaktik. Perspektiven für Fachunterricht und Lehrerbildung, 83–103.

Herbart, J.F. (1964 [1802]): Pädagogische Schriften. Erster Band: Kleinere pädagogische Schriften. Düsseldorf: Küppers.

Herbart, J.F. (1969a [1802]): Zwei Vorlesungen über Pädagogik. In: Kehrbach, K.; Flügel, O. (Hrsg.): Sämtliche Werke, Bd. 1. Aalen: Scientia, 279–290.

Herbart, J.F. (1969b [1806]): Allgemeine Pädagogik aus dem Zweck der Erziehung. In: Kehrbach, K.; Flügel, O. (Hrsg.): Sämtliche Werke, Bd. 2. Aalen: Scientia, 1–139.

Herbert, A. (2014): Learning strategies – new routes for students to master university? In: Kraus, A.; Buhl, M.; von Carlsburg, B. (Hrsg.): Performativity, Materiality and Time –Tacit Dimensions of Pedagogy. Münster: Waxmann, 135–148.

Herrington, J.; Mc Kenney, S.; Reeves, T.; Oliver, R. (2007): Design-Based Research and Doctoral Students: Guidelines for Preparing a Dissertation Proposal. In: Montgomerie, C.; Seale, J. (Hrsg.): Proceedings of World Conference on Educational Multimedia, Hypermedia and Telecommunications. Chesapeake, VA: AACE, 4089–4097.

Herzog, W.; von Felten, R. (2001): Erfahrung und Reflexion. Zur Professionalisierung der Praktikumsbildung von Lehrerinnen und Lehrern. Beiträge zur Lehrerbildung, 19, 17–28.

Högskoleverket (2003): Forskarhandledning. Möte med vandrare och medvandrare på vetenskapens vägar (responsible: Maria Appel). Kalmar: Högskoleverkets rapportserie.

Holzkamp, K. (1995): Lernen. Subjektwissenschaftliche Grundlegung. Frankfurt a. M., New York: Campus.

Honig, M.-S. (1999): Entwurf einer Theorie der Kindheit. Frankfurt a. M.: Suhrkamp.

Honig, M.-S. (2001): Praktiken generationaler Ordnung. Überlegungen zur Konzeptualisierung pädagogischer Qualität von Kindertageseinrichtungen. In: Konrad, F.-M. (Hrsg.): Kindheit und Familie. Beiträge aus interdisziplinärer und kulturvergleichender Sicht. Münster: Waxmann, 111–130.

Honig, M.-S. (2002): Ethnografische Qualitätsforschung in der Frühpädagogik. Arbeitspapier II – 08. Mai 2002. Verfügbar unter: https://www.uni-trier.de/fileadmin/fb1/prof/PAD/SP2/ Arbeitspapiere/Arbeitspapier7_Die_Konzeptuarisierung_paedagogischer_Qualitaet.pdf [Letzter Zugriff am 17.07.2015].

Horkheimer, M.; Adorno, T.W. (1971): Dialektik der Aufklärung. Philosophische Fragmente. Frankfurt a. M.: Suhrkamp.

Huber, L. (1983): Forschung – Lehre – Lernen. In: Huber L. (Hrsg.): Ausbildung und Sozialisation in der Hochschule. Enzyklopädie Erziehungswissenschaft. Band 10. Stuttgart: Klett-Cotta, 496–509.

Hubin, A. (2010): Handlungsmacht an den Rändern der Macht. In: Art Education Research No. 2/2010. Verfügbar unter: http://iae.zhdk.ch/fileadmin/data/iae/documents/Art_Education_Research _1_2_hubin.pdf [Letzter Zugriff am: 10.10.2011] .

Hudson, B.; Meyer, M. (Hrsg.) (2011): Beyond Fragmentation. Didactics, Learning and Teaching. Opladen, Farmington Hills: Barbara Budrich.

Husserl, E. (1950): Husserliana IV. Den Haag/Dordrecht: Nijhoff.

Jackson, P. W. (1968): Life in Classrooms. New York: Holt, Reinhart & Winston.

James, W. (2001 [1907]): Pragmatismus. Ein neuer Name für einige alte Denkweisen. Darmstadt: Wissenschaftliche Buchgesellschaft.

Jerusalem, M.; Hopf, D. (Hrsg.) (2002): Selbstwirksamkeit und Motivationsprozesse in Bildungsinstitutionen. Weinheim, Basel: Beltz.

Jewitt, C. (2009): Handbook of Multimodal Analysis. London: Routledge.

Joas, H. (1996): Die Kreativität des Handelns. Frankfurt a. M.: Suhrkamp.

Jörissen, B. (2007): Mimesis im Cyberspace? Performative Bildungsprozesse in der virtual reality. In: Wulf, C.; Zirfas, J. (Hrsg.): Pädagogik des Performativen. Theorien, Methoden, Perspektiven. Weinheim, Basel: Beltz, 188–198.

Jornitz, S. (2009): Evidenzbasierte Bildungsforschung. Pädagogische Korrespondenz, 40, 68–75.

Kade, J.; Helsper, W.; Lüders, C.; Egloff, B.; Radtke, F.-O.; Thole, W. (Hrsg.) (2011): Pädagogisches Wissen. Erziehungswissenschaft in Grundbegriffen. Stuttgart: Kohlhammer.

Karber, A.; Wustmann, C. (2015): Forschendes Lehren und Lernen. Perspektiven der Akteurinnen und Akteure in den Blick nehmen und erforschen. In: Eggerm R.; Wustmann, C.; Karber, A. (Hrsg.): Forschungsgeleitete Lehre in einem Massenstudium. Bedingungen und Möglichkeiten in den Erziehungs- und Bildungswissenschaften. Wiesbaden: Springer VS, 37–54.

Kern, I. (1975): Idee und Methode der Philosophie: Leitgedanken für eine Theorie der Vernunft. Berlin, New York: De Gruyter.

Kertscher, J.; Mersch, D. (Hrsg.) (2003): Performativität und Praxis. München: Fink.

Kierkegaard, S. (2002 [1844]): Der Begriff Angst. Hamburg: Sabine Groenewold Verlage.

Koch, M. (1999): Performative Pädagogik. Über die welterzeugende Wirksamkeit pädagogischer Reflexion. Münster: Waxmann.

Koch-Priewe, B.; Thiele, J. (2009): Versuch einer Systematisierung der hochschuldidaktischen Konzepte zum Forschenden Lernen. In: Roters, B.; Schneider, R.; Koch-Priewe, M.; Thiele, J.; Wildt, J. (Hrsg.): Forschendes Lernen im Lehramtsstudium. Hochschuldidkatik, Professionalisierung, Kompetenzentwicklung. Bad Heilbrunn: Klinkhardt, 271–292.

Kokemohr, R. (2007): Bildung als Welt- und Selbstentwurf im Anspruch des Fremden. Eine theoretisch-empirische Annäherung an eine Bildungsprozesslehre. In: Koller, H.-C.; Marotzki, W.; Sanders, O. (Hrsg.): Bildungsprozesse und Fremdheitserfahrung. Beiträge zu einer Theorie transformatorischer Bildungsprozesse. Bielefeld: transcript, 13–68.

Kolesch, D. (1999): Performative Turns in den Kulturwissenschaften. Von der Textualität zur Stimmlichkeit? In: Rüsen, J. (Hrsg.): Jahrbuch 1998/1999 des Kulturwissenschaftlichen Instituts im Wissenschaftszentrum NRW. Essen, 254–275.

Kommission der europäischen Gemeinschaften (2007): Mitteilung der Kommission an den Rat und an das europäische Parlament. Die Verbesserung der Qualität der Lehrerbildung. Verfügbar unter: http://ec.europa.eu/deutschland/pdf/comm_pdf_com_2007_0392_f_de_acte.pdf [Letzter Zugriff: 02.09.2015].

Krämer, S. (2004): Performativität und Medialität. München: Fink.

Krämer, S.; Stahlhut, M. (2001): Das Performative als Thema der Sprach- und Kulturphilosophie. Paragrana, 10 (1), 35–64.

Kraus, A. (2002): Nihilismus, Sprache und Wahrnehmung. Zur Anthropologie Lacans und Merleau-Pontys. Berlin: Freie Universität, Dissertation 2000. Verfügbar unter: http://www.diss.fu-berlin.de/diss/receive/ FUDISS_thesis_000000019380 [Letzter Zugriff: 02.09.2015].

Kraus, A. (Hrsg.) (2008–2012): Körperlichkeit in der Schule – Aktuelle Körperdiskurse und ihre Empirie. Band I–V. Oberhausen: Athena.

Kraus, A. (2010): Die Ausgrenzung von Schülerinnen und Schülern als Falle für Schulunterricht – Aspekte nicht-formal angeeigneten Wissens. In: Wenning, N.; Spetsmann-Kunkel, M. (Hrsg.): Strategien der Ausgrenzung – Exkludierende Effekte staatlicher Politik und alltäglicher Praktiken in Bildung und Gesellschaft. Perspektiven der Erziehungswissenschaft und der Sozialwissenschaften auf Integration und Segregation. Münster: Waxmann, S. 151–169.

Kraus, A. (2011): Heterogene Lernausgangslagen und die „konstituierende Leiblichkeit". In: Kraus, Anja (Hrsg.): Körperlichkeit in der Schule – Aktuelle Körperdiskurse und ihre Empirie. Band IV: Heterogene Lernausgangslagen. Oberhausen: Athena, 7–25.

Kraus, A. (2015): Anforderungen an eine Wissenschaft für die Lehrer(innen)bildung. Wissenschaftstheoretische Überlegungen zur praxisorientierten Lehrer(innen)bildung. Münster, New York, München, Berlin: Waxmann.

Kraus, A.; Budde, J.; Hietzge, M; Wulf, Ch. (Hrsg.) (in Vorber.): „Schweigendes" Wissen in Vermittlung und Aneignung, Lernen und Erziehung, Bildung und Sozialisation. Ein Handbuch. Weinheim, Basel: Beltz.

Kress, G.; van Leuwen, T. (2006): Reading Images: The Grammar of Visual Design. London: Routledge.

Krüger, R. (1975): Projekt Lernen durch Lehren – Schüler als Tutoren von Mitschülern. Bad Heilbrunn: Klinkhardt.

Kuhlen, R. (1991): Hypertext, ein nicht-lineares Medium zwischen Buch und Wissensbank. Berlin u. a.: Springer.

Kullmann, H. (2011): Der forschende Habitus als Element der Lehrerprofessionalität – eine kritische Analyse anhand der Habituskonzeption von Pierre Bourdieu. Trios, 6 (2), 147–158.

Lamprecht, J. (2012): Rekonstruktiv-responsive Evaluation in der Praxis. Neue Perspektiven dokumentarischer Evaluatonsforschung. Wiesbaden: VS Verlag für Sozialwissenschaften.

Landkammer, N.; Schürch, A.; Settele, B.; Ortmann, S.; Erni, D. (2009): KUNST [auf] FÜHREN. Performativität als Modus und Kunstform in der Kunstvermittlung. Verfügbar unter: http://iae-journal.zhdk.ch/no-2/ [Letzter Zugriff: 02.09.2015].

Lange, M.-L. (2013): I'm here – ästhetische Bildung als Präsenz, Ereignis, Kommunikation, Aufmerksamkeit und Teilhabe. Hamburg: Kunstpädagogische Positionen.

Lave, J. (1998): Cognition in Practice. Mind, Mathematics and Culture in Everyday Life. Cambridge University Press.

Lenzen, D. (Hrsg.) (1994): Erziehungswissenschaft. Ein Grundkurs. Reinbek: Rowohlt.

Lenzen, D. (1997): Professionelle Lebensbegleitung. Erziehungswissenschaft auf dem Weg zur Wissenschaft des Lebenslaufs und der Humanontogenese. Erziehungswissenschaft. Mitteilungen der Deutschen Gesellschaft für Erziehungswissenschaft, 8, 5–22.

Liebau, E. (2003): Schul-Theater. In: Bering, K.; Bilstein, J.; Thurn, H.P. (Hrsg.): Kultur-Kompetenz. Oberhausen: Athena, 420–435.

Lipowsky, F. (2006): Auf den Lehrer kommt es an. Empirische Evidenzen für Zusammenhänge zwischen Lehrerkompetenzen, Lehrerhandeln und dem Lernen der Schüler. In: Allemann-Ghionda, C.; Terhart, E. (Hrsg.): Kompetenzen und Kompetenzentwicklung von Lehrerinnen und Lehrern. Ausbildung und Beruf. Zeitschrift für Pädagogik. Beiheft 51. Weinheim u. a.: Beltz, 47–70.

Lorthie, D. (1975): Schoolteacher. A sociological Study. Chicago: University Press.

Löwisch, D.-J. (1995): Einführung in pädagogische Ethik. Eine handlungsorientierte Anleitung für die Durchführung von Verantwortungsdiskursen. Darmstadt: Wissenschaftliche Buchgesellschaft.

Löwisch, D.-J. (2000): Kompetentes Handeln. Bausteine für eine lebensweltbezogene Bildung. Darmstadt: Wissenschaftliche Buchgesellschaft.

Luhmann, N.; Schorr, K.-E. (1982): Zwischen Technologie und Selbstreferenz. Fragen an die Pädagogik. Frankfurt a. M.: Suhrkamp.

Maag Merki, K. (2010): Theoretische und empirische Analysen der Effektivität von Bildungsstandards, standardbezogenen Lernstandserhebungen und zentralen Abschlussprüfungen. In: Altrichter, H.; Maag Merki, K. (Hrsg.): Handbuch Neue Steuerung im Schulsystem. Wiesbaden: VS Verlag für Sozialwissenschaften, 145–168.

Maier, U. (2012): Lehr-Lernprozesse in der Schule: Studium. Bad Heilbrunn: Klinkhardt.

Mandl, H.; Gerstenmaier, J. (Hrsg.) (2000): Die Kluft zwischen Wissen und Handeln: Empirische und theoretische Lösungsansätze. Göttingen: Hogrefe.

Mandl, H.; Gruber, H.; Renkl, A. (2002): Situiertes Lernen in multimedialen Lernumgebungen. In: Issing, L. J.; Klimsa, P. (Hrsg.): Information und Lernen mit Multimedia und Internet. Weinheim, Basel: Beltz, 138–148.

Mannheim, K. (1980): Strukturen des Denkens. Frankfurt a. M.: Suhrkamp.

Marotzki, W. (2007): Zur Performativität von Bildungs- und Orientierungsprozessen angesichts neuer technologischer Entwicklungen virtueller Welten. In: Wulf, C.; Zirfas, J. (Hrsg.): Pädagogik des Performativen. Theorien, Methoden, Perspektiven. Weinheim, Basel: Beltz, 176–187.

Martinec, R. (2005): A System for Image-Text Relations in New (and Old) Media. Visual Communication 4 (3), 337–371.

Maset, P. (1999): Bildung im Angesicht virtueller Realitäten. In: ders. (Hrsg.): Pädagogische und psychologische Aspekte der Medienästhetik, Opladen: Leske & Budrich, 101–113.

Masschelein, J.; Ricken, N. (2003): „Do we (still) need the concept of Bildung?" In: Educational Philosophy and Theory 35 (2), 139–154.

Merleau-Ponty, M. (1986 [1964]): Das Sichtbare und das Unsichtbare. München: Fink.

Mersch, D. (2010): Posthermeneutik. Berlin: Akademie Verlag.

Messner, R. (2009): Forschendes Lernen aus pädagogischer Sicht. In: Messner, R. (Hrsg.): Schule forscht. Ansätze und Methoden zum forschenden Lernen. München: C.H.Beck, 15–30.

Meyer-Drawe, K. (1996): Menschen im Spiegel ihrer Maschinen. München: Fink.

Meyer-Drawe, K. (1999): Die Herausforderung durch die Dinge. Das Andere im Bildungsprozess. Zeitschrift für Pädagogik, 46, 329–336.

Meyer-Drawe, K. (2000a): Illusionen von Autonomie. Diesseits von Ohnmacht und Allmacht des Ich. München: E. Kirchheim.

Meyer-Drawe, K. (2000b): Die Not der Lebenskunst. Phänomenologische Überlegungen zur Bildung als Gestaltung exzentrischer Lebensverhältnisse – Fünf Überlegungen. In: Dietrich, C.; Müller, H.-R. (Hrsg.): Bildung und Emanzipation. Klaus Mollenhauer weiterdenken. Weinheim, München: Juventa, 147–154.

Meyer-Drawe, K. (2001): Leibhaftige Vernunft. Skizze einer Phänomenologie der Wahrnehmung. In: Beck, G.; Rauterberg, M.; Scholz, G.; Westphal, K. (Hrsg.): Die Sache(n) des Sachunterrichts. Dokumentation einer Tagungsreihe 1997–2000. Frankfurt a. M.: Arbeitskreis Grundschule e. V., 11–23.

Meyer-Drawe, K. (2003): Vorwort. In: Stieve, C.: Vom intimen Verhältnis zu den Dingen. Ein Verständnis kindlichen Lernens auf der Grundlage der asubjektiven Theorie Jan Patockas. Würzburg: Königshausen & Neumann, 7–9.

Meyer-Drawe, K. (2005): Anfänge des Lernens. In: Benner, D. (Hrsg.): Erziehung – Bildung – Negativität. Zeitschrift für Pädagogik. 49. Beiheft. Weinheim, Basel: Beltz, 24–37.

Meyer-Drawe, K. (2008): Diskurse des Lernens. München: Fink.

Moor, P. (1971): Das Spiel in der Entwicklung des Kindes. Entfaltung des Unbewussten im Spielverhalten. Ravensburg: Otto Maier.

Muth, J. (1967): Pädagogischer Takt. Monographie einer aktuellen Form erzieherischen und didaktischen Handelns. Heidelberg: Quelle & Meyer.

Neumann, S. (2012): Wie kann Forschung Praxis verändern? Der Beitrag ethnographischen Wissens zur Qualitätsentwicklung in der Kinderbetreuung. Forum für Politik, Gesellschaft und Kultur, 322, 35–37.

Neuweg, G.H. (2005): Wie grau ist alle Theorie, wie grün des Lebens goldner Baum? Lehrer(innen)bildung im Spannungsfeld von Theorie und Praxis. ÖFEB Newsletter, 5 (1), 5–15.

Neuweg, G.H. (2010): Fortbildung im Kontext eines phasenübergreifenden Gesamtkonzepts der Lehrerbildung. In: Müller, F.H.; Eichenberger, A.; Lüders, M.; Mayr, J. (Hrsg.): Lehrerinnen und Lehrer lernen. Konzepte und Befunde zur Lehrerfortbildung. Münster: Waxmann, 35–50.

Nentwig-Gesemann, I.; Wagner-Willi, M. (2007): Rekonstruktive Kindheitsforschung. Zur Analyse von Diskurs- und Handlungspraxis bei Gleichaltrigen. In: Wulf, C.; Zirfas, J. (Hrsg.): Pädagogik des Performativen. Theorien, Methoden, Perspektiven. Weinheim, Basel: Beltz, 213–223.

Nohl, H. (1957): Die pädagogische Bewegung in Deutschland und ihre Theorie. Frankfurt a. M.: Verlag Schulte-Bulmke.

Oelkers, J. (1991): Topoi der Sorge. Beobachtungen zur öffentlichen Verwendung pädagogischen Wissens. In: Oelkers, J.; Tenorth, H.-E. (Hrsg.): Pädagogisches Wissen. Beiheft 27 der Zeitschrift für Pädagogik. Weinheim, Basel: Beltz.

Oelkers, J. (2007): Heile Welt und Kinderstube. Performanzen der Erziehung im 19. Jahrhundert. In: Pädagogik des Performativen. Theorien, Methoden, Perspektiven. Weinheim, Basel: Beltz.

O'Halloran, K.L. (2005): Mathematical Discourse: Language, Symbolism and Visual Images. London, New York: Continuum.

Oser, F. (1997): Standards in der Lehrerbildung. Teil 1: Berufliche Kompetenzen, die hohen Qualitätsmerkmalen entsprechen. Beiträge zur Lehrerbildung, 15 (1), 26-37.

O'Toole, M. (1994): The Language of Displayed Art. London: Leicester University Press.

Piaget, J. (2009): Nachahmung. Spiel. Traum: die Entwicklung der Symbolfunktion beim Kinde. (6. Aufl.). Stuttgart: Klett-Cotta.

Plessner, H. (1975 [1928]): Die Stufen des Organischen und der Mensch. Einleitung in die philosophische Anthropologie. Berlin, New York: De Gruyter.

Polanyi, M. (1985): Implizites Wissen. Frankfurt a. M.: Suhrkamp.

Postman, N. (1987): Das Verschwinden der Kindheit. Frankfurt a. M.: Suhrkamp.

Prange, K. (2005): Die Zeigestruktur der Erziehung. Grundriss der Operativen Pädagogik. Paderborn, München, Wien, Zürich: Ferdinand Schöningh.

Prediger, S.; Link, M. (2012): Fachdidaktische Entwicklungsforschung – Ein lernprozessfokussierendes Forschungsprogramm mit Verschränkung fachdidaktischer Arbeitsbereiche. In: Bayrhuber, H.; Harms, U.; Muszynski, B.; Ralle, B.; Rothgangel, M.; Schön, L.-H.; Vollmer, H.; Weigand, H.-G. (Hrsg.): Formate Fachdidaktischer Forschung. Empirische Projekte – historische Analysen – theoretische Grundlegungen. Münster: Waxmann, 29-46.

Prengel, A. (1993): Kulturen der Vielfalt. Verschiedenheit und Gleichberechtigung in Interkultureller, Feministischer und Integrativer Pädagogik. Opladen: Leske & Budrich.

Rabe-Kleberg, U. (1996): Professionalität und Geschlechterverhältnis. Oder: Was ist „semi" an traditionellen Frauenberufen? In: Combe, A.; Helsper, W. (Hrsg.): Pädagogische Professionalität. Frankfurt a. M.: Suhrkamp, 276-303.

Radtke, F.-O. (1979): Unterrichtsbeobachtung und Subjektivität. Vorarbeiten für ein Verfahren kommunikativer Beobachtung. In: Schön, B.; Hurrelmann, K. (Hrsg.): Schulalltag und Empirie. Weinheim, Basel: Beltz, 30-51.

Rauschenberger, H. (1985): Unterricht als und Inszenierung. In: Lenzen, D. (Hrsg.): Enzyklopädie Erziehungswissenschaft. Band 7: Erziehung im Primarschulalter (hrsg. von Hemmer, K.; Wudtke, H.). Stuttgart: Klett-Cotta, 51-74.

Reh, S.; Rabenstein, K. (2005): „Fälle" in der Lehrerausbildung. Schwierigkeiten und Grenzen ihres Einsatzes. Journal für Lehrerinnen- und Lehrerbildung, 4, 47–54.

Rhein, R. (2010): Lehrkompetenz und wissenschaftsbezogene Reflexion. Zeitschrift für Hochschulentwicklung. 5 (3), 29–56.

Rittelmeyer, C. (2009): Der menschliche Leib als Resonanzorgan. Skizze einer Anthropologie der Sinne. Erziehungskunst, 10/2009, 11–16.

Rohmert, W. (1991): Grundzüge des funktionalen Stimmtrainings. Köln: Otto Schmidt.

Schechner, R. (1990): Theater-Anthropologie. Spiel und Ritual im Kulturvergleich. Reinbeck: Rowohlt.

Schleiermacher, F. (1966): Pädagogische Schriften. Die Vorlesungen aus dem Jahre 1826. Band I. (hrsg. von Erich Weniger). Düsseldorf u. a.: Verlag Helmut Küpper.

Schmidt-Millard, T. (2005): Bildung im Kontext einer Bewegungspädagogik. In: Bietz, J.; Laging, R.; Roscher, M. (Hrsg.): Bildungstheoretische Grundlagen der Bewegungs- und Sportpädagogik. Hohengehren: Schneider, 142–153.

Schnädelbach, H. (1983): Philosophie in Deutschland 1831–1933. Frankfurt a. M.: Suhrkamp.

Schön, D.A. (1983): The Reflective Practitioner. How Practitioners Think in Action. New York: Basic Books.

Schön, D.A. (1987): Educating the Reflective Practitioner. Toward a New Design for Teaching and Learning in the Professions. San Francisco: Jossey-Bass.

Schütz, N.; Blohm, M. (2005): Die Kunst – Der Körper – Das Textile. Köln: Salon Verlag.

Schulze, H. (Hrsg.) (2008): Sound Studies: Traditionen – Methoden – Desiderate: Eine Einführung. Bielefeld: transcript.

Schweizerische Konferenz der kantonalen Erziehungsdirektion (EDK) (1996): Berufseinführung von Lehrerinnen und Lehrern. Bern.

Seel, M. (1993): Artikulationsformen ethischer Erfahrung. In: Schneider, H. (Hrsg.): Enteignen uns die Wissenschaften? Zum Verhältnis zwischen Erfahrung und Empirie. München: Fink, 29–60.

Sennett, R. (1998): Verfall und Ende des öffentlichen Lebens. Die Tyrannei der Intimität. Frankfurt a. M.: Fischer.

Sevsay-Tegethoff, N. (2007): Erfahrungswissen: Geschichte, Begriffsbestimmung und Bezugsrahmen der Untersuchung. Wiesbaden: VS Verlag für Sozialwissenschaften.

Seyfried, C.; Seel, A.; Huber, A. (2006): Praxiskompetenz durch Reflexion „Subjektiver Relevanz". In: Heinrich, M.; Greiner, U. (Hrsg.): Schauen, was 'rauskommt. Kompetenzförderung, Evaluation und Systemsteuerung im Bildungswesen. Wien: LIT-Verlag, 279–290.

Steiner, E. (2004): Erkenntnisentwicklung durch Arbeiten am Fall. Ein Beitrag zur Theorie fallbezogenen Lehrens und Lernens in Professionsausbildungen mit besonderer Berücksichtigung des Semiotischen Pragmatismus von Charles Sanders Peirce. Zürich: Dissertation an der Universität Zürich.

Stenger, U. (2007): Zum Ereignischarakter von Bildungsprozessen. In: Wulf, C.; Zirfas, J. (Hrsg.): Pädagogik des Performativen. Theorien, Methoden, Perspektiven. Weinheim, Basel: Beltz, 59–71.

Sternfeld, N. (2014): Verlernen vermitteln. Hamburg: Repro Lüdke Kopie.

Stojanov, K. (2004): Bildung und Anerkennung. Ein intersubjektivitätstheoretischer Ansatz zum pädagogischen Handeln und Bedingungen soziokultureller Pluralität. Univ. Magdeburg, Habilitationsschrift.

Sutton-Smith, B. (1978): Dialektik des Spiels. Eine Theorie des Spielens, der Spiele und des Sports. Schorndorf: Hofmann.

Sveriges universitetslärarförbund (2005): Etiska riktlinjer för universitetslärare. Borås: Sjuhäradsbygdens Tryckeri AB. Verfügbar unter: http://www.sulf.se/Documents/Pdfer/Press%20opinion/Skrifter/Etiska%20riktlinjer.pdf [Letzter Zugriff: 29.05.2015].

Terhart, E.; Czerwenka, K.; Ehrich, K.; Jordan, F.; Schmidt, H.J. (1994): Berufsbiographien von Lehrern und Lehrerinnen. Frankfurt a. M.: Lang.

Terhart, E. (2006): Professionalität im Lehrberuf. Zeitschrift für Erziehungswissenschaft, 9 (4), 580–597.

Tervooren, A. (2007): Jugendlich werden. Körperstile im Wandel. In: Wulf, C.; Zirfas, J. (Hrsg.): Pädagogik des Performativen. Theorien, Methoden, Perspektiven. Weinheim, Basel: Beltz, 90–100.

The Design-Based Research Collective (2003): Design-Based Research: An Emerging Paradigm for Educational Inquiry. Educational Researcher, 32, 5–8.

Tippelt, R.; Reich-Claassen, J. (2010): Stichwort: ‚Evidenzbasierung'. DIE – Zeitschrift für Erwachsenenbildung, 4/2010, 12–13.

Torbert, W.R. (2001): The Practice of Action Inquiry. In: Reason, R.; Bradbury, H. (Hrsg.): Handbook of Action Research. London: Sage, 250–260.

Trowler, P.; Bamber, R. (2005): Compulsory Higher Education Teacher Training: Joined-up policies, institutional architectures and enhancement cultures. International Journal for Academic Development, 10 (2), 79–93.

Turner, V. (1989): Das Ritual. Struktur und Antistruktur. Frankfurt a. M., New York: Campus.

van den Akker, J. (1999): Principles and Methods of Development Research. In: van den Akker, J.; Nieveen, N.; Branch, R.M.; Gustafson, K.L.; Plomp, T. (Hrsg.): Design Methodology and Developmental Research in Education and Training. The Netherlands: Kluwer Academic Publishers, 1–14.

van Manen, M. (1995): Herbart und der Takt im Unterricht. In: Hopmann, S.; Riquarts, K. (Hrsg.): Didaktik und/oder Curriculum. Grundprobleme einer international vergleichenden Didaktik. Zeitschrift für Pädagogik. 33. Beiheft, 61–80.

Vogt, H. (2007): Theorie des Interesses und des Nicht-Interesses. In: Krüger, D.; Vogt, H. (Hrsg.): Handbuch der Theorien in der biologie-didaktischen Forschung. Heidelberg: Springer, 9–20.

von Weizsäcker, V. (1940): Der Gestaltkreis. Theorie der Einheit *vom Wahrnehmen und* Bewegen. Leipzig: Georg Thieme Verlag.
Wagner-Willi, M. (2001): Liminalität und soziales Drama – Die Ritualtheorie Victor Turners. In: Göhlich, M.; Wulf, C.; Zirfas, J. (Hrsg.): Grundlagen des Performativen. Einführung in die Zusammenhänge von Sprache, Macht und Handeln. Weinheim, München: Juventa, 227–251.
Waldenfels, B. (1990): Der Stachel des Fremden. Frankfurt a. M.: Suhrkamp.
Waldenfels, B. (1994): Antwortregister. Frankfurt a. M.: Suhrkamp.
Waldenfels, B. (1998): Grenzen der Normalisierung. Studien zur Phänomenologie des Fremden 2. Frankfurt a. M.: Suhrkamp.
Waldenfels, B. (2004a): Phänomenologie der Aufmerksamkeit. Frankfurt a. M.: Suhrkamp.
Waldenfels, B. (2004b): Findigkeit des Körpers. Dortmund: Dortmunder Schriften zur Kunst.
Wahl, D. (1975): Erwartungswidrige Schulleistungen. Weinheim, Basel: Beltz.
Wahl, D. (1991): Handeln unter Druck. Weinheim: Deutscher Studienverlag.
Weinert, F.E. (2001): Vergleichende Leistungsmessung in Schulen – eine umstrittene Selbstverständlichkeit. In: Weinert, F.E. (Hrsg.): Leistungsmessung in Schulen. Weinheim, Basel: Beltz, 17–31.
Weingardt, M. (2004): Fehler zeichnen uns aus. Transdisziplinäre Grundlagen zur Theorie und Produktivität des Fehlers in Schule und Arbeitswelt. Bad Heilbrunn: Klinkhardt.
Weischedel, W. (1962): Philosophische Theologie im Schatten des Nihilismus. Evangelische Theologie, 22 (5), 233–249.
Westphal, K. (1997): Zwischen Himmel und Erde – Annäherungen an eine kulturpädagogische Theorie des Raumerlebens. Frankfurt a. M.: Lang.
Westphal, K. (2002): Wirklichkeiten von Stimmen. Grundlegung einer Theorie der medialen Erfahrung. Frankfurt a. M.: Lang.
Wimmer, M. (2002): Pädagogik als Kulturwissenschaft Programmatische Überlegungen zum Status der Allgemeinen Erziehungswissenschaft. In: Wigger, L. (Hrsg.): Forschungsfelder der Allgemeinen Erziehungswissenschaft. Zeitschrift für Erziehungswissenschaft. 1. Beiheft. Opladen: Leske & Budrich, 109–122.
Winkel, R. (1988): Antinomische Pädagogik und Kommunikative Didaktik. Studien zu den Widersprüchen und Spannungen in Erziehung und Schule. Düsseldorf: Schwann-Bagel.
Winkel, R. (2007): Der gestörte Unterricht. Diagnostische und therapeutische Möglichkeiten. Baltmannsweiler: Schneider Verlag Hohengehren.
Winnicott, D.W. (1987): Vom Spiel zur Kreativität. Stuttgart: Klett Cotta.
Wirth, U. (2001): Abduktion als Spiel. Zeitschrift für Semiotik, 23 (3–4), 379–392.

Wrigley, T. (2007): Projects, Stories and Challenges: More Open Architectures for School Learning. In: Bell, S.; Harkness, S.; White, G. (Hrsg.): Storyline: Past, Present and Future. Glasgow: University of Strathclyde, 166–181.

Wulf, C. (1994): Zur Einleitung: Grundzüge einer historisch-pädagogischen Anthropologie. In: Wulf, C. (Hrsg.): Pädagogische Anthropologie. Weinheim, Basel: Beltz, 7–21.

Wulf, C.; Zirfas, J. (Hrsg.) (1994): Theorien und Konzepte Pädagogischer Anthropologie. Donaueschingen: Auer.

Wulf, C.; Zirfas, J. (Hrsg.) (2005): Ikonologie des Performativen. München: Fink.

Wulf, C.; Zirfas, J. (2006): Bildung als performativer Prozess – ein neuer Fokus erziehungswissenschaftlicher Forschung. In: Fatke, R.; Merkens, H. (Hrsg.): Bildung über die Lebenszeit. Wiesbaden: VS Verlag für Sozialwissenschaften, 291–301.

Wulf, C.; Zirfas, J. (2007): Performative Pädagogik und performative Bildungstheorien. Ein neuer Fokus erziehungswissenschaftlicher Forschung. In: Wulf, C.; Zirfas, J. (Hrsg.): Pädagogik des Performativen. Theorien, Methoden, Perspektiven. Weinheim, Basel: Beltz, 7–40.

Zappavigna, M.; Cleirigh, C., Dwyer, P., Martin, J.R. (2010): The Coupling of gesture and phonology. In: New Discourse on Language: Functional Perspectives on Multimodality, Identity, and Affiliation, London: Continuum Press, 219–236.

Zimbardo, P.G.; Gerrig, R.J. (2003): Psychologie. Berlin, Heidelberg: Springer.

Zinnecker, J. (1975): Der heimliche Lehrplan. Untersuchungen zum Schulunterricht. Weinheim: Beltz.

Zinnecker, J. (1978): Die Schule als Hinterbühne oder Nachrichten aus dem Unterleben der Schüler. In: Reinert, B.; Zinnecker, J. (Hrsg.): Schüler im Schulbetrieb. Berichte und Bilder vom Lernalltag, von Lernpausen und vom Lernen in den Pausen. Reinbek: Rowohlt, 29–121.

Zirfas, J. (2001a): Identitäten und Dekonstruktionen. Pädagogische Überlegungen in Anschluss an Jacques Derrida. In: Fritzsche, B.; Schmidt, A.; Hartmann, J. (Hrsg.): Dekonstruktive Pädagogik. Erziehungswissenschaftliche Debatten unter poststrukturalistischen Perspektiven. Opladen: Leske & Budrich, 49–64.

Zirfas, J. (2001b): Dem Anderen gerecht werden. Das Performative und die Dekonstruktion bei Jacques Derrida. In: Wulf, C.; Göhlich, M.; Zirfas, J. (Hrsg.): Grundlagen des Performativen. Einführung in die Zusammenhänge von Sprache, Macht und Handeln. Weinheim, München: Juventa, 75–100.

WAXMANN

Anja Kraus

Pädagogische Wissensformen in der Lehrer(innen)bildung
Ein performativitätstheoretischer Ansatz

European Studies on Educational Practices,
Band 7, 2016, 196 Seiten,
br., 24,90 €, ISBN 978-3-8309-3351-9
E-Book: 21,99 €, ISBN 978-3-8309-8351-4

Pädagogisches Handeln und pädagogische Situationen werden heute zunehmend unter dem Gesichtspunkt ihrer Optimierung und Evaluation gesehen. Dabei sollte auch der Eigensinn pädagogischer Praktiken Berücksichtigung finden. Zur Beobachtung und Verbesserung von pädagogischen Prozessen und Praktiken bedarf es insbesondere der Kenntnisse darüber, in welcher Weise diese von den Praktiker(inne)n selbst intendiert, verantwortet und korrigiert werden.

Mit dem Ziel, aus erziehungswissenschaftlicher Sicht Impulse für die Qualitätsdebatte zu geben, wird der übliche Blickwinkel einer Reflexion und Evaluation pädagogischer Kontexte verschoben. Es geht nicht mehr ihre Bewertung in Hinblick auf gesetzte normative Maßstäbe, sondern um die handlungstheoretischen Voraussetzungen einer praktischen Umsetzung pädagogischer Intentionen. Das besondere Augenmerk liegt auf den sich ergebenden Maßgaben für die Modellierung der Lehrer(innen)bildung.

www.waxmann.com